JN064250

本山美彦［著］

「協同労働」が拓く社会

サステナブルな平和を目指して

文眞堂

まえがき

本書は、2022年10月1日から施行された「労働者協同組合法」に則って、新しく誕生するであろう「協同労働」組織への期待を述べたものです。「協同労働」とは、自らが「働き手」であり、同時に組織の経営に責任を持ち、さらに多くの「協同組合」を連携させる努力を積み重ねて、コミュニティ（地域で自立した人々のつながり）の発展に貢献することを目標とした「働き方」のことです。

ウクライナ危機の深まりによって、世の中はますます混沌として、多くの市民が、次々と起こる惨事に怯えているかのようです。失業、貧困、飢餓が地球を覆っています。いわゆるグローバリズムが、いまの混迷をもたらした主因ですが、それに対抗して、いまこそ、コミュニティを昔から基礎付けてきた「共通の了解事項」（コモンズ）を再強化する必要があるように思います。その切り札が「協同労働」の可能性に違いありません。

新法によって、社会生活のあらゆるジャンルで「労働者協同組合」の設立が可能になりました。その一つ一つについて、「協同労働」の可能性を検討すべきですが、本書では林業を対象とした「協同労働」の必要性を重点に置いて叙述することにしました（終章）。日本の山林の崩壊を阻止することに、新しい「労働者協同組合」は取り組むべきであると考えるからです。

「数百年に一度」と表現される集中豪雨による被害が「毎年のごとく」発生しています。裏山から大量の土砂が河川や民家に流れ込み、洪水や家屋損壊などの深刻な被害が日本の各地で頻発しているのです。洪水の原因は、線状降水帯による大量の雨だけではありません。山林の大規模伐採によって、山林の土壌破壊が起こっていることが原因の一つなのです。主因だと言い切って良いのかも知れません。これは、近代的農林業がもたらした災害であり、この点の反省から、日本の各地で、大規模林業とは異質の「自伐型林業」（百年を単位とする息の長い林業）が立ち上げられています。新しい「労働者協同組合」はここに注目すべきです。

終章でこの点を詳しく述べています。

「コモンズ」を生み出す試みの中で「単純な思い込み」が最大の障害となりえます。ウクライナ危機に関する米国陣営の思い込みがそれに当たると思うのです。

ロシアに対抗するために、米国主導の下で、「自由主義」を尊重するという「価値観を同一にする諸国連合」が作られました。米国陣営は、ウクライナ危機における闘争は、「自由主義」を護る陣営が、「権力にひざまずく陣営」を打ち負かすことを目標に置いたもので、それが、「自由主義陣営」の使命であると思い込んでいます。この陣営は、過去に人権を踏みにじってきた帝国主義の時代を持ち、いまなお貧国の住民を痛め付けているという現実に、目を向けようとはしていないのです。

現実には、世界で米国陣営を支持する国々が増えているどころか、アフリカで、ラテン・アメリカで、中東で、そしてアジアで、米国支持派は確実に減少してきています。自分だけが正しいとする「単純な思い込み」は、いずれ敗れるということを、過去の歴史は、私たちに教えてきたはずです。にもかかわらず、米国の思い込みは、弱まるどころか、ますます狂信的なものになっているように見えます。

２０２２年3月2日に開催された国連の緊急特別会合の決議を事例に説明してみましょう。日本を含む米国陣営と目される90か国による共同提案が国連総会に提出されました。それは、ウクライナに侵攻するロシアに対して、軍事行動の即時停止を求めるという決議案だったのですが、この決議案については、出席１８１か国のうち、賛成が１４１、反対5、棄権35であったのです。

数字的には決議案を提出した米国陣営の圧倒的勝利のようにも見えます。しかし、棄権した国々はアフリカに多いという点は軽視されてはなりません。アフリカ54か国中、8か国が欠席、17か国が棄権、1か国が反対票を投じたのです。つまり、アフリカの約半数の国が米国主導の決議案に、賛成票を投じなかったということです。

アフリカでは、急速に砂漠化が進行し、深刻な食料不安が長年にわたって進行しています。そこにウクライナ危機が生じ、サブサハラアフリカ（アフリカの内、サハラ砂漠より南の地域）は一段と深刻な食料難に見舞われているのが現状です。アフリカ平均で小麦輸入の30％が、ロシアとウクライナ産のものでした。これが突然ストップしてしまったのです。

米国陣営は、自国の食料確保に懸命で、少なくとも陣営の30か国が、食料輸出を制限することになりました。そこに付け込んだのが中国とトルコです。長年にわたり、インフラや通信はもとより、あらゆる分野でアフリカとの関係強化を図ってきた中国は、現在、アフリカにおける地位を圧倒的なものにしています。トルコも、アフリカとの貿易額をこの20年弱の間に10倍近くにまで伸ばしています。どちらの陣営が勝つかが問題なのではありません。米国陣営の身勝手な行動に、多くのアフリカ諸国が怒っているのです。

ウクライナ危機が私たちに示しているものは、単純な希望的観測を超えた、深刻なカオス状態に、世界中の人々が巻き込まれているという事態に他なりません。米国陣営は勝つはずだという「単純な思い込み」は、事の真の成り行き先を見えなくさせてしまうと思えるのです。

賀川豊彦は断言しました、「戦争の敗北と食料の不足と政府の貧困の三つが揃えば、どこの国に於いても革命が起こる」と。

強国や強権に翻弄されて、右往左往しなければならない私たちが、そうした運命に対抗して築き上げねばならない「市民社会」は、昔から何度も説かれてきた「コモンズ」を基礎とするものです。こうしたコモンズを定着させる切り札が「協同労働」の仕組みではないでしょうか。協同労働の必要性と現実性を追い求めることが本書の主要テーマです。

コモンズを生み出すのに必要なものは、「単純な思い込み」から逃れる姿勢です。この点を、フランシス・ベーコンの経験論と絡めて論じたのが序章です。

現在のカオスを深めている主犯は、信じられないほど大きくなってしまった所得格差に違いありません。GDPの構成要素ではない金融資産取引が、超富裕層を生み出しました。その反面において、生産現場にいた「働き手」たちが追い出され、別の分野に移らざるを得なくなりましたが、その多くは、不安定な非正規雇用に留め置かれています。そうした不条理をただすためにも、協同労働組合が必要です。これが第1章のテーマです。

第2章は、日本の貧困を数値的に扱い、併せて大学における非正規雇用の現実を説明しています。

第3章は、「モンドラゴン協同組合」を扱っています。この、あまりにも有名な協同組合の先駆者から学ぶべきものは、「働き」ながら「学ぶ」という姿勢です。日本にもあった「寺子屋」と「職」を結び付けることであると主張したものです。

「労働者協同組合」を持続させるためには、人材の確保はもちろん重要ですが、資金的な裏付けが必須です。この点は、ウクライナ危機で活躍した「暗号資産」を使うことによってクリアできるのではないか、とのアイデアを出したのが、第4章です。

では、具体的にどのような分野を協同労働の対象にすればよいのかという問題について、壊滅しつつある近代的農業と大企業が牛耳る大規模林業を改革することを、協同労働の対象にすれば良いと提案しているのが、農業を扱った第5章です。

終章では林業を検討していますが、ＩＴ時代に育った若者たちが、地方に移住して持続可能な小さな林業に取り組んでいることを紹介しました。

本書の内容に少しでも多くの方々が、共感して下さるように。

２０２２年8月17日

本山　美彦　記

目次

第1章　ウクライナ危機で明らかになった脱生産社会の脆さ

終　章　転換されるべき農林業の近代化政策
――労働者生活協同組合の設立に向けて――

序　章　ウクライナ危機とエコー・チェンバー現象

——ＳＮＳの負の側面がカオスを生み出す——

はじめに

ウクライナ危機の帰趨は、誰にも予測できない。まさに世界は混沌とした「カオス」（Chaos）の状態に入った。

カオスの語源は古代ギリシア語の（Χάος）であると言われている。これは、元々は宇宙（cosmos：コスモス）が成立する以前の秩序なき状態を意味する語だった。

カオスとは、「個々の単位で見れば規則に従った秩序ある変化を見せるが、総体で見れば複雑で不規則な予測のできない変化を見せる」現象のことを指す言葉である（カオス—用語検索—ZDNet）。

戦争状態に突入すれば、当事国はもちろん、その国を支持する同盟関係にある諸国までもが軍事的な情報戦を演じる。敵方も負けてはならじ、と真偽を混ぜた情報を世界中に流す。これに民間人（個人）や民間組織が加わり、膨大な情報量が一斉に流され、何が真実で、何が偽情報（フェイク・ニュース）かは、専門家ですら分からなくなっている。こういった事態は「サイバー・カオス」（cyber chaos）と呼ばれる新しい現象である。そこでは、いままで兵器ではなかったSNSが「兵器化」（weaponize：ウェポナイズ）されている（讀賣新聞オンライン、2022年3月19日付）。

そこで、西側は「民主主義を護れ」、東側は「他国から干渉されない国家の威信を護れ」というスローガンの下、国防費を大幅に増額するという、時代は第一次世界大戦前の状況を呈するようになって、世界は「一国主義」、「軍事国家」を目指すようになってしまった。

このような情勢下で「エコー・チェンバー」（Echo Chamber）現象が猛威を振るっている。

電子掲示板や、自分と似た意見を持つ人々が集まる場では、人から肯定されやすい。しかし、本人は、自分が人から正確に理解されたと勘違いしてしまう。お互いの意見を認め合いつつ、そうした似たもの同士の意見を繰り返し、繰り返し、反復させていると、そうした意見はますます分かりやすく、単純化され過激なものになって行く可能性が強い。それは、反響室の中で、大声で発した自分の声が増幅してこだまするように、似た者同士の特定の意見や思想が増幅するというのが、SNSで閉じられたサイトの中で発生するエコー・チェンバー現象である（笹原［2018］）。

第1節　エコー・チェンバーの代表、Qアノン

エコー・チェンバーの発祥は「Qアノン」であると思われる。

米国で大きな影響力を持つQアノンの「Q」はSNSの掲示板に投稿を始めた謎の人物が名乗った名前で、「アノン」は匿名を意味する「アノニマス」の略である。Qの主張を信じる人々がQアノンと呼ばれている。

「米国の政財界やメディアは『ディープ・ステート』(Deep State：闇の政府)に牛耳られている」とか、「世界は悪魔を崇拝する小児性愛者によって支配されている」、などの陰謀論を、Qアノンは信じている。

新型コロナ・ウイルスが社会を覆った不安に便乗することによって、Qアノンは人々の心の中に入り込み、影響を広げてきた。日本のQアノンは「Jアノン」とも呼ばれている[1]。

SNSの匿名掲示板から始まったこのQアノンの「社会運動」の拡大を支えているのが、フェイク・ニュースである。Qは、機密情報へのアクセス権限を持つ米国の政府高官を名乗っている。Qを名乗る人物が最初に匿名掲示板の 4chan へ書き込みをしたのは、2017年10月28日のことだった。

「ヒラリー・クリントンは逮捕される」という一文から始まる一連の書き込みで、Qは、「米国第45代

大統領（トランプ）が、近いうちに子供売買と小児性愛の国際犯罪組織を消滅させる」という観測内容を書き込んだ。Qによれば、この国際犯罪組織に関与する面々には、ヒラリー・クリントン、バラク・オバマ、ジョージ・ソロス、ロスチャイルド家のほか、ハリウッド・スターたちが数えられている。書き込みのタイトルには、それに先立つ10月6日のトランプ大統領の発言から取った「嵐の前の静けさ」（the calm before the storm）という言葉を使った。つまり、嵐とは、国際犯罪組織の摘発が、大々的に始まるということを暗に示した言葉である。

２０１６年、いわゆる「ピザゲート」（Pizzagate）がでっち上げられた。ワシントンＤＣのピザレストランの（実際は存在しない）地下室に、ヒラリー・クリントンらが関わる児童買春組織のネットワークが、隠されているというのである。２０１６年12月4日は、ピザゲートを信じ込んだ男が、銃を持って、疑惑の汚名を着せられたピザレストランに実際に押し込んだ(2)。

２０１９年5月30日付のＦＢＩ文書は、Ｑアノンとピザゲートに言及し、陰謀論に基づく過激派が、２０２０年の大統領選挙期間中に増加する可能性がある、と警告していた(3)。

２０２１年5月28日、Ｑアノンを強く信奉する人々は、米国人口の10分の1に当たる3千万人以上に上るとする調査結果を、「米公共宗教研究会」（Public Religion Research Institute）がまとめた。そこでは、陰謀論を信じる人には、共和党や右派メディアの支持者が、圧倒的に多いということも判明した。

支持政党別で見ると、Qアノンの基本的思想を完全に拒否したのは、民主党支持者では58％だったが、共和党では21％しかいなかった。トランプ前大統領寄りの報道で知られる「ニュースマックス」(Newsmax)など右派メディアをもっとも信頼すると答えた人は、ABCなど三大ネットワークを信頼する人に比べて、Qアノン信奉者である確率が、8・8倍も高かった。大統領選で敗れたトランプ氏の「選挙が盗まれた」という主張には、Qアノン信奉者の73％が同意した(4)。

少なくとも、2020年の後半までは、Qアノンの支持者たちは、急速に拡大していた。2020年8月21日付のABCニュースによれば、2020年8月までの数か月で、Qアノンに関するツイッターの件数は71％増加した。Qアノンを褒め称えるツイッター会員は、170万人を超していた(5)。

SNSの世界には言葉遊びに興じる無責任な人々が集まりやすい。上滑りするしかない意味内容の新造語が矢継ぎ早に産み落とされている。

新型コロナウイルスを巡り、SNS上で「感染拡大はウソ」、「世界の黒幕が、ワクチンで人類を管理するのが目的」、「コロナはただの風邪、世界の資本家が各国の政府を操り、でっち上げている」、「ワクチンで人間にマイクロ・チップを埋め込むのが目的」といった、いかがわしい言説が、広く流布されている。そうした言説をまともに信じて、「ネットで調べて『真実』を知った」と言って、自らも「マスクを外そう」というデモに参加する人たちが続出した。コロナ禍が深刻になった2020年と2021年に大きくなった現象である。

2021年5月の大型連休の期間、大阪駅前で反コロナを訴えていた十数人の集会の模様を伝えた『読売新聞』（2021年5月16日付朝刊）[6]は、この集会に参加していた大阪市内の30歳代の女性にインタビューした内容を記事にしている。女性は、小学5年の息子を連れて参加していた。きっかけは2020年に自殺した人気俳優の他殺説を唱えるユーチューブ動画などだった。[7]何度も見ているうちに、コロナの陰謀論を信じ込むようになった女性は、「ワクチンは人口削減が狙いで、5年で死ぬと聞いた、息子にも教えている」と話した。

上記の『読売新聞』の記事によると、同じような陰謀論を流布させるグループが複数あり、ツイッターやユーチューブで連日投稿して数万人の登録者を集める者もいる。

千葉大病院の谷口俊文医師は、2021年2月、医師の有志でウェブサイト「こびナビ」を開設し、コロナ・ワクチンの正確な情報の発信を始めたが、「ワクチンは危険」、「ウソをつくな」などと同氏を批判するメッセージが多数届くという。

1　パンデミック、インフォデミック、プランデミック

このような現象は、「インフォデミック」(infodemic) と呼ばれている。ネットで噂やデマも含めて大量の情報が氾濫し、現実社会に影響を及ぼす現象のことである。疫病流行の際には出所不明の情報が広がりやすく、世界保健機関（WHO）も科学的に根拠のない情報を信じないよう、公式サイト

で注意を呼びかけている[8]。

SNSが浸透したことで、情報は、過去よりも急激に広まりやすくなっている。1日に受け取る情報量などを元に算出した情報拡散力は、2003年の「重症急性呼吸器症候群」(SARS) 流行時と比べて68倍である[9]。

「パンデミック」(pandemic) という言葉もコロナ禍で飛び交った。しかし、これは新語ではない。ある感染症 (伝染病) の世界的な大流行を表す語であり、語源は、ギリシャ語の「パンデモス」(pandemos：pan-「すべて」＋demos「人々」) である。

感染症の流行は、その規模に応じて、小さい方から順に「エンデミック」(endemic)、「エピデミック」(epidemic)、パンデミックに分類される。エンデミックは、疫病が、狭い範囲で比較的に緩やかに広がり、予測の範囲内を超えないものを指す。一般に風土病と呼ばれるものがこれに当たる。エピデミックは、WHOの定義によると、疫病などで明らかに正常な数値を超えた症例が、地域や社会で発生していることを指す言葉である。そしてパンデミックは、最大級の爆発的拡大を意味する[10]。

2020年5月4日、「大富豪の秘密組織が、ワクチンによる世界征服をたくらんでいる」、との陰謀論を主張する動画が世界に発信された。「プランデミック」(Plandemic) と題したその動画は26分という長さであった。プランデミックとは計画的にパンデミックを引き起こすことを指している。資産家層が、ワクチンの利権獲得と大衆支配を画策しているというのである[11]。その動画は、5月4日からの4日間で8百万回以上視聴されたという。[12]

2　ソーシャル・メディアは、過激な言動を排除しているとは公言してはいるが

吐き気を催すネット・スラングがある。パコクという言葉である。左翼のことらしい。左翼の「サ」を「パ」に置き換えて頭の中身が「パー」の左翼というニュアンスを持たせている。よくぞこまでひどい差別用語を使えるものだと、天を仰いでしまう。この言葉を使う人たちの使用言語は総じて汚らしい。

派生語にパヨク・メディア、パヨク新聞、パヨク学者、パヨク・コメンテーター、パヨク番組、パヨク大学、反日パヨク、ワクチン・パヨクなどがある。「パヨる」という動詞もある。パヨクの中で、無意識のうちに影響を受けて、パヨク的な行動や思考に走ってしまうという意味らしい。[13]「反・反ワクチン・パヨク」という言葉もやたら目に付くようになった。「反・ワクチン反対派」であり、かつ反パヨクの考え方を持つ人たちを指す。いわゆる左翼派の人たちが、使っている言葉である。つまり、自分は反右翼で、ワクチン反対派には反対であると自称する人たちが、反ワクチンと反パヨクの人たちに付けた蔑称である。いまや日本のSNSは反右翼の人たちまでもが汚らしい言葉を使っても平気でいるという状況にある。

ここまでひどい状況になると、さすがにソーシャル・メディア側も、この種の汚らしい言動を削除

するようになった。

インターネット上で陰謀論を展開するQアノンに関する言及が、主要なソーシャル・メディアからほぼ姿を消していることが2021年5月26日の米シンクタンクの調査報告で分かった。各社が、陰謀論対策に遅ればせながら取り組み出したのである。

2021年1月6日に発生した、トランプ前大統領支持者による連邦議会占拠事件を受け、グーグル、フェイスブック、ツイッターなどがQアノン対策を強化したために、Qアノンに関する言及が、外見上は急減した。

「アトランティック・カウンシル」（Atlantic Council）内の「デジタル・フォレンジック研究会」（Digital Forensic Research Lab：DFRLab）[14]が、2020年1月から21年4月にかけて4千万件を超えるオンラインでの言動を分析した結果、Qアノンはバイデン政権下で別のものに変容している可能性があると発表した。しかし、新興SNSアプリの「パーラー」（Parler）などではQアノンに関する言及が急増していると指摘して、陰謀論が完全に消滅したわけではないと付け足している[15]。

3　マス・メディアとソーシャル・メディアとの違い

同じような考え方や主張が、SNS上で反響し合うこうした現象の存在については、すでにキャス・サンスティンによって指摘されていた（Sanstein［2001］）。

現在、若年層のマス・メディア離れが急速に進んでいる。反対にソーシャル・メディアの利用は増加している。[16]

マス・メディア（旧来からあったニュース媒体）では情報の発信源が明確であったが、ソーシャル・メディア（インターネット時代のニュース媒体）には、シェアやリツイートといった転送文化があり、情報の発信者と発信源が切り離されている。新聞であれば、発行主体への人々の支持がニュースの信頼につながっているが、ソーシャル・メディアにおいては、ニュースが記事単位で提供されるので、媒体の信頼性は問われていない。[17]

サンスティンは、インターネットが、社会を分極化させる危険性を持っていると警告した。ユーザーたちは、自分の狭いエコー・チェンバーに閉じ込もり、過激な意見に繰り返し触れているうちに、それを信じ込むようになってしまうと、サンスティンは、指摘していたのである。

サンスティンは、無作為に選んだ60余りの政治系ウェブサイトのリンク先を調査した。自分たちとは異なる意見にリンクしたサイトは2割にも満たなかった。それに対して、同意見にリンクしたサイトは約6割もあった。しかも議論が広まるにつれて、それぞれのユーザーたちは、元々の意見の延長線上にある、さらに極端な立場へとシフトする可能性が、大きいことも分かった。

サンスティンは、インターネットの世界では、同じ思考や主義を持つ者同士がつながりやすいことから、「集団極性化」（group polarization）を引き起こす「サイバー・カスケード」（cyber cascade）という現象が起きると指摘した。

集団極性化とは、集団で議論をしていると、参加者の意見が、特定の方向に先鋭化してしまうことを指す[18]。

カスケードとは、階段状に水が流れ落ちる滝のことである。サンスティンは、人々がインターネット上の、ある一つの意見に流され、それが最終的には大きな流れとなることをサイバー・カスケードと名付けたのである[19]。

また、フィルター・バブル（filter bubble）という現象も数多く見られるようになった。フィルター・バブルとは、各ユーザーが見たくない情報には目をつぶるために、まるで泡（バブル）の中に入り込んだようになり、泡の外が見えず、自分が見たい情報しか見えなくなることである。

これは、２０１１年にエリ・パリサー（Eli Pariser, 1980–）が提唱した概念である。賛同する意見ばかりに囲まれることで、政治的・宗教的な動きが先鋭化していくリスクや、自分の意に沿わない新しい情報が届かなくなるリスクが生まれてしまう[20]。

パリサーは、米国のインターネット活動家であり、バイラル・メディア（Viral Media）の「アップワーシー」（Upworthy）のＣＥＯである。バイラル（Viral）とは「ウイルス性の」という意味で、ＳＮＳによる情報の拡大力を利用してウイルスのように急激に拡大させることを目的とした動画や画像を発信するメディアのことである[21]。

4 「ニュー・スピーク」の時代

２０２０年の米国の大統領選で、トランプが使った単語のほとんどは、３音節以内の短いものであった。それよりも長い４音節以上のものは、全体のわずか７％にすぎなかった。トランプの使った単語は、「良い」(good)、「悪い」(bad)、「すごい」(great) など、単純にして短いものばかりであった。「私が大統領に選ばれれば、米国は、ふたたび勝てる、勝ち続け、すごい、すごい国となり、以前よりもそのすごさを増すだろう」などがその一例。

このように、トランプは、簡潔で、繰り返しの多い言葉遣いによって、大衆の心を掴むことに成功した。しかも、彼は、単純な言葉を使う自分が正直者であり、逆に複雑な言葉を使いたがる既成の政治屋たちは、聞き手を騙す技術に長けている「悪い奴」だと大衆に思い込ませた。

米国だけではない。過激な発言を武器とする超保守主義者が世界中で増殖している。このまま行けば、キャス・サンスティンのいう集団極性化とデジタル・カスケードが社会のあらゆる部面で猛威を振るうことになるだろう。

『日本経済新聞』が、以下のような感想記事を掲載している。

「感情的で単純な単語を連ねる語り口が〈非エリート層〉の心に響いたのは確かだ。だが難解な事象も短文で表現する言動は、すべての物事を短絡化させかねない。怒れる白人の中・低所得層を味方に付けたトランプ節はそんな危うさをはらむ」。

「マサチューセッツ工科大学（MIT）の人工知能（AI）研究グループに所属するブラッドリー・ヘイズ（Bradley Hayes）氏は、昨年（2016年）3月、トランプ氏のようにつぶやく（ツイートする）AIの開発に成功した。『トランプ氏の語り口調は平易なので、AIの訓練に要した基礎データはシェイクスピアの15％で済んだ』という。基礎データ完成後、数時間の訓練でAIはトランプ風の短文を書き始めたそうだ。…今も、"@DeepDrumpf" というツイッター・アカウントで〈偽トランプ節〉をつぶやき続けている[22]」。

恐ろしい監視社会を描いたジョージ・オーウェルの小説『1984年』が語る「ニュー・スピーク」は、近年のAI社会をすでに透視していた（Orwell［1949］）。

権力機構を維持することのみを目的としている「ビッグ・ブラザー」（この小説に登場する独裁者）は、国民を支配する手段として、ニュー・スピークという新言語を開発した。

ニュー・スピークは、元々の言葉の意味内容から外れて、極端に分かりやすく、短い音節のリズム感に満ちた言葉である。新言語には、単純で無内容な単語しか許されなかった。映画も、歌も、絵画も、分かりやすいということが絶対的義務にされた。言語は、単なる符号である。そこにはいかなる意味でも、権力批判の思想が入り込む余地はない。

例えば、ニュー・スピークの日常用語である「フリー」(free) からは、旧い言葉が持っていた「政治的自由」、「抑圧からの自由」といった意味が排除された。ただ、「雑草がない」、「害虫がいない」など、「～がない」という非常に狭い意味しか持たないものに変えられた。

ニュー・スピークでは、名詞が動詞の意味にも使われる。語尾に "-ful" をつければ形容詞にも副詞にもなる。動詞の不規則変化はなく、"-ed" を付けさえすれば、すべての動詞は過去形になる。名詞の前に "ante-" をつけると「～の前」、"post-" を付けると「～の後」、"plus-" を付けると「とても～」、"un-" を付けると「～でない」。

いずれの単語も、軽い意味に限定される。"ungood" は「良くない」という意味だけで、"bad" (悪い) というニュアンスはない。そもそも、"bad" という言葉自体がない。したがって、ビッグ・ブラザーが悪人であることを表現する言葉はない。

まさに、ニュー・スピークは、現在のLINEやツイッターの「いいね」とか「シェア」、「拡散」の言葉とピッタリ重なる。

現在のSNSの世界で頻繁に使われている「いいね」には「駄目」がない。「シェア」は、「分かち合う」という意味が消し去られ、「賛成」という意味に使われる。発信人の考え方に賛成し、その賛成を他人にも共有してもらうべく、その考え方を転送（「拡散」）する。また「拡散」も、本来の意味、つまり、凝縮されていた真理が、ばらばらに飛び散る「雲散霧消」状態になって、中身が薄っぺらなものになるという意味は、完全に消えている。

現在こそが、オーウェルを怯えさせたニュー・スピークの時代なのである。[23]

こうした、極端に単純化されたニュー・スピークに「二重思考」の仕掛けが加わる。「民主主義は善である」、その民主主義を護るためには、それを破壊する異端分子たちを抹殺しなければならない。したがって、民主主義を標榜する国家権力が、反対勢力を弾圧しても、それは容認しなければならない。このような思考方法が二重思考である。国家は民主主義の擁護者であると同時に、反体制派への弾圧者でもある。ここには、国家をめぐる大きな溝がある。しかし、この溝は、「愛」(小説では「国家への愛」)によって越えられる。愛こそが、絶対的な対立を乗り超える「善の心」である(日本讃美が保守的ナショナリズムを増幅させている現在を想起されたい)。

このように、ニュー・スピークの時代では、反対物は、相互に克服されて、新しい次元の世界を拓くという意味における、旧来の弁証法的歴史意識に根差す「止揚」が、独裁政権によって、都合よく変形されて、愛による心の「合一」に落とし込まれる。

米国には、単純な思想による締め付けを嫌悪している理系の科学者たちが数多くいる。彼らの多くは、旧ソビエトやナチスから逃れてきた科学者たちである。彼らは、共通して、単純思考によって迫害されてきた人たちである。

5　限定合理性

理系の科学者たちは、「合理的経済人」を暗黙裏に仮定してしまう経済学に批判的である。組織や個人は、間違った選択をする場合が多い。その意味において、合理性はそう簡単に実現できるものではない。理系の科学者、とくに、亡命してきた科学者が、「自由」と「合理性」を前提とする経済学に嫌悪を示すのは、経済学の恣意的な合理性信仰が、母国で経験させられた愚劣な統治政策を想い起こさせるからであろう。

キャス・サンスティンと同じような研究姿勢を持つＡＩの研究者に、ハーバート・サイモン㉔(Herbert Simon, 1916–2001) がいた。基本的には理系の学者であるが、スウェーデン銀行の「ノーベルを記念する賞」(俗に言われているノーベル経済学賞) を１９７８年に受賞している。彼は、多くの経済学者が当然のように立論の前提にしてきた「完全な合理性」に基づく合理的経済人の存在には否定的であった。

経済学が、理論の前提に「合理的に行動する経済人」なるものを置いたのは、理論に数学的な精緻性を確保するためであった。しかし、この前提を否定した理系の学者に「ノーベル経済学賞」が授与されたのである。

ＡＩに関する将来の夢が数多く語られているが、その利用のあり方に関するＩＡ (Intelligence Amplifier：人の知的能力増幅) について論議されることは少ない。

ＡＩの提唱者であったハーバート・サイモンなど、初期のＡＩ開発者には、ＩＡをも夢想する人たちが結構多かった。

ジョン・マッカーシー[25]という研究者がいる。彼は、米国の認知科学者であったマーヴィン・ミンスキー[26]と並ぶ初期の人工知能研究の第一人者で、ＡＩという用語の創始者である。

マッカーシーは、ＭＩＴ百周年記念事業の一環として「ダートマス会議」を企画し、１９６１年に開催した。これが、第１次ＡＩブームを引き起こしたのである。

ダートマス会議では、アレン・ニューウェル[27]とハーバート・サイモンによって、初めての人工知能プログラムと言われる「ロジック・セオリスト」のデモンストレーションが行われた。これは、コンピュータが四則演算等の数値計算しかできなかった当時では画期的なことであった。

サイモンは、行動する主体の意思決定には、辻褄（つじつま）の合わない要素が必ず含まれるという「限定合理性」論を展開した人である。総じて、意図した成果が現れることは、ほとんどない。したがって、組織は、実施内容の範囲を限定した上で、意図していた成果に近付くべく、試行錯誤的に仕組みを絶えず作り直す作業をしなければならない。これが、サイモンの言う限定合理性である。

この限定合理性について、サイモンは、１９６９年初版の『システムの科学』（Simon［1969］）で、「アーティフィシアル・サイエンス」という視角から説明した。

「アーティフィシアル」（人工的）という表現は、「アート」（芸術）から派生したものである。人間社会は、なんらかの設計図に従って展開してきたものではない。アートとは「寄せ集め」（ブリコラージュ：bricolage）である。

例えば、ありふれた「布切れ」。布切れにとっては、服に縫い上げられることが「自然の流れ」である。その意味において、布切れを寄せ集めて、「パッチワーク」を作るのは、自然の流れに反する。しかし、自然の流れに反しても、まったく別のものを創り出す能力が人にはある。その能力を活かして、その場、その場の寄せ集めを編成することで人間社会は進展してきた。「人工的」という言葉には、そういう意味が含まれている。本来の用途とは違う方向で使う物や情報を生み出すことが人工的なのである。人工的という言葉をこのように解釈することは、構造の「多様性」の認識に結び付く。

進化は、予め作られた設計図に基づいて作り出されたものではない。そうではなく、既存の系統に対して、用途の変更や追加を行うことによって、生み出されてきたものである。その結果、進化過程には、必ず複雑性が付随してきた。挑戦と挫折、試行錯誤の繰り返し、そして、脈絡のないところから突然にやってくる閃き（ひらめ）、そうしたものが、ないまぜになって、概念（認識）を形成する。

人間は、複雑極まりない行動を取りがちである。人間は、様々なものを「寄せ集めて」、ものごとを企画（デザイン）してきた。複雑な人間行動を理解するためには、人間が描いてきたデザインを研究しなければならない。

デザインこそ、アーティフィシアル・サイエンスである。「秩序」を求めながら、現実として、そこから大きく逸れてしまうというパラドックスを理解するには、各人が描く多様なデザインに注目しなければならない。

社会が平板な考え方に傾いている怖さを無視して、ＡＩをひたすら神の座に祭り上げようとしているＩＴ業界の実情を見るにつけ、ＡＩをＩＡに引きつけて考察しようとしてきた、初期のＡＩ開発者の深い人間理解に想いを寄せることが必要である。

それは、「あれか」、「これか」と単純に決めつける愚を避けることでもある。この点を浮き彫りにするために、「イギリス経験論」の源流となったフランシス・ベーコン（Francis Bacon, 1561–1626）が遭遇した理不尽な経験を説明する。

第2節　宗教戦争の時代とフランシス・ベーコンの「イドラ」認識

ベーコンの「イドラ」（Idola, この節の第2項で説明の予定）論は、いまから4百年も前に打ち出されたものであるが、現在大きな影響力を持つ「ナッジ」（Nudge）論（これも後述）に非常に近いものがある。両者に共通するのは、論理至上主義への強い反感である。ナッジ論を生み出した研究者たちの多くは、ヨーロッパやロシアの強権的国家から脱出してきた人たちであった。ベーコンの反論理至上主義もまた、宗教抗争に名を借りた英国王族の血で血を洗う権力抗争への嫌悪感から、産み落とされたものである。

1　英国王ジェームズ1世

この点を説明するために、ベーコンに大きな影響を与えたジェームズ1世（James I, チャールズ・ジェームズ・ステュアート、Charles James Stuart, 1566–1625）について説明しておきたい。ジェームズ1世時代の英国では、血縁関係にありながら、イングランド王朝とスコットランド王朝との間で、醜い王位継承争いが延々と続いていた。

後にジェームズ1世として即位することになるチャールズ・ジェームズ（以後、単にジェームズと表記する）は、スコットランド女王、メアリー・ステュアート（Mary Stuart, 1542–87）の第1子としてエディンバラ城で生まれた。名付け親はイングランド女王のエリザベス1世（Elizabeth I, 1533–1603）であった[28]。

1567年、ジェームズが1歳になる直前に、父ダーンリー卿ヘンリー・ステュアート（Henry Stuart, Lord Darnley, 1545–67）が不審な死を遂げ、夫の殺害容疑で、同年、メアリーは廃位させられた。そして、ジェームズが1歳1か月でジェームズ6世としてスコットランド王位に就いた。メアリーは、1568年にイングランドへ亡命し、以後1587年に処刑されるまで、ジェームズと会うことはなかった[29]。

イングランドにおいて、メアリーは、自分がイングランド王位継承権者であることを主張し続けていたが、エリザベス廃位の陰謀に関係したとされて処刑されたのである[30]。

プロテスタントの影響力を拡大させるという願望を持っていたエリザベスが、スペインに敵対するオランダ人の反乱を支援して軍事介入した1585年以降、イングランドとスペインは、慢性的な戦争状態になっていた。スペインのフェリペ2世（Felipe II, 1527–98）は、プロテスタント体制を打倒すべく、イングランド侵攻を計画し、教皇シクストゥス5世（Sixtus V, 1521–90）に支持を要請した。教皇は、フェリペ2世によるイングランド侵攻を十字軍として扱い、スペイン軍がイングランドに上陸した際の特別補助金の交付を約束した。フェリペ2世は、メアリーが処刑された後の1588年に、「無敵艦隊」（Invincible Armada）をイングランドへ派遣して、「アルマダの海戦」（Battle of Armada）に踏み切った。しかし、海戦はスペインの敗北で終わった[31]。

スコットランド王に即位後のジェームズには、しばらくの間、摂政が置かれていたが、摂政たちは次々と不審死した[32]。

17歳になった1582年に、ジェームズは、若い王が側近ばかりを寵愛していると批判するガウリ伯ウィリアム・リヴァン（William Ruthven, 1st Earl of Gowrie, 1541–84）の計略に掛かり、「リヴァン城」（Ruthven Castle）に軟禁された。しかし、リヴァン城からの脱走に成功する。そして、ジェームズは、1584年にガウリ伯を処刑し、直接統治を行うこととした。[33]

18歳で親政に乗り出したジェームズは、宗教問題に取り組むことにした。当時のスコットランドの宗教界は長老主義（presbyterianism）の影響が強かった。彼らは「聖職者の任命は国王ではなく、長老会議（Presbyterian Council）によるべき」と主張していた。ジェームズは、1584年に「暗黒法」（Black Act：ブラック・アクト）を発布した。この法は、国王を最高権威者であると明記し、教会が国王や議会に反対するための説教をすることを禁止したものである。しかし、これに対する信徒の反発が非常に強かったので、ジェームズは、1592年に「黄金法」（ゴールデン・アクト）を発して、長老派教会に譲歩し、教会が政治批判の集会を開くことを認めた。さらに、1598年には「司教国会議員」（Bishop's Parliamentarian）の存在を認知し、教会の推す3人の司教に国会議員同様の立法活動を許すこととした。[34]

1589年、ジェームズと、デンマークとノルウェーの王フレデリク2世（Frederick II, 1534–88）の娘アン（Anne of Denmark）との婚約が成立した。そして、コペンハーゲンにいるアンを迎えるべく、ジェームズは、同年、コペンハーゲンに向けてスコットランドを出航した。

アンを乗せての帰途、船は嵐に遭って、王とアンは無事であったが、沈没寸前になるという事態が生じた。船員たちは、この嵐は魔女のしわざに違いないと騒いだ。1590年7月、デンマークで魔女裁判が開かれた。魔女として告発された人たちの容疑は、航海を妨害するために魔術を使って嵐を起こして悪魔を船に送り込んだというものであった。同年9月、2人の女性が魔女として火刑に処された。

ジェームズは、スコットランドでも魔女裁判を開くことに決めた。百名以上の人たちが、「ノース・バーウィック」（North Berwick）の教会で「魔女の集会」を開いて悪魔を呼び寄せたという罪を着せられた。この魔女狩り裁判は「ノース・バーウィックの魔女狩り裁判」（North Berwick witch trials）と呼ばれている。[35] ジェームズは、自著『悪魔学』（James VI［1599］）の冒頭で、この事件を誇らしげに記述している。また『悪魔学』を通して、この裁判から影響を受けてシェイクスピアが『マクベス』を書いたとも言われている。[36]

ジェームズには、「自由なる君主国の真の法」（"The True Law of Free Monarchies," 1598）という論文がある。それは、王権神授説そのものであった。キーワードは「自由なる君主国」（Free Monarchies）である。王は、議会からの助言や承認を必要としない。王は、自己の思いのまま、法律や勅令を自由に制定することができる、と言い切ったのである。[37]

１５９９年には、*Basilikon Doron*（古代ギリシャ語で「王からの贈り物」の意味）を著述し、息子のヘンリー・フレデリック・スチュアート（Henry Frederick Stuart, Prince of Wales, 1594–1612）に向けた手紙という形で、君主論を論じている。国王は、政治の主題とテーマに精通しているべきであり、世界史・数学・軍事についての教養も必要である、スピーチは分かりやすい表現にすべきことなど、良き君主になるための自身の経験や教訓によって書かれている。[38] しかし、秀才の誉れの高かったヘンリーは18歳で逝去した。この本はその後、ヘンリーの弟チャールズ1世（Charles I, 1600–49）にも読ませている。チャールズ1世は、父と同じく絶対王政を強めて議会との対立を深め、「清教徒革命」（Puritan Revolution, Wars of the Three Kingdoms, British Civil Wars）で倒されて処刑された。[39]

１６０５年には、カトリック教徒のガイ・フォークス（Guy Fawkes, 1570–1606）が、国王・重臣らを狙った爆殺未遂事件（Gun Powder Plot：火薬陰謀事件）を起こした。[40]

2　フランシス・ベーコンのイドラ論

イングランドとアイルランドの女王（在位：１５５８～１６０３年）であったエリザベス1世の死後、その後継者であるジェームズは、イングランド、アイルランド、スコットランドの三国の王を兼ねたジェームズ1世となった。ジェームズ1世は、就任直後、英国国教会主義（Anglicanism）を採り、旧教徒と清教徒の双方を弾圧し、宗教対立を激化させてしまった。

それでも、ジェームズ1世には、英国の文化的雰囲気を高めたという功績がある。中でも、１６１１年に、『欽定訳聖書』（*the Authorized Version of the Bible*）を刊行させたことの意義は大きかった。これは、それ以降、国教会の典礼で用いるための標準訳となった。この欽定訳聖書を作るために参加を要請された人たちは、ランスロット・アンドリューズ（Lancelot Andrewes, 1555–1626）委員長の下に、フランシス・ベーコン（Francis Bacon, 1st Viscount St Alban, 1561–1626）など、錚々たる学者数十名であった。

一般に『欽定訳聖書』という時、それは、国王の命令によって翻訳された聖書という意味である。しかし、単に『欽定訳』と言った場合は、とくに『ジェームズ王訳』（*King James Version* あるいは *Authorized Version*）として名高い１６１１年刊行の英訳聖書を指す。

欽定訳は19世紀末に至るまでイングランド国教会で用いられた唯一の公式英訳聖書であった。荘厳で格調高い文体として名高い。その序文には、ヘブライ語およびギリシャ語原典から訳したとされている叙述がある。[41]

翻訳者に名を連ねたフランシス・ベーコンは、帰納法（inductive method）の提唱者の始祖とされている。ベーコンは、エリザベス女王に仕えた父とピューリタンの母の下に生まれ、40歳を過ぎて政治家として活躍したが、収賄罪で摘発され公務から退いた。

主著（Bacon［1620］）は、アリストテレス（Aristotle, BC384–BC322）の『オルガノン』（*Organum*）[42]の欠点を克服する新しい科学と認識方法を打ち立てようとしたものである。とくに古い認識を打ち破り、真の認識にたどり着こうとする「イドラ」（idola：偏見、幻影、アイドルの語源）に関する考察は、現代の「集団極性化」批判の先駆けと言える。

帰納法とは、経験的な事実を集めて、その抽象化を行い、抽象的な事実や法則などの結論を導き出そうとする方法である。

帰納法の反対の極にあるのが「演繹法」（deductive method）である。演繹法は普遍的な概念から結論を導き出す方法である。帰納法は英国の「経験論」（experience theory）で重視され、演繹法は大陸の「合理論」（rationalism）で多用されてきた。

ベーコンは、「知は力なり」を信条としていた。ただし、知を得ることだけを目的としてはならない。そうではなく、手段として用いることで、知は人間にとっての力となる。知を駆使することによって得られた知識は、人が現実の生活を生き抜く力になる。知識を得る知は、新しい科学を用いて、過去の認識を変革することによって形成される。これがベーコンの基本的視点である。

新しい科学が次々と生まれていた時代[43]のベーコンは、実験や観察を重視した。実験や観察は、仮説を立て、その仮説を検証するために使われる。このことをベーコンが強調したのは、人間には自らの人生を歩む過程で、知らず知らずのうちに、さまざまの偏った思い込みがまつわりついてくるという事実である。この思い込みをベーコンは「イドラ」と名付けた。

ベーコンは、『ノヴム・オルガヌム』で4種類のイドラを挙げた。

①動物界の種としての人間のイドラ（idols of the Tribe：種のイドラ）、②井の中の蛙としてのイドラ（idols of the Cave：洞窟のイドラ）、③市中にはびこる支配的なイドラ（idols of the

Marketplace：市場のイドラ)、④権威を信じ込んでしまうイドラ (idols of the Theater：劇場のイドラ) である。

「種のイドラ」は、自分の判断のみが正しいという思い込みである。こうした思い込みをしてしまうことが、種としての人間の特徴である。

ベーコンは語る。

「人間の知性は、ひとたびこうだと決め付けてしまってからは、他のすべてのことをも、それに合致するものだと思い込んでしまう」(『ノヴム・オルガヌム』第1巻46節、邦訳、87頁)。

つまり、多くの人は、自分に都合の良い情報ばかりを集めるという性癖を持っている。この性癖を直さないかぎり、人は、正しい理論を得ることはできない。

人間という種自体にまつわり付いたこうした誤った性癖に加えて、個人ごとに違った誤った思い込みがある。これが井の中の蛙的誤り、つまり、「洞窟のイドラ」である。これは、自分が生きてきた歴史や環境にこだわりすぎて、自分以外の世界を知ろうとしない性癖である。個人的立場に囚われることによって生まれる偏見などが、これに当たる。洞窟の中に籠って外を見ず、自分の狭い情報に縛られている囚人の個人的な思い込みが、その典型である。当然、囚人の間には考え方に大きな違いが出る。しかし、それぞれは、光が当たらない暗闇の中で考えられたものでしかなく、真実は見えていない。保守性というバイアスはここから生まれる。

第3番目の「市場のイドラ」。これは、有名人や権威者の言葉に盲従してしまう性癖である。ここで「市場」とは、その時代に支配的に広まっている考え方である。この世間に流布している言説が間違っていても、多くの人は、それを真実であると思い込んでしまう。現在のSNSのフェイク・ニュースがそれである。

最後の「劇場のイドラ」。これは権威を信じ込んでしまうことから生じる誤謬である。ベーコンは、ここにスコラ学批判を込めている。カトリック教会の権威があるからこそ、信者たちはスコラ学を信じる。その言説が正しいのか否かを、信者たちは自ら判断しようとしない。ここで、「劇場」という言葉は、実世界ではない作り事というニュアンスで使われている。

3　『ノヴム・オルガヌム』の「序言」

『ノヴム・オルガヌム』という題名は、アリストテレスの『オルガノン』で提示された論理学を、より広義の次元に移す意図を持って付けられたものである。つまり、学術研究の「新しい道具」という意味である。

ベーコンは、『ノヴム・オルガヌム』の「アフォリズム・第1巻・95節」で愉快な比喩を用いている。学問の学派にはこれまでは、大きく分けて、経験を重視する派と、合理性を重視する派との二つしかなかった。前者は蟻に例えることができる。蟻は、ひたすら素材を集めて、それらをただ利用するだけである。後者は蜘蛛である。蜘蛛は、自分の体内から糸を出して網を作る。しかし、蜘蛛は、餌が網にかかるのを待つだけで、蟻のようにひたすら動くことはない。新しい学問はこの両派を折衷したところで生まれるべきである。いまや、両派の長所を統合した新しい学問が必要である。それは蜜蜂である。蜜蜂は自然から材料を集め、それを自分の力で変形させて消化する。蜜蜂の蜜は、経験と合理とを結合させる。つまり、自然誌（経験の集積）と機械的実験（合理的論理）から提供された材料を、そのまま記憶に蓄えるだけでなく、知性として蓄える。経験的能力と理性的能力とを「蜜」でつなぎ、その揺るぎない結合から明るい希望が生まれるべきである。

経済学には唯一の真理があるのではない。曖昧なままで良い。誤解を招く言い方だが、私はそう信じている。その意味において、経済学はベーコンの折衷論を活かすべきである。

自然を完全に理解していると思い込んでいる人たちは、学問の進歩を著しく損ねてきたという批判から、『ノヴム・オルガヌム』の叙述は始まっている（序言）。その批判の直後に、ソフィスト[44]への反感から傲慢な発言をするようになった人たちが増えてしまったということも、ベーコンは言っている。傲慢な人たちとは、プラトン学派を指しているのではなかろうか。

ただし、古代ギリシャの哲学者たちと全面的に対決する意志は、ベーコンにはない。「古人の名誉と尊厳を傷つけることなく、私は謙譲の成果を得たい」と、非常に謙虚な言葉をこの「序言」の中で付け加えているのである。彼らとは別の道を歩みたい。それは、「自然の解明」の道である。自然の解明とは、あらゆる予断を退けて自然の告げるところのものに謙虚に耳を傾けて、そこに流れる論理を知ることである。そうした経験を積む姿勢こそが、最重要な学問のあり方である。これがベーコンの基本的姿勢である。「私に異を挟みたい人たちにも、よかったら私の仲間になって貫いたい」。「無数の人々が踏みならした自然の前庭でしかないものから前に歩んで、何時かは、奥の庭の内部への通路が開かれるように」。「事物の微細な点に自らを慣らし」、経験を積み、「精神に深く巣くっている悪しき習慣」を矯正することが肝要である。ここでベーコンが語る悪しき習慣とは、経験に基づかない論理至上主義のことである。

4 『ノヴム・オルガヌム』の「アフォリズム　第1巻」

いわゆる合理的理論は、もっとも普遍的であると感覚的に掴んだ一般命題から、下位の中間的命題の可否を判定してしまう。それに対して、感覚から一般的命題を引き出すのは同じだが、その時点で止まるのではなく、絶えず少しずつ上昇して、もっとも普遍的なものに到達しようとする学問研究の道があるはずである。しかし、その道は、いままで誰も歩いてこなかった（同書、19節）。論理学のみにこだわる人は、安直に普遍の原理なるものに飛びついてしまう。そして、それ以上の探求の旅をせず、一休みしてしまう。そのうち、経験を軽蔑するようになる。ある新しい事実に直面しても、既成の定義を当てはめて、うやむやに解釈しただけで終わってしまう（20節）。

怪しげな論理でも、多数の人々がそれに従ってしまう風潮を、ベーコンは、「自然の予断」と名付けた。「『予断』は、意見の一致のためには十分に強固なものである。なぜならば、かりに人々が同じ仕方で一斉に気が狂ったとしても、彼らは十分お互いに合致しうるからである」（27節）。「同意を得るためには、『解明』よりも『予断』のほうがはるかに有効である」（28節）。

ベーコンは、「知性」という言葉に、認識能力という意味を持たせている。自分の身辺だけに起こる少ない事象を集めて、「直ちに知性に触れて想像で一杯にする」、という表現で知性を扱っていることから、そのように理解できる。

自分の身辺だけでなく、様々な場所で多様な性差を持つ事物を、できる限り集めることが「解明」である。正しく解明すれば、人は知性を簡単に操作しなくなる。でも、そのような慎重な行動は、人には時間を掛けすぎた「異様な」ことと見られてしまう（28節）。

物事を確実に知ることはできないという、古代ギリシャの懐疑派の「アカタレプシア」（Acatalepsia）の発想にベーコンは同調するが、彼らはそこから知性を堕落させたまま放置してしまっているという不満を述べる。知性が正しく働くような方向を発見するべきである。自然を我々は完璧に理解しているわけではないが、知らないと言ってすませるべきではない。知性に援助の手を差し伸べるべきである（37節）。

「すでに人間の知性を捕らえてしまって、そこに深く根を下ろしている『イドラ』および偽りの概念は、真理への道」を塞いでいる。それらは、「諸学の立て直し（革新）の時に出現し、妨げをするであろう」（38節）。

古い思想に執着するのも良し、新しいものに飛び付くのも良し。しかし、両者に目配りした中庸の思想は少ない（56節）。

古代ギリシャの時代、古典ローマの時代、そしてスコラ哲学が支配した近世西洋の時代、これら3つの時代にはそれぞれ支配的な学問があった。だが、いずれの時代にも自然の解明はおろそかにされた。少数ながら優れた自然学者たちは、いるにはいた。しかし、自然学が満面開花することはなかった。それぞれの時代の支配的な学問に、人材と資源が集中してしまっていたからである。

ローマ時代には、広大な領土を治めるための政治哲学によって、自然哲学は片隅に追いやられた。近世の西洋では、「キリスト教信仰が受け入れられ、広まってしまってからは、もっとも優秀な知能の最大部分が神学に向かい、かつ、このことに対してもっとも豊かな報償が提供されたり、あらゆる種類の援助が惜しみなく差し延べられたりした」（79節）。

自然哲学がきちんと認知されて、しかるべき位置に就くことができれば、「天文学、光学、音楽、多くの機械的技術、そして医学そのもの」も一層進展できる。自然哲学の正しい省察が、「それら諸学に新たな力と増進を分与」できる（80節）。

ベーコンの思想は、フランスの啓蒙主義者、百科全書派に大きな影響を与えた。

5　ヴォルテールの『英国書簡』

フランスの詩人ヴォルテール（Voltaire, 1694–1778）に、『哲学書簡』（Voltaire［1734］）という著作がある。この書は、『英国書簡』（*Lettres Anglaises*）とも呼ばれているように、ヴォルテールの「英国見聞記」である。１７２６年５月から１７２８年11月まで過ごした英国滞在記であり、25の書簡から構成されている。[45]

この書簡集には、ヴォルテールが英国において学んだ、経験論、感覚論、自然哲学論への傾倒ぶりが叙述されている。旧世代の思考を支配していた「超自然」を第一原理とするのではなく、「自然」を第一原理とすべきであると、ベーコンの思考法が前面に押し出されている。

ヴォルテールは、「自然」論の第一歩をベーコンに置いた。

「ベーコン卿は、まだ自然を知ることはありませんでした。しかし、自然に連なるあらゆる道を知り、それを指摘しました。早い時期から、大学が哲学と呼ぶものを軽蔑していました」、「一言で言えば、ベーコン卿以前の誰も、経験哲学を知りませんでした。そして、彼以降に行われたすべての物理学的な実験の中で、彼の書籍に記されていないものはほとんどないのです」(第12書簡)。

ヴォルテールについては、松岡正剛が辛辣な評価をしている。参考のためにその一部を掲載しておく。

ヴォルテールが発表した詩篇が、「摂政のオルレアン公（duc d'orleans, フィリップ2世、Philippe II, 1674–1723）を風刺しているという科で、1717年に「バスチーユの牢獄」(Bastille Saint-Antoine）に放り込まれてしまった。11か月の収監で、この時「ヴォルテール」の筆名（厄介者という意味もあるらしい—本山注）を思いついた」、出所後、自らが作成した戯曲が「コメディ・フランセーズ（Comedie-Francaise）で上演されて当たると、有頂天になったのか、しきりに出先でいちゃもんをつける。詩人としても名声を得て、投機に成功して大儲けもした。ところが、名門貴族のロアン（Maison de Rohan）とその家族を向こうにまわしてトラブルを起こし、1726年にはまたバスチーユに投獄された。やはり、どこかがおかしい。そんなこんなで気分を一新するためにも、彼は、英国に渡った。彼には、ロック、ヒューム、ニュートンの業績と思想が新鮮だった。英語で綴った『哲学書簡』(岩波文庫）には、溢れんばかりの英国讃歌が目白押しに出てくる。けれどもその内容がフランス語に翻訳されて母国に出まわると、イギリスばかりにうつつを抜かす魂胆に、愛国者たちが怒りだし、焚書になってしまい、1734年にまたまた逮捕状が出た。さすがのヴォルテールもオランダに逃げた。こんなぐあいだから、ヴォルテールという人物はどこか変わっていて、普通に評価しにくいところがある。いったい教科書にあるような『フランス革命を準備した啓蒙思想家』なのだろうか」[46]。

以上が松岡のヴォルテール批判である。愉快な文章ではあるが、私にはこの批判は酷すぎると思われる。

第3節　ナッジ論

いま流行の中の「ナッジ」(nudge) 論は、ベーコン、ヴォルテールの「中庸」的姿勢の延長線上にある。

ナッジ論はリチャード・セイラーが提唱した理論である。その特徴は人間の習性や心理を応用して人に特定の行動を促す方法のことである。

ナッジという語句には、肘でつつくなり、そっと後押しするなりして、相手に行動を促すという意味がある。ナッジ論は、命令や強制によってではなく、さりげなく誘導して相手に行動させることを目的にしている。

多くの人は他人から強制されて行動することを嫌う。自らの意志で動きたがるものである。強制ではなく、それとなく促すという点にナッジ論の特徴がある。[47]
ナッジ論の原著（Thaler & Sunstein〔2008〕）の表紙には、象の親子像が描かれている。親象が子象を後ろからそっと押しながら歩くという構図である。親象が、子象を自由に歩かせながらも、そっと後からつつく様子は、子象が間違った方向へ行かないよう親象が見守っているように見える。

1　為政者と企業が利用するようになったナッジ論

ノーベル賞の権威からナッジ論は一世を風靡するようになったが、あまりにもコマーシャル臭が強い。しかし、ノーベル賞が授与される前に、アカデミズム内で論争されてきたナッジ論は、科学とは何かを問う真剣なものであった。本稿がソフィストからハーバート・サイモンに到る論争史にこだわったのも、客観的な科学の位置付けを確かめたかったからである。

そうした論争史はともかくとして、「そっと押す」という類いのものが様々なところで政策的に打ち出されている。為政者や経営者にとって、「自分たちは、国民を、部下を強制的に動かしているのではない。そっと押しているだけだと」とナッジ的にアピールすることは自らのイメージを高めることになる。暴力的な国家や企業への市民の反抗が強くなっている現代においては、とくに魅惑的である。これがノーベル賞の権威を得たナッジ論を、為政者や企業が錦の御旗にしている理由であろう。

厚生労働省〔2019〕の「ナッジ論で伸ばす日本の健康寿命―受診に行かない人の心理的バイア

スを理解する」の章に以下の叙述がある。

「日本のがん検診受診率は様々な取組や活動の結果、改善傾向にありますが、それでもまだ過半数が検診を受けて自分の健康状態を確認するという正しい行動に向かえていません」、「ちょっと後押ししてあげれば行動が変わった人も多いのです。『面倒だ』とか『後で考えよう』となってしまう背景には人の持つ心理的バイアスがあることが行動経済学によって解明されています。心理的バイアスは無意識な状態で本能的に発生し、直感的に疲れない道を選ばせてしまうのです。この心理的バイアスに着目した新しいアプローチで行動変容を促すのが、ナッジ論を利用した受診勧奨です」、「受診率を改善するために、受診という正しい行動を選べない人の心理的バイアスを理解しましょう」。

「〝ナッジ〟で、最適な選択をできない人をより良い方向に導く」という章では、ナッジ論の基本形の説明がある。

「ナッジ論は、『人の行動は不合理だ』という前提のもとに人間の行動を心理学、経済学の側面から研究する『行動経済学』の教授によって発表されました。この行動経済学を実社会で役に立てる一つの方向性として示されたのがナッジ論です。2017年にセイラー教授がこの『ナッジ論』でノーベル経済学賞を受賞したことを皮切りに実社会の様々なシーンでの利用が始まっています」。

ナッジ論の政策への応用の模索は英語圏の方が進んでいる。2015年9月、バラク・オバマ大統領（当時）は行動経済学の原理を、政策に生かすという大統領令を発令した。米国は過去にも行動心理学の研究成果を年金保護法に採用している。

ニュージーランドや英国は、年金保険制度に行動経済学を応用している。

英国では、2010年に発足した保守党・自由民主党連立政権の下、「行動インサイト・チーム」(Behavioural Insights Team：BIT）が内閣府の一部局として設立された。これは、ナッジを社会的に実装しようとする組織（Nudge Unit：ナッジ・ユニット）の一つである。臓器移植登録率を増加させるというBITのプロジェクトは大きな成果を生み出したと言われている。

日本でも、2017年に環境省主導で日本版ナッジ・ユニット「BEST」が設置され、19年には経済産業省が「METIナッジ・ユニット」を設立している。いずれも各種政策は行動経済学に依拠していると広言している(48)。

近年、主流派、非主流派を問わず、従来型の経済学に対して、市民は関心を持たなくなっている。理論的な経済学雑誌の多くも姿を消した。ここにきて、行動経済学が市民から注目されるようになった。身近な事例を官公庁が取り上げて、具体的な行動指針を示すようになったことと、この新しいブームは無関係ではないだろう。単なる「新しモノ好き」の現象ではないだろう。

それでも、私はこの風潮に大きな違和感を覚える。

上記の厚労省の文書の中の一節、「ナッジ論は、『人の行動は不合理だ』という前提のもとに人間の行動を心理学、経済学の側面から研究する『行動経済学』の教授によって発表されました」という章句には、私は納得がいかない。

完璧な合理的判断を前提にした理論化が行き過ぎているのはもちろんだが、その正反対に「人の行動は不合理だ」と決め付けてしまうことも不合理である。極端さをたしなめるさいに、正反対の極端な見方を提示することこそ戒められるべきである。ナッジ論の心髄は、中庸的な経験論の積み重ねにある。ナッジ論を使って市民の心を捕らえようとする政策担当者たちこそが、ナッジ論を破壊してしまっている。

ナッジ論によれば、人は2種類の認知機能を持つ。とりあえず2つの機能を「システム1」と「システム2」と呼ぶ。「勘」(intuition)、「即断」(quick judgements)、「単純なヒューリスティックス」(simple heuristics)[49]、「激情」(emotion) に左右される瞬間的決断（システム1）。それとは対照的な、「熟慮があり」(deliberate)、「反省的で」(reflective)、情報判断にもっとゆっくりと時間をかける決断（システム2）がそれである。実生活ではシステム1に依存する側面が強い。生活をしていくうえで、人は、多様で複雑な眼前のことがらへの対応方法を即座に判断しなければならないからである。その際に生じるバイアスは経験的に修正されて行く。その意味において、ナッジ論はシステム1の是正を強調しすぎる。為政者からのアドバイスを受ける人々は、上からの目線で誘導されていると感じてしまいがちである。そうならないためにも、システム2の理念型とシステム1の実生活型の中間に実践的で実現可能な「置かれた環境に適合した合理性」（Ecological Rationality）を埋め込む必要があると、アンドレアス・シュミット（Andreas Schmidt）が論じている。(50)

おわりに

私たちがなにげなく口にする「ノーベル経済学賞」の正式名（英語表記）は、“The Sveriges Riksbank Prize in Economic Sciences in Memory of Alfred Nobel”である。ここで、“Sveriges”は「スウェーデン」、“Riksbank”は「国立銀行」である。つまり、「ノーベル経済学賞」は、正しくは「アルフレッド・ノーベルを記念して、経済科学に与えられるスウェーデン国立銀行賞」である。

他のノーベル賞、例えば「ノーベル物理学賞」（The Nobel Prize in Physics）との差異は2つある。まず賞の名前、他のノーベル賞は“The Nobel Prize in–”であるのに、経済学賞は「スウェーデン国立銀行賞」（The Sveriges Riksbank Prize in–）である。

さらに、経済学を「経済諸科学」（Economic Sciences）と複数で表記している点に特徴がある。経済学は、単に"economics"と表記されるのが一般的である。「経済科学」（Economic Science）と単数で表記したのは、ライオネル・ロビンズ（Robins［1932］）であった。ロビンズは、経済科学を「他の用途を持つ希少性ある経済資源と目的について人間の行動を研究する科学」であると定義した[51]。

ライオネル・ロビンズ（Lionel Charles Robbins, Baron Robbins, 1898-1984）は、１９３０年代に、ロンドン・スクール・オブ・エコノミクス（London School of Economics：ＬＳＥ）を拠点にして、ケンブリッジ学派のマーシャル、ケインズに対抗して、ローザンヌ学派、オーストリア学派などの流れを汲む大陸ヨーロッパの経済学の伝統を定着させた人である。

ケインズたちケンブリッジ学派は、ロビンズの姿勢、つまり、限界効用を数値的に扱って、それを科学と称することには反対であった。ケインズは、１９３８年7月4日ハロッド（Roy Harrod, 1910-78）に宛てた手紙で次のように述べた。

「経済学は、論理学の一分野であり、思考方法であるように私には思われます。しかし、あなたは経済学を似而非（えせ）自然科学に変えてしまうH・シュルツ流の試みをきっぱりとはねつけてはおられません[52]」。

ここで名前が挙げられているシュルツとは、ヘンリー・シュルツ（Henry Schultz, 1893–1938）のことである。シュルツは、ポーランド生まれの米国の計量経済学者で、初期の計量経済学の急速な発展に貢献した。第1回のスウェーデン国立銀行経済学賞の受賞者であり、計量経済学（Econometrics）の名付け親でもあるラグナー・フリッシュ（Ragnar Frisch, 1895–1973）たちの業績が出される以前から、主著（Schultz［1938］）は、需要理論に関する最高の業績と見なされている[53]。

つまり、ケンブリッジ学派は「経済科学」という言葉を使いたくはなかったと判断できる。ところが、マルクス主義に依拠する経済学者の多くが、経済学は科学であると見なしている。例えば、フリードリッヒ・エンゲルス（Friedrich Engels, 1820–95）。彼は、「経済学は、もっとも広い意味では、人間社会における物質的な生活資料の生産と交換とを支配する諸法則についての科学である。経済学は、本質上一つの歴史的科学である。それは、歴史的な素材、すなわち、たえず変化してゆく素材を取り扱う」と宣言していた[54]。

マルクスに至ってはもっと断定的で、経済の法則は「鉄の必然性」だと言い切った。「問題なのは、資本主義的生産の自然諸法則そのものであり、鉄の必然性をもって作用し、自己を貫徹するこれらの傾向である[55]」。

1901年から始まったノーベル賞には「経済学賞」はなかった。経済学賞は、スウェーデン国立銀行が、1968年に創設3百周年記念事業としてノーベル財団に基金を寄付して、新しく作られたのである。[56]しかし、ノーベル財団の中ではスウェーデン賞に不満の声が絶えない。

実は、私も経済学賞の選考委員の一人から、ノーベル本家からも批判も出ていると直接聞いたことがある。「私も経済学を勉強していますが、最近の受賞者がシカゴ学派に偏っていることに不満を覚えます」と、私が雑談っぽく話した時の返答であった。

2002年3月16日と17日に東京大学安田講堂で、20日に国立京都国際会館で、日本学術会議が「創造性とは何か」というテーマで「ノーベル賞百周年国際フォーラム」を開いた。[57]当時、私は日本学術会議第3部（経済・経営・会計）の第18期会員であった。京都でのフォーラムの準備に京都の高台寺で、日本の歴代ノーベル賞受賞者の列席の下、関係者で打ち合わせをした。私はスウェーデンから来られた方々に、高台寺の襖絵とか日本の食事文化を説明する担当であった。その時、「おそらく経済学の受賞者の傾向も変わってくるでしょう」と選考委員から耳打ちされたのである。

シンポジウムが開催された後の、2002年秋の「経済学賞」受賞者はダニエル・カーネマン（Daniel Kahneman, 1934–）であった。評価されたのは、彼の「プロスペクト理論」（Prospect Theory）である。この理論は、行動経済学の根幹部分を担っている。不確実性下において、人はどのような予測を立てて行動するのかを説明しようとしたものである。認知心理学者のカーネマンは、心理学ではなく経済学の論文誌『エコノメトリカ』に発表した（Tversky & Kahneman［1979］）。

プロスペクト理論により、従来の投資効用理論では説明のつかない投資家の判断行動が、現実に即した形で解明された。例えば、投資家は、収益よりも損失の方に敏感に反応し、収益が出ている場合は、損失回避的な利益確定に走りやすい。一方、損失が出ている場合は、それを取り戻そうとしてより大きなリスクを取るような投資判断を行いやすいとされる[58]。

いずれにせよ、完全な合理性を前提にするのではなく、具体的な環境の下で、人は馴染んだ経験を強く意識するという不安定な心理に照準を合わせるようになったことで、「ノーベル経済学賞」に微妙な転機が訪れているのは確かなようだ。

2021年9月16日から『日本経済新聞』の「経済教室」で連載されていた「ノーベル賞が映す経済学」は、経済学の歴史に詳しいジャーナリストの前田浩之の手慣れた整理で面白い論理展開を見せてくれた。

氏の連載の第1回目と第2回目を紹介して本稿を終えたい。

あまたある社会学の中で経済学だけがノーベル賞の部門に選ばれたのはなぜか、と同氏は問う。まず連載の第1回目。

「『ノーベル財団に、基金を寄託してくれる銀行が、たまたま現れたから』という説明では賞の権威を保てません」。

「王立科学アカデミーが設置した選考委員会は、賞の先輩である自然科学を手本とし、『科学としての装い』を凝らすのに一役買った受賞者選びが始まりました。『経済学は科学』の名にふさわしい学問である』と強調し、人々を納得させようとしたのです」。

そして連載の第2回目。

「ノーベル経済学賞の受賞者選びを始めた選考委員会はまず、計量経済学に目を向けました。『経済学は自然科学と並ぶ科学である』という認識を広めるには、ぴったりの存在だと考えたのです」。

「経済学の始祖、ジョン・メイナード・ケインズ氏は、ティンバーゲン（フリッシュとともに第1回の受賞者―本山注）氏の努力をたたえつつ、手の込んだ計量モデルや統計分析を『錬金術』だと酷評していました」。

注

（1）https://www3.nhk.or.jp/news/html/20210629/k10013108471000.html

（2）https://newsphere.jp/national/20201117-2/4/

（3）https://arstechnica.com/tech-policy/2019/08/fbi-says-extremists-motivated-by-pizzagate-qanon-are-threats/

（4）https://nypost.com/2021/05/28/with-30m-followers-qanon-as-popular-as-some-religions-poll/ と https://www.tokyo-np.co.jp/article/108201

（5）https://abcnews.go.com/Politics/wireStory/trump-praise-pence-decries-qanon-conspiracy-theory-72520458

（6）https://www.yomiuri.co.jp/national/20210515-OYT1T50339/

（7）厚生労働大臣指定法人「いのち支える自殺対策推進センター」の緊急レポート「コロナ禍における自殺の動向に関する分析（中間報告）」によると、２０２０年７月の自殺者数の増加は、俳優の三浦春馬の自殺報道が大きく影響している可能性が高いとした（https://www.bengo4.com/c_18/n_11885）。

（8）1st WHO Infodemiology Conference（https://www.bing.com/search?q=WHO+infodemic&form）

（9）『日本経済新聞』2020年4月6日付朝刊。

（10）http://www.ja.wikipedia.org/wiki/パンデミック

（11）https://monomosu.net/affairs/what-is-a-plandemic/

（12）https://news.yahoo.co.jp/byline/kazuhirotaira/20200522-00179677

（13）https://ja.wikipedia.org/wiki/パヨク

（14）「フォレンジック」とは、「法廷の」という意味。法的証拠を見付けるための鑑識調査や情報解析に伴う技術や手順のことを指す。

（15）パーラーは、２０１８年８月に開設された非主流を自称するＳＮＳである。大手のＳＮＳから閉め出されたパーラーは、それでも、１月18日にはロシアのDDoS-Guardとパートナーシップを締結し、今度はPalorという名前で復活した（https://www.bing.com/search?q=ddosとは）。

（16）マス・メディアとは、不特定多数の人に対して、一方的に情報を発信する媒体のこと。これに対して、ソーシャル・メディアは発信者と受信者の双方向で情報のやり取りができるプラットフォームのこと（https://selfmedia.club/media_dictionary/media_type/socialmedia/）。

（17）https://www.soumu.go.jp/johotsusintokei/whitepaper/ja/r01/html/nd114120.html

（18）人間には、集団になると冷静な判断ができなくなり、個人でいる時よりも、極端な方向に走りやすいという傾向があることを見出したのは、ＭＩＴの修士課程に在籍していたジェームズ・ストナー（James Stoner）だと言われている（Stoner［1968］）（https://kaigolab.com/column/20223）。

（19）サイバー・カスケードを仕掛ける人は少数であることが分かった。非営利団体「デジタル・ヘイトを防ぐ会」（Center for

Countering Digital Hate：ＣＣＤＨ）と「反ワクチン業界を監視する団体」（Anti-Vax Watch）は、フェイスブックと、ツイッターから２０２１年2月1日から3月16日までの期間の81万2千件超の投稿を分析したところ、わずか12の個人と団体のアカウントがワクチンデマの65％を引き起こしていることが分かった（https://finders.me/articles.php?id=2787&p=1）。

（20）　エリ・パリサーの著書（Pariser［2011］）のタイトルがそのまま「フィルター・バブル」という流行語になった。

（21）　https://www.soumu.go.jp/johotsusintokei/whitepaper/ja/r01/html/nd114220.html　本章の第1節は総務省の『令和元年版・情報通信白書』に大きく依存している。

（22）　『日本経済新聞』２０１７年2月1日付朝刊。

（23）　ニュー・スピークについては、本山美彦［２０１８］の第7章「簡素化される言葉―安易になる統治」で詳しく検討している。

（24）　ハーバート・サイモンは、米国の政治学者にして、認知心理学者、経営学者、情報科学者という超マルチ・タレント（https://ja.wikipedia.org/wiki/ハーバート・サイモン）。

（25）　ジョン・マッカーシー（John McCarthy, 1927-2011）は、米国の計算機科学者、認知心理学者、初期のＡＩ開発の第一人者。１９５６年に彼が呼び掛けて同年に開催された「ダートマス会議プロジェクト」（The Dartmouth Summer Research Project on Artificial Intelligence：人工知能に関するダートマスの夏期研究会）で、初めてＡＩという言葉が使用された（https://ja.wikipedia.org/wiki/ジョン・マッカーシー）。

（26）　マーヴィン・ミンスキー（Marvin Minsky, 1927-2016）も、米国の計算機科学者、認知科学者、でＭＩＴのＡＩ研究所創設者。「人工知能の父」とも称される（https://ja.wikipedia.org/wiki/マービン・ミンスキー）。

（27）　アレン・ニューウェル（Allen Newell, 1927-92）も、初期のＡＩを担った計算機科学者、認知心理学者。１９７５年、ハーバート・サイモンと共に、「ＡＣＭ（Association for Computing Machinery）チューリング賞」を受賞。この賞は、アラン・チューリング（Alan Turing, 1912-54）を記念して、計算機科学におけるノーベル賞と称される権威ある賞である（https://ja.wikipedia.org/wiki/アレン・ニューウェル）。アラン・チューリングは、英国の数学者、暗号研究者、計算機科学者、哲学者である。電子計算機の黎明期に、計算機のチューリング・マシンとして計算を定式化して、それが、人間の知性や思考につながり得る能力と限界の問題を掘り下げ、情報処理の原理的分野において大きな貢献をした。また、偏微分方程式におけるパターン形成の研究などでも先駆的な業績がある。ドイツが使用していた、エニグマ暗号機を利用した通信の暗文を解読するための機械 bombe を開発した。１９５２年、風俗壊乱罪で逮捕され、保護観察の身となり、ホルモン治療を受けていたが、

1954年に41歳で死去。検死によると、青酸中毒による自殺と断定されたが、母親や一部の友人は事故だと信じていた。2009年9月10日、英国首相のゴードン・ブラウン（Gordon Brown, 1951-）が、戦後の英国政府によるチューリングへの扱いについて、公式に謝罪した（https://ja.wikipedia.org/wiki/アラン・チューリング）。

(28) https://ja.wikipedia.org/wiki/ジェームズ1世_(イングランド王)

(29) https://en.wikipedia.org/wiki/Mary_Queen_of_Scots

(30) 1571年にはエリザベス1世廃位の旧教徒陰謀事件（リドルフィ事件：The Ridolfi plot）が起こった。アルバ公フェルナンド・アルバレス・デ・トレド（Fernando Alvarez de Toledo, Duque de Alba, 1507-82）指揮のスペイン軍が、ネーデルランドからイングランドに侵入し、旧教徒を蜂起させ、エリザベス1世を廃位して、代りにメアリーを即位させようとした陰謀事件である。首謀者は、第4代ノーフォーク公爵トマス・ハワード（Thomas Howard 4th Duke of Norfolk, 1536-72）であった。1586年には、「バビントン事件」（Babington Conspiracy）が起きた。カトリック教徒のアンソニー・バビントン（Anthony Babington, 1561-86）がエリザベスの暗殺を狙った事件である。バビントン事件の裁判ではメアリーが関与した証拠が提示され、有罪・死刑を言い渡され、1687年にメアリーは処刑された（https://en.wikipedia.org/wiki/Ridolfi_plot：https://www.bing.com/search?q=Babington+Conspiracy&form）。

(31) https://ja.wikipedia.org/wiki/アルマダの海戦

(32) 最初の摂政はメアリー女王の兄で、ジェームズの母方の伯父に当たるマリ伯ジェームズ・ステュアート（James Stewart 1st Earl of Moray, 1531-70）であったが、1570年にメアリーの支持者によって暗殺された。次いで、ダーンリー卿の父でジェームズの祖父レノックス伯マシュー・ステュアート（Matthew Stewart 4th Earl of Lennox, 1516-71）が摂政となったが、この祖父も1571年に殺害された。マー伯の母方の伯父で3人目の摂政となったマー伯ジョン・アースキン（John Erskine 23rd Earl of Mar, 1675-1732）も1732年に死去し、ジェームズの父方の祖母マーガレット・ダグラス（Margaret Douglas, Countess of Lennox, 1515-78）の従弟に当たるモートン伯ジェームズ・ダグラス（James Douglas, 4th Earl of Morton, 1516?-81）が最後の摂政となった。モートン伯も、ダーンリー卿殺害に関与したとして1581年に処刑された（Tranter［2011］）。

(33) https://en.wikipedia.org/wiki/Raid_of_Ruthven

(34) https://en.wikipedia.org/wiki/Bishop_of_Gloucester#Assistant_bishops

(35) https://en.wikipedia.org/wiki/North_Berwick_witch_trials

(36) http://www.elfindog.sakura.ne.jp/JADEMO.HTM
(37) https://en.wikipedia.org/wiki/The_True_Law_of_Free_Monarchies
(38) https://fr.wikipedia.org/wiki/Basilikon_Doron
(39) https://en.wikipedia.org/wiki/Charles_I_of_England
(40) 英国では、この事件が起こった11月5日をガイ・フォークス・ナイトとして、毎年、国王の無事を祝う祭りをいまでも続けている。この日を記念日とする法律まである。「ガイ」（guy）と呼ばれるフォークスを表す人形を市中に曳き回した後に、篝火で焼く行事である（https://en.wikipedia.org/wiki/Gunpowder_Plot）。
(41) しかし、この書は、実際にはウィリアム・ティンダル（William Tyndale, 1494?–1536）などの先行する英語翻訳にかなりの部分で依拠していることが指摘されている。ウィリアム・ティンダルは、英国の宗教改革家で、聖書をギリシャ語・ヘブライ語原典から英語に翻訳した人物である。初めはヘンリー8世（Henry VIII, 1491–1547）の好意を得ていたが、王の結婚に反対して信任を失った。また宗教改革への弾圧によりヨーロッパに逃れ、逃亡しながら聖書翻訳を続けたが、1536年逮捕され、現在のベルギーで焚刑に処された。すでにイングランドのジョン・ウィクリフ（John Wycliffe, 1320?–1384）によって、最初の英語訳聖書が約百年前に出版されていたが、ティンダルはそれをさらに大きく押し進める形で、聖書の書簡の多くの書を英訳した（https://www.bing.com/search?q=ジョン・ウィクリフ：https://ja.wikipedia.org/wiki/欽定）。
(42) 『オルガノン』は、論理学に関する6つのアリストテレス著作群の総称である。6つの著作とは以下の通り。Organon I『カテゴリー論』（*Categories*）、Organon II『命題論』（*On Interpretation*）、Organon III『分析以前論』（*Prior Analytics*）、Organon IV『分析以後論』、Organon V『トピックス論』、Organon VI『詭弁批判論』（*On Sophistical Refutations*）（https://archive.org/details/AristotleOrganon）。

アリストテレスは、学問を学ぶには、論理学、自然学、形而上学、倫理学、政治学、詩学の順番で訓練するのが良いと推奨した。アリストテレスは、さらに、人間の行為を「思うこと」（理論学）、「行うこと」（実践学）、「作ること」（制作学）の三つに分類した。この分類に従って、彼は、特性ごとに学問を分類した。学問の最初の段階である「論理学」はこれら三つの分類のいずれにも入り込む分野である。論理学は、学以前の準備機関すなわち道具（オルガノン）である。その道具を使いこなすには、存在の仕方、つまり、「それは何であるか」（実態）、「それはどの程度の量で存在しているのか」（量）、「それはどんな性質であるのか」（質）、「それは別のものとはどのような関係にあるのか」（関係）、「それはどこにあるのか」（場所）、「それが存在したのはいつか」（時間）、「それはいまどのような状態にあるのか」（状態）、「それは何を備えているのか」（持ち前）、「それがすること」（能動）、「されること」（受動）、という10種類の部面の相互連関をイメージしなければならない。これら10種類が「カテゴリー」として呼ばれるものである（今道［２００４］に依拠した）。

(43)「科学革命」という用語は、ケンブリッジの近代史家ハーバート・バターフィールド（Herbert Butterfield, 1900–79）によって初めて使用された。彼はそれを大文字で"Scientific Revolution"と表現した（Butterfield［1949］）（https://kotobank.jp/word/科学革命）。

(44) ソフィスト（sophist）は、ＢＣ５世紀頃、主にギリシャのアテネを中心に活動した弁論家・教育家の総称。代表的なソフィストには、プロタゴラス（Protagoras, BC490?–BC420?）、大ヒッピアス（Hippias Majo, BC460?–BC399?）、ゴルギアス（Gorgias, BC487–BC376）、プロディコス（Prodicus, BC460?–BC399?）がいる。彼らの同時代人にソクラテス（Socrates, BC470?–399）がいた。

この時代、ソロン（Solon, BC639?–559?）の立法（ＢＣ５９４年）、クレイステネス（Kleisthenes, 生没年不明）の改革（ＢＣ５０７年）を経てアテネには民主制が形成される。この世界史に初めて登場した民主制は、従来の有力・富裕氏族による独裁を防ぎ、選挙・抽選によって国民（女性・未成年・奴隷を除く）のほとんどすべてが政治に関わることを可能とした。

しかし、ペロポネソス戦争の頃から、説得力のある雄弁を用いて言論を支配するデマゴーグ（煽動的民衆指導者）が現れ、戦争期の興奮の中、デマゴーグの誘導によって国策が決められるようになってしまった。

そのような社会状況の中で、政治的成功を望む人間たちには、自信たっぷりに物事を語ることによって人々からの支持を取り付けるものとしての話術の習得が必須であった。ここに、大金を出して雄弁の技術を身に付けようとする者と、それを教えることを職業とするソフィストが台頭してきた。

ソフィストという名は当時からすでに悪い意味で通用することが多かった。彼らが危険思想の持ち主であるという偏見は、プラトンの対話篇『ゴルギアス』、『国家』によって定着してしまった。ソフィストが「徳を教える」と言いながら「徳」がいったい何であるかを追求しなかったこと、徳とは何かが分からないのに、それを教えることができると称してお金を取り、「徳のようなもの」として、ソフィスト自身の思想等を教えていたことが、批判されることになったのである。

波多野［１９０１］が指摘したように、ソフィストたちは依頼者たちの成功を画するために種々の論理を組み立ててきた。それは高尚な理論ではなく日常的な出来事や政策に関する身近で具体的な案件に関するものであった。そうした行為の積み重ねの中で、彼らは、唯一の真理などはない、すべては相対的なものであるとする懐疑論に突き進んで行ったのである。この史実が、フランシス・ベーコンには、自己の経験論の正しさを裏付ける証左として映ったのである。

(45) 書簡1～7は宗教問題、クエーカー教徒との対話。書簡8～10は政治、経済問題、立憲君主制。書簡11～17は哲学や物理学に関する知見、ベーコン、ヒューム、とりわけニュートンの紹介と賞賛、デカルトに対する批判。書簡18～24は英文学、シェークスピアの紹介。書簡25はパスカル批判。

(46) 松岡正剛の千夜千冊、０２５１夜２００１年3月16日（https://1000ya.isis.ne.jp/0251.html）。

(47) https://www.stsnarao.com/economics/nudge-theory/

(48) 日経ビジネス編集部「行動経済学とは？　国や自治体も注目する新しい経済学について知る」『日経ビジネス』２０２１年8月10日号（https://business.nikkei.com/atcl/gen/19/00081/070800222/）。

(49) ヒューリスティックスとは、必ず正しい答えを導けるわけではないが、ある程度のレベルで正解に近い解を得ることができるという手法である。この手法では、答えの精度が保証されない代わりに、解答に至るまでの時間が短いという特徴がある（https://ja.wikipedia.org/wiki/ヒューリスティクス）。ナッジはそうした隔たりの存在に注目したのであり、それを「非合理」と決めつけたわけではない。

(50) Schmidt［2019］. Gigerenzer［2007］もシュミットに近い考えを持ち、経験知に基づく直感を重視する。さらに、情報を伝える環境にも注意しなければならないと主張している。患者に手術を受け入れる決心をさせるのは、医師によるポジティブな表現であると、彼は言う。患者は医師の表現から、言外の意味を直感的に読み取るのだと説明している。

「人間が会話から言外の意味を読み取り、役立てているとすれば、それは決して不合理ではありません。人間の優れた性質をネガティブな言葉で表現するのは違和感を覚えます。著者自身におとしめる意図はなくても、悪い印象が独り歩きしかねません」と『日経 Biz Gate』の書評は行き過ぎたナッジ論擁護者を戒めている（「行動経済学の落とし穴～人間は本当に「不合理」か～」（２０１８年5月17日、https://bizgate.nikkei.co.jp/article/DGXMZO3007189002052018000000?）。

(51) Robins［1932］.

(52) John Maynard Keynes: Letter to Roy Harrod, July 4, 1938. https://delong.typepad.com/sdj/2014/01/econ-2-further-reading-john-maynard-keyness-definition-of-what-economics-should-be.html

(53) https://en.wikipedia.org/wiki/Henry_Schultz

(54) https://en.wikipedia.org//wiki/Ragnar_Frisch

(54) Engels［1878］.

(55) Marx［1867］.

(56) https://japanese.joins.com/JArticle/206767
(57) http://www.scj.go.jp/ja/int/kaisai/pdf/nobel_kekka.pdf
(58) https://www.nomura.co.jp/terms/japan/hu/A02156.html

参考文献

Bacon, Francis [1620], *Novum Organum; Bacon's Novum organum* /ed., with introduction, notes, etc., by Thomas Fowler [1889], Vol. IV, Oxford.（桂寿一訳［１９７８］『ノヴム・オルガヌム―新機関』岩波文庫）。

Butterfield, Herbert [1949], *The Origins of Modern Science: 1300–1800*, Bell and Sons.（渡辺正雄訳［１９７８］『近代科学の誕生（上・下）』講談社学術文庫）。

Engels, Friedrich [1878], *Herrn Eugen Duhrings Umwalzung der Wissenschaft*, Marx/Engels Collected Works (MECW), Vol. 25, Progress Publishers.（粟田賢三訳［１９７４］『反デューリング論―オイゲン・デューリング氏の科学の変革（上）』岩波文庫）。

Gigerenzer, Gerd [2007], *Gut Feelings: Short Cuts to Better Decision Making*, Penguin Books.（小松淳子訳［２０１０］『なぜ直感のほうが上手くいくのか？』インターシフト）。

James VI [1599], *Demonologie*; [2016], *Daemonologie*, A Critical Edition, In Modern English.

James VI & I [1599], *Basilikon Doron*; [1931], University of Wales Press.

Kuhn, Thomas [1962], *The Structure of Scientific Revolutions*, University of Chicago Press.（中山茂訳［１９７１］『科学革命の構造』みすず書房）。

Marx, Karl [1867], *Capital* (Volume I), Marx/Engels Collected Works (MECW), Vol. 35, Progress Publishers.（向坂逸郎訳［１９６９］『資本論（マルクス）１』岩波文庫）。

Orwell, George [1949], *Nineteen Eighty-Four*, Secker & Warburg.（高橋和久訳［２００９］『１９８４年（新訳版）』ハヤカワ文庫）。

Pariser, Eli [2011], *The Filter Bubble: What the Internet Is Hiding from You*, Penguin Press.（井口耕二訳［２０１２］『閉じこもるインターネット―グーグル・パーソナライズ・民主主義』早川書房）。

Robbins, Lionel [1932], *An Essay on the Nature and Significance of Economic Science*, Macmillan.（小峯敦・大槻忠志訳

［２０１６］『経済学の本質と意義』京都大学学術出版会）。

Schmidt, Andreas [2019], "Getting Real on Rationality–Behavioral Science, Nudging, and Public Policy," *Ethics*, Vol. 129, No. 4, The University of Chicago Press: Journals.

Schultz, Henry [1938], *The Theory and Measurement of Demand*, Chicago: University of Chicago Press.

Simon, Herbert A. [1969], *The Sciences of the Artificial*, MIT Press.（高宮晋・稲葉元吉・吉原英樹ほか訳［１９８１］『システムの科学　第３版』パーソナルメディア）。

Stoner, James [1968], "Risky and Cautious Shifts in Group Decisions: The Influence of Widely Held Values," *Journal of Experimental Social Psychology*, Volume 4, Issue 4, October.

Sunstein, Cass [2001], *Republic.com 2.0*, Princeton: Princeton University Press.（石川幸憲訳［２００３］『インターネットは民主主義の敵か』毎日新聞社）。

Thaler, Richard & Cass Sunstein [2008], *Nudge: Improving Decisions about Health, Wealth and Happiness*, Cambridge University Press.（遠藤真美訳［２００９］『実践・行動経済学―健康、富、幸福への聡明な選択』日経ＢＰ社）。

Tversky, Amos & Daniel Kahneman [1979], "Prospect Theory: An Analysis of Decision under Risk," *ECONOMETRICA*, Mar., Vol. 47, No. 2.

Voltaire [1734], *Lettres philosophiques*; Presentation par Gerhardt Stenger [2006], Flammarion.（林達夫訳［１９８０］『哲学書簡』岩波文庫）。

今道友信［２００４］『アリストテレス』講談社。

厚生労働省［２０１９］『受診率向上施策ハンドブック―明日から使えるナッジ論』厚労省印刷局。

笹原和俊［２０１８］『フェイクニュースを科学する』化学同人。

総務省［２０１９］『令和元年版・情報通信白書』。

波多野精一［１９０１］『西洋哲学史要』大日本図書、［１９８９］『波多野精一全集（全６巻）』岩波書店、の第１巻に所収。

本山美彦［２０１８］『人工知能と株価資本主義―ＡＩ投機は何をもたらすのか』明石書店。

第1章　ウクライナ危機で明らかになった脱生産社会の脆さ
――GDPをはるかに上回る金融資産――

はじめに

ロシアのウクライナ侵略は、それまであった一定的に安定していた国際的な生産体制に急激な編成替えを促す暴風となった。

『日本経済新聞』のコメンテーター・梶原誠は、「侵攻が暴く市場の新常態――マネー、供給網の再建迫る」という表題で次のように論じた。

「2022年ロシアのウクライナへの侵攻が市場に突きつけた『不都合な真実』がある。世界にはサプライチェーンを寸断する供給制約の芽が散らばっており、時がたっても消えてくれないことだ」。「米国が覇権を脅かされる。格差が人々の不満を高める。地政学的な混乱やテロが頻発して石油の供給が滞る」。ロシアの蛮行は「米国の弱体化を突いた」。

「構造要因で危険にさらされているのは石油だけではない。ニューヨーク連銀は（2022年）1月、輸送にかかる費用や時間でサプライチェーンの混乱を測る『グローバルサプライチェーン圧力指数』（GSCPI）を公表した。20年からのコロナ禍が混乱に拍車をかけたが、転機は17年にトランプ米大統領が就任し、中国との『新冷戦』を始めた時期にさかのぼる」。「人々の間で高まった格差への不満がトランプ氏のようなポピュリストの指導者を生み、米国は保護主義に走った。覇権を目指す中国との貿易戦争で、世界の企業が物流網の見直しを迫られた」。「ニューノーマルを受け入れるのがいかに難しいかは、パウエル（米連邦準備制度理事会、Federal Reserve Board：FRB）議長ですら昨年（2021年）11月まで、高インフレを『一時的』と主張していたことからも分かる。当局も投資家も判断ミスを繰り返し、荒い市場展開が続くだろう」（同紙、2022年3月4日付朝刊）。

ウクライナ危機によって生み出された「ニューノーマル」をめぐって、米国でも次のような論議が行われた。

「ピーターソン国際経済研究所」(Peterson Institute for International Economics) のアダム・ポー

ゼン（Adam Posen, 1966–）所長（President）は　ポピュリズムと中国の台頭によって、いままでも国際的な生産体系は変容を迫られてきたが、ウクライナ情勢後の同盟国の結束は非常に難しいものになろうとの判断を示した（Posen［2022］）。

また、ジャネット・イエレン（Janet Yellen, 1946–）米財務長官（US Secretary of the Treasury）は、サプライチェーンを信頼できる国々の中に戻す「フレンド・ショアリング」（friend-shoring：同盟国や友好国など近しい関係にある国に限定したサプライチェーンを構築すること）を提言した（Yellen［2022］）。

国家間の対立を固定的に捉えてはならない。そもそも、あらゆる国家は歴史的にも、つねに変化してきた。敵・味方は、時代とともに入れ替わってきた。味方陣営のみでサプライチェーンを強化するという発想自体が間違っている。短期的な利害関係を超えた国同士の付き合い方があるはずだと言い切ったのが、プリンストン大学（Princeton University）のハロルド・ジェームズ（Harold James）教授である（James［2022］）。

シカゴ大学（University of Chicago）のラグラム・ラジャン（Raghuram Rajan）教授に至っては、ウクライナ危機後の西側陣営のサプライチェーン再編の動きは、お金持ちクラブを作り出そうとする行為以外の何者でもない、と強く批判した（Rajan［2022］）。

上記の梶原誠は、「金融引き締めで迎える『もうかる時代』の終わり」というサブタイトルを付けて新しい金融危機をニューノーマルに付け加えている。

「投資家にとってはカネ余りが支えた『楽にもうかる時代』が去る。インフレを防ぐ金融引き締めは、株や債券の相場を冷やす。昨年（２０２１年）、米株式市場では「ゲームストップ」（GameStop）株の売買攻防で損をする個人が続出し、投資会社「アルケゴス・キャピタル・マネジメント」（Archegos Capital Management）の投資失敗では同社との取引で世界の金融機関に損失が広がった。日本の3メガバンクも昨年末、外債投資でそろって含み損を抱えた。気前よく相場を張ればやけどを負うという警告でもある」（上記、『日本経済新聞』）。

アルケゴスについては、第1節第2項と第2節第6項で説明する予定であるが、アルケゴスを意識しながら、本章では、ニューノーマルとしての「新しい金融危機」の可能性について説明したい。

第1節　金融複合体について

1　金融所得はＧＤＰ統計には計上されていない

ＧＤＰ（国内総生産）とは、1年間で新しく生み出された新価値のことである。新価値は必ず資本と労働に分配される。そして、資本が得るシェア（資本分配率）と労働のシェア（労働分配率）とはトレード・オフ（trade-off）の関係にある、一方が高まれば他方が低くなるが、新価値のすべてはこの両者に帰属する、こう理解するのが、これまでの経済学の常識であった。

一世を風靡したトマ・ピケティ（Piketty［2003］）も、こうした伝統的な思考方法の枠内にある。資本分配率ではなく、資本収益率（r）とGDP成長率（g）を基準に置くという違いはあるが、rがgを上回り続けるかぎり、資本家と労働者の所得格差は拡大するということを長期統計で確認し、高所得家層への課税強化を訴えたのが、ピケティの主張である。

しかし、二つの分配率という二分法の枠内に入らない金融資産について、経済理論は正しく位置付けてきたとは言えない。現在の統計では、金融資産（これも資本）は、新価値に算入されていないのである、ただし、金融取引の手数料などの収益はGDP統計に含まれる。保有株の価格が上昇して、金融資産が増加しても、その額はGDPの増加分とは見なされていない。この点を多くの経済学者は軽視してきた。

現在の名目GDPと金融資産額は、大きく乖離している。1980年頃までは、両者は一致していたが、その後、金融資産が、名目GDP以上に大きくなり、いまでは、名目GDPの4倍となっている。日本の一人当たりGDPは、2000年には、世界第2位であったのに、2018年には世界で第26位にまで落ちてしまった（名目、ドル換算）。この点を取り上げて、日本の経済力が大きく低下したとの嘆きがマスコミを賑わしているが、この種の問題は、そう単純に断定されるべきものではない。現在のＧＤＰ計算そのものが、実体経済を正確に反映しているとは言い切れないからである。

国連に勤務しているヤコブ・アッサというエコノミストがいる。彼の著（Assa［2017］）は、ＧＤＰの計算方法に重大な疑義があると主張したものである。金融資産から生じる収益をＧＤＰの付加価値として扱っていることが、その一例であるという。金融資産取引を斡旋することの手数料が、厳密な意味においては、付加価値ではないのに、近年、それを付加価値に算入してＧＤＰ計算をするようになっている。これは、付加価値の拡大解釈であり、誤りであると、彼は強調した。

ＧＤＰ統計は、失業率など比較的簡単に計算できる数値とは異なり、さまざまな前提を置いたうえで、多くの推計を交えて計算された数値である。計算手法としては「国民経済計算」（System of National Accounts：ＳＮＡ）に拠っているが、その計算方法は、１９５３年以降、何度も改定されてきた。そのうちに、アッサが言うように、以前なら付加価値とは見なされていなかった金融収益の一部が、ＧＤＰの構成要素に組み入れられるようになってきた。これをアッサは、「ＧＤＰの金融化」（Financialization of GDP）と表現し、自著のタイトルとした。

ただし、アッサの主張は、方向性を間違えている。彼は、金融収益の一部がＧＤＰ計算に含まれるようになったことを告発するのではなく、金融資産の大部分が、いまなお、ＧＤＰ計算に含まれていないことを重視すべきだったのである。

現在の金融資産額は、圧倒的に大きな数値である。しかし、いまなお、債券や株式、そして不動産で得られた収入（キャピタル・ゲイン）はＧＤＰには含められていない。手数料がＧＤＰ統計に含まれているということに目くじらを立てるよりも、現行のＧＤＰよりもはるかに大きい金融資産がＧＤＰ統計に含まれていないという理不尽な取り扱いこそが、告発されなければならないのである。その点において、手数料収入などは、芥子粒のように小さいものである。金融資産は、商品の価格が上下することにより得られた収入である。その意味で付加価値としては扱われない。したがって、それは、ＧＤＰ統計に含まれない。この点は、定義上、仕方のないことである。しかし、歴然たる所得格差の主たる原因であるキャピタル・ゲインの問題を無視して、ＧＤＰ統計のみで経済成長率を議論してしまっては、重要な問題（所得格差）を避けて通ることになる。

そもそも、キャピタル・ゲインへの課税率は、超富裕層も庶民も同じである。課税は、原則として、付加価値のみに掛かるものであるとの理由で、そうなっている。

拡大する所得格差を、分配率という二分法で説明するという姿勢は、間違いではないが不十分である。超富裕層は、金融資産の価格高騰でますます富裕になっているが、金融資産の増加は付加価値を形成するものではない。金融の肥大化と拡大し続ける所得格差という点にこそ、私たちの視点は集中されるべきである。

この視点を前面に打ち出したのがシムカ・バーカイの著作である（Barkai［2020］）。

１９８４～２０１４年、資本の利益は6倍も上昇した。新しい独占企業の利益が急上昇したからである。情報網と販売網を独占し、ＳＮＳの世界をほぼ完全に牛耳ることができるようになったことが、独占企業の利潤を積み上げさせた最大の要因である。それは従来の独占企業とはまったく違った形態を取っている。いまの独占企業は、製造業よりも非製造業、なかでも新しい金融業と情報産業とを緊密に結びつけることに成功した企業である。そのような独占企業の株式や社債を運用するヘッジ・ファンドが、超富裕層を顧客に取り込んでいる。

現在の貧富の格差増大は、新しい「金融複合体」(financial complex) の増殖によるところが大きい。

2　ＧＤＰを大きく上回る金融資産

２０２１年5月6日、ＦＲＢの年報である『金融安定性報告』(Financial Stability Report：ＦＳＲ) が発表された。その報告には、近年の資産膨張が世界で同時進行していることによって、資産価格の急落というリスクが大きくなり、そうした投資家の懸念が、金融市場に不気味な影を落としているとの文言がある。

世界の株式時価総額と債券発行残高を合計した数値は、２０２０年末時点で推計２３０兆ドルという天文学的な巨大な数値になっていた。これは、世界のＧＤＰの2・7倍にもなる。この数値は、

２００８年のリーマン・ショック前の2・3倍、ＩＴバブル期（１９９０年代後半～２０００年代前半）の2倍を上回る。[1]

株式時価総額と債券発行残高の合計ではなく、株式時価総額だけをＧＤＰで割った数値によっても、金融資産とＧＤＰの乖離ぶりは表せる。これは、バフェット指標（Buffett Indicator）と呼ばれているものである。[2]２０２０年末のバフェット指標は、約１２０％であった。これは、史上最高の値で、上昇基調をたどる株式時価総額と、コロナ禍で減少基調を明確に示していた名目ＧＤＰとの乖離幅が非常に大きくなったことを示している。２０２０年の世界の名目ＧＤＰが、対前年比３％減の84・5兆ドルであったのに対して、世界の株式時価総額は、対前年比で20％増の１０１兆ドルであった。

２０２０年の春以降、各国が異次元の財政拡張・金融の超緩和に政策の舵を切ったことが、このような金融と実体経済との大きな乖離現象をもたらしたと、断言しても良いだろう。それとともに、世界の債務残高は、２００１年の59兆ドルから、２０２０年9月には２１０兆ドルと4倍近くに膨れ上がってしまった。[3]

永年続いてきた金融の超緩和で膨大な規模で発行されてきた通貨は、社会の構成員全員に万遍なく行きわたるのではなく、富裕層のみに集中した。大手の金融機関は、貧乏人を見限り、富裕層に資金を集中させるようになってしまった。富裕層が、金銭的にますます豊かになる一方で、金融ゲームに乗れなかった人々は、不安定な仕事に追いやられ、賃金も低下し続けた。

しかし、最近になって、富裕層向け金融組織にも、破綻の影が次第に強くなってきている。リーマン危機で、金融界は、大きなリスクを取るという戦略の怖さを思い知らされたはずである。ところが、この10年間で、またまた大きくリスクを取る金融組織が多くなってきた。

２０２１年4月に破綻が明らかになった米国の投資会社のアルケゴスが、その一例である。

アルケゴスは、元ヘッジ・ファンドのマネジャーであったビル・ファン（Bill Hwang, Hwang Sung-kook, 黄聖国、1964-）の百億ドルとされる個人資産を運用する金融組織である。運用規模は、レバレッジを駆使して5百億ドルを超えていたらしい(4)。

アルケゴスは、自社のことを、「ファミリー・オフィス」(family office) と位置付けていた。後述するように、リーマン・ショック時点では、ファミリー・オフィスは、外部から投資資金を借り入れていなかったので、米国証券取引委員会（U.S. Securities and Exchange Commission：ＳＥＣ）に保有株数や価格変動を通知する義務はなかった。つまり、ファミリー・オフィスには、資産運用の中身が外部からは見えないという利点があったのである。このことは、富裕層からすれば非常に大きな魅力となった。富裕層は、資金運用の便利な組織として、リーマン・ショック後、ファミリー・オフィスを多用するようになった。

しかし、アルケゴスは、密かに金融機関から多額の借り入れをしていた。つまり、アルケゴスは、元のヘッジ・ファンドに戻ってしまっていた。

この点を明確にするために、ヘッジ・ファンドの歴史を素描しておきたい。よく耳にする金融用語だが、意外に中身は知られていないので、あえて初歩的な解説をする。

3　富裕層相手に誕生したヘッジ・ファンド

ヘッジ・ファンドを特徴付ける代替投資（オルタナティブ投資：Alternative Investment）の意味から説明しておきたい。

金融用語では、伝統的な投資対象である株式や債券を原資産（Underlying Asset）と呼んでいる。この原資産への伝統的な投資とは異なる投資が、代替投資である。代替投資は、実物の原資産から生み出される多種類の金融資産の取り引きを基本としている。ヘッジ・ファンドもその一つである。

株式を売買する投資家は、信用取引を行っている。信用取引とは、一定の保証金（委託保証金）を証券会社に担保として預け、保証金の数倍の金額の株式取引ができる制度のことである。通常の株式取引では行えない「売り」からの取引が行えるので、下落局面でも利益を得る可能性があり、投資機会が増えるということが大きな特徴である。

この信用取引における株式の買い約束を「ロング」といい、売り約束を「ショート」という。ヘッジ・ファンドは、このロングとショートを組み合わせて中長期的に利益を確保しようとする。持ち株が値上がりした時に売れば儲かるが、株価が暴落して慌てて持ち株を売れば損をする。しかし、A株をロングにし、B株をショートにしておけば、両株がともに下落しても儲けることができる。

1年前に、両株とも百万円の価格が付いていた時に、A株をロングで、B株をショートで1年後に履行するという予約を交わした取り引きがあったと仮定しよう。1年後のいま、A株が80万円になってしまったとしよう。投資家は、帳簿上20万円の損失を出したことになる。しかし、B株が70万円にまで値下がりすれば、ショート契約していた投資家は30万円儲けることになり、A株の損失を帳消しにすることができる。ショートとは、1年前にB株の現物がないのに、百万円で売り、1年後に現物株を貸してくれた相手方に渡すという契約である。投資家は70万円で現物株を買い、相手方にB株を返せば、30万円を儲けたことになる。

ヘッジ・ファンドは、この種の取り引きを多様化して資産を築くという手法を採っている。

最初のヘッジ・ファンドは、1949年に、オーストラリアの社会学者でジャーナリストのアルフレッド・ウィンズロー・ジョーンズ（Alfred Winslow Jones, 1900–89）が立ち上げた「A・W・ジョーンズ社」（Alfred Winslow Jones & Co.）であると言われている。当初の運用資金は10万ドルであった。彼が4万ドル、4人の友人たちが6万ドルを出資して、米国で設立したファンドである[5]。彼のファンドは、プライベート・カンパニー（Private Company）[6]の形を採った有限責任組合であった。

当時の米国には、「1940年投資会社法」（Investment Company Act of 1940）というものがあった。これは、米国における「ミューチュアル・ファンド」（mutual fund）[7]を規制するための法律である。1940年代には、この法律は、どちらかと言えば、投資ファンド設立に対して禁止的に運用されていた。通称「40年法」（40Act）の条文の複雑さに煩わされて、多くの企業は、投資会社の設立には消極的であった。

しかし、どのような厳しい法律でも抜け穴がある。

40年法の「セクション3（C）1」と「セクション3（C）7」がそれに当たる。セクション3（C）1は、ファミリー・オフィス向けに設計されたもので、百人未満の投資家からなる投資会社は、SECに登録しなくても良いという条項である。そして、セクション3（C）7は、「適格な投資家」または「認定投資家」と判定される投資家たちからなる投資会社は、同じく、登録しなくても良いというものである[8]。

ジョーンズはこれを利用した。彼は、ミューチュアル・ファンドという投資信託の形ではなく、有限責任組合（リミテッド・パートナーシップ）というプライベートな投資会社組織の形態を採った。この型の組織は、「セクション3（C）1」を満たし、ロング・ポジションとショート・ポジションを組み合わせる投資手法を駆使することで、市場のリスクを大きく減少させる「適格な投資家」からなる投資会社なので、「セクション3（C）7」にも適合するということをSECに認めさせたので

ある。(9)

ヘッジ・ファンドという言葉は、当然、ヘッジ・ファンドを初めて開始したジョーンズが創ったと思われているが、それを証明する文献的な証拠はいまだ発見されていない。活字でこの言葉が初めて見られるのは、『フォーチュン』(*Fortune*) 誌の1966年4月号に掲載された著名ジャーナリストのキャロル・ルーミス (Carol Loomis, 1929-) の記事(「他の追随を許さないジョーンズ社」)である。この記事で、ルーミスは、1966年当時の投資会社で図抜けた運用成績を上げていた同社を「ヘッジ・ファンドの旗手」と絶賛した。

「近年でもっとも優秀なプロの投資マネジャーは、アルフレッド・ウィンズロー・ジョーンズである」という書き出しから始めて、1965年の会計年度の締め日である5月1日までの5年間に彼のファンドが325%という高い収益率を挙げたことは、ウォール街の奇蹟と囃されていると続けた。当時、人気のあったミューチュアル・ファンドの「フィデリティ・トレンド・ファンド」(Fidelity Trend Fund) の同期間の収益率225%を大きく上回っていたのである。

期間を10年にまで延長すれば、これも著名な投資信託であった「ドレイファス・ファンド」(Dreyfus Fund) の358%を大きく上回る670%という、とてつもなく高い収益率を示していた。

この記事が投資会社に与えた影響は巨大なものであった、記事が発表された直後の3年間(1967~70年)で少なくとも130ものヘッジ・ファンドが新規に設立されたのである。こうした新規の会社の中からジョージ・ソロス（George Soros, 1930-）の「クォンタム・ファンド」（Quantum Fund）やマイケル・スタインハート（Michael Steinhardt, 1940-）の「スタインハート・パートナーズ」（Steinhardt Partners）等々の巨大ヘッジ・ファンドが成長してきたのである。

4　各国の金融監督当局の方針の逆張りをしたジョージ・ソロス

１９６６年から69年までは、ニューヨーク株式市場は一本調子の上昇基調にあり、多くのファンドはロング・ポジションのみを取り、ジョーンズがしていたような安全弁としてのショート・ポジションの用意はしていなかった。１９６９年から74年にかけて、株価暴落が２回生じ、ヘッジ・ファンドの資産は70％ほどの価値減少をきたした。ロングとショートを組み合わせていなかったファンドのほとんどが、破産するか撤退してしまった。しかし、ジョーンズ、ソロス、スタインハートのファンドは生き延びた。

ヘッジ・ファンドにとっての冬の時代は、１９６９年から92年まで長く続いた。しかし、１９９２年９月、ソロスのクォンタム・ファンドが英ポンド安をめぐって、イングランド銀行との仕手戦に劇的な勝利を収め、20億ドルもの荒稼ぎしたことを、各誌が熱狂的に報道したことがきっかけになって、ヘッジ・ファンド人気が再燃した。

ソロスはハンガリーのブダペスト生まれのハンガリー系ユダヤ人。ハンガリー名はショロシュ・

ジェルジ（Soros Gyorgy）。投資家として知られ「イングランド銀行を潰した男」（The Man Who Broke the Bank of England）として勇名を馳せる。ソロスは、「ソロス・ファンド・マネジメント」（Soros Fund Management）、「オープン・ソサエティ財団」（Open Society Foundations, 旧 Open Society Institute）、ブダペストの「中央ヨーロッパ大学」（CEU）等々を設立した。1969年にジム・ロジャーズ（Jim Rogers, 1942-）と共同でファンドを立ち上げて、「クォンタム・ファンド」に発展させた（1973年）。このクォンタム・ファンドが、ロンドン、ニューヨーク、キュラソー（Curacao：南米沖にある島で、オランダ王国を構成する独立国）、ケイマン諸島（Cayman Islands）にクォンタムという名を冠したオーナー会社グループである「クォンタム・グループ・オブ・ファンド」（Quantum Group of Funds）を擁している。グループ各社は、彼らの司令塔である「ソロスのクォンタム・ファンド」（Soros' Quantum Fund）からの指示に従っている。

ファンドの株主の名は非公開であるが、1973年の設立時には、ロスチャイルド一族が多額を出資したと噂されている。

1981年、ソロス・クォンタム・ファンドは、創設以来、初めての損失を出し（運用実績は22%のマイナス）、資金は4億ドルから2億ドルに縮小した。

1998年、クォンタム・ファンドは、その規模（運用資産）において世界最大のヘッジ・ファンドになったが、2年後の2000年、インターネット・バブルの崩壊によって60億ドルを失った。これは同じバブル崩壊によって損失を被ったあらゆるファンドの中でも、最大の損失額であった。ファンドの規模は、１００億ドルから40億ドルにまで縮小してしまった。それでも、２０１０年、史上最高額の２７０億ドルに達した。２０１３年、同ファンドは、アベノミクスの量的緩和政策による円安相場で10億ドルの利益を得、全体として55億ドルもの収益を上げた。これは、それまでのヘッジ・ファンド史上最高額であったと言われている。

ソロスは、筋金入りの反社会主義者、反帝国主義者である。東欧での社会主義の崩壊は、その体制的弱さと、民衆の支援を得ることができなかった為政者たちの失敗によるとの信念の下、１９７９年から、彼は年３００万ドルをポーランドの連帯運動、チェコスロバキアの「憲章77」（Charta 77：１９７７年から始まった反政府運動家たちが署名した文書）、ソ連のアンドレイ・サハロフ（Andrei Sakharov, 1921–89）たちが作った反体制組織、ジョージアのバラ革命（２００３年、ロシアからの圧迫を拒否できなかった当時の大統領を辞任に追い込んだ暴力を伴わない革命）等々の反権力闘争を支援するために多額の寄付をしてきた(10)。

ソロスのクォンタム・ファンドは、小規模の投資会社でもできる比較的単純なロング・ショート戦略を、より大規模、より多様な金融商品を世界中で扱ういわゆるグローバル・マクロ戦略を成功させたファンドとしての地位を築いた。グローバル・マクロ戦略とは、世界の経済指標を基礎に置き、世界各地の経済動向を予測し、株式から債券、コモディティなど世界のあらゆる市場・商品を対象にロング・ショートを織り交ぜて投資する投資戦略のことである。そのためには、世界中に拠点を置く巨大組織になる必要がある。ソロスの強みは、世界のヘッジ・ファンドに指令できるという点にある。つまり、個別企業を一つ一つ調査して積み上げて行くボトム・アップ型ではなく、今後の世界情勢・金利・為替などを予測して、設定したポジションと同じものを、ソロスは、傘下のファンドに指令しているのである。

グローバル戦略を成功させた巨大ヘッジ・ファンドとしては、ソロスのファンド以外にレイ・ダリオ（Ray Dalio, 1949–）が率いる「ブリッジウォーター・アソシエイツ」（Bridgewater Associates）傘下の「ピュア・アルファⅡ・ファンド」（Pure Alpha II Fund）がある。

グローバル・マクロ戦略といった大袈裟なキャッチ・フレイズが掲げられているが、実際には、為替相場維持、金利操作などを各国の政府機関が行おうとする時、大規模な空売りを仕掛けた仕手戦に自己の豊富な資金を注ぎ込むというのが、巨大ヘッジ・ファンドの常套手段である。

例えば、１９８５年の「プラザ合意」（Plaza Accord）[11]に至る過程で、ソロスはドルの空売りを大量に仕掛けて大儲けをした。

１９８０年代前半の米国のレーガン（Ronald Reagan, 1911–2004）政権は、高インフレを抑制すべく厳しい金融引締めを実施していた。米国の金利は、20％という高水準となり、この高金利を求めて世界中の投機マネーが、米国に流入した。当然、ドルの為替相場は高くなった。ドル高は、米国の輸出減少・輸入拡大を通じて大幅な貿易赤字をもたらした。しかも、高金利は民間投資を抑制した。確かに高金利によって高インフレは収まった。しかし、その反面、大幅な貿易赤字と財政赤字も累積してしまった（双子の赤字）。いずれ金利を下げ、ドル安の方向に政策の舵を切らねばならないのに、強いドルに米国の威信を見ていたレーガンは、政策転換になかなか踏み切れなかった。海外からの資金流入で国内経済を活性化させたいとのレーガン政権は、自らの威信を高める強力な装置であるドル高環境を手放すことに躊躇していたのである[12]。

貿易赤字が巨額になると、必ずドル安に振れる。しかし、ドルは高止まりしていた。レーガンの意固地な姿勢から、ドル高になるだろうと予測した世界の投資資金は、ドル買いに走っていた。しかし、ソロスは、多くの投機家とは逆に、ドル安に賭けた。レーガン政権の政策転換の遅れに注目していたのである。この時期に書いた日記でソロスは、「一世一代の大勝負であった」と記している[13]。

ドル安に賭けたソロスは、それまで「原則として一つだけの市場にファンドの資本を超えた（百％以上）額を投じないようにしている」と語っていたソロスだが、「現在の状況に応じるために」（日記、Soros［1987］の記述）自社の資本額をはるかに上回る投機に打って出た。

１９８５年9月22日、プラザ・ホテルでＧ５会議が開かれ、それぞれの国がドル高是正の為替介入を行うとの合意が成立した。その前に米国政府による根回しがあったと見えて、会議は短時間で合意に達した。

プラザ合意内容が発表された翌日の9月23日、ドルの対円レートは、１ドル２３５円から約20円下落した。１年後には1千5百円台になった。

このプラザ合意により、ソロスは、一晩で3千万ドルの利益を上げた。ソロスの攻勢はさらに続いた。プラザ合意の数日後、第2弾の投機として、ソロスは、円と西ドイツ・マルクの保有高を2億9百万ドルにし、ドルのショート・ポジションを1億7百万ドルに増やした。さらにその後、第3段として、5億ドル相当の円とマルクを買い足し、ドルのショート・ポジションも3億ドル近く増やした。この年の8月から12月までの4か月の間で、ソロスのファンドは35％成長し、2億3千万ドルの利益を上げた。(14)

個人であれ、企業であれ、国家であれ、意図した方向が実現することには無理が多いという彼の「再帰性」の持論の正しさの証左として、マスコミは、彼の国家への逆張りを褒め称えているが、国家の夢が無残にも投機によって打ち砕かれたことの悲しい歴史的意味は、深く反省されても良いはずである。

１９７１年8月15日、当時の米国大統領であったリチャード・ニクソン（Richard Milhous Nixon, 1913–94）がドル紙幣と金の兌換を一時停止した（いまだにその事態は続いているが、恒久的に兌換が停止されたわけではない）。それまでは、金と交換できる唯一の通貨がドルであり、ドルが基軸通貨としてＩＭＦ（国際通貨基金）を支えてきた。(15) しかし、ドルの金交換に応じられないほど米国の金保有量が減ったことにより、この通貨体制を維持することが困難になった。しかも、この金兌換停止は、各国に事前に知らされていなかったので、世界の通貨体制に大混乱が生じた。

先進国間で保たれていた固定為替相場体制は崩壊し、国際決済制度は変動為替相場制に移行せざるをえなかった。当然、外国為替は投機の対象になり、変動幅も大きくなって、不安定なものになると、各国の為政者は危惧するようになった。

１９７２年に「欧州経済共同体」(European Economic Community：ＥＥＣ)[16] 加盟国の多くはヨーロッパにおける為替の共同変動相場制を導入し、為替相場の変動幅を2・25％以内にすることで相場の安定を維持することに合意した。１９７０年3月、この制度は「欧州通貨制度」(European Monetary System：ＥＭＳ) に引き継がれ、「欧州通貨単位」(European Currency Unit：ＥＣＵ、エキュ) が定められた。この為替相場安定を目指すメカニズムが、「為替相場安定メカニズム」(European Exchange Rate Mechanism：ＥＲＭ) と呼ばれているものである。ＥＣＵは、加盟国の通貨を加重平均したもので、主に国債、社債、旅行小切手等に使用された。ただし、１９９５年、ＥＣＵは名称を「ユーロ」(Euro) に変更されて、２００２年7月、各国の通貨はユーロに入れ替わった。

このメカニズムは、短期(期間3か月) および中期(期間2～5年) の信用供与制度で、資金源として各国は、金およびドル準備の各20％を預託した。その見返りとして各国にＥＣＵが供与された。

為替相場変動幅を上下２・25％にまで抑えるというのが目標ではあったが、それはかなり無理なことであった。ＥＣＵの中で比較的大きなシェアを占める西ドイツ・マルクに、事実上、引きずられることによって、その他の国の為替相場が実勢よりも高くならざるを得なかったからである。西ドイツは、伝統的にインフレを嫌い、金融はつねに引き締め気味で、金利は高めに維持されていた。為替相場変動幅を２・25％以内に保つには、各国の中央銀行は為替市場に介入して、自国為替を買い続けなければならなかった。

こうした事情が、ソロスによるポンド売りにつながったのである。

マーガレット・サッチャー（Margaret Hilda Thatcher, 1925-2013）は、西ドイツが主導するＥＲＭには反感を持っていた。資本移動が自由になっている国際金融の世界では、各国独自の金融政策と為替レート目標とは、両立し得ないという「国際金融のトリレンマ」論[17]を支持していたからである。

サッチャーは、英国の主な金融政策が英国財務省等ではなく、「ドイツ連邦銀行」（Deutsche Bundesbank）によって決められることになるＥＲＭに批判的であった。それでも、英国の苦境を脱するためにもＥＲＭ加入はやむを得ないと判断して、１９９０年、このシステムへの加入に向けて舵を切った。案の定、これがポンド投機を刺激したのである。

１９９０年10月に東西ドイツが統一されて以来、旧西ドイツ政府による旧東ドイツへの投資が増加した。その規模は西ドイツのＧＤＰの４～５％、東ドイツのＧＤＰの３分の１強だった。このような大掛かりな財政出動がもたらすインフレ圧力を緩和するために、ヘルムート・シュレジンガー（Helmut Schlesinger, 1924-）総裁が率いるドイツ連邦銀行は、金利を大幅に引き上げた。

ほかのＥＲＭ加盟諸国は、すでに景気後退局面に入っていたのに、為替相場維持のために、自国の金利を高めに維持するしかなかった。高めの金利は欧州通貨の為替相場を高くした。英国も同じであった。

ＥＲＭ加入後、欧州通貨と連動しなければならなくなったポンドは、実態から離れてポンド高に推移した。ポンド安を必然と判断する市場に対抗するために、イングランド銀行は金利を高くしなければならなかった。当時の英国首相は、ＥＲＭ離脱には反対のジョン・メージャー（John Major, 1943-）であった。

市場の予測とイングランド銀行の姿勢の間にずれを見たソロスは、ポンドを空売りするという投機に打って出た。１９９２年9月15日、英国は激しいポンド売りに見舞われ、上下2・25％変動幅を超えた。翌9月16日、イングランド銀行がポンド買いで市場介入し、さらに公定歩合を10％から12％に引き上げたが、効果がなかったので、その日のうちにさらに引き上げて15％とした。しかし、それでもソロスによるポンドの売り浴びせは止まらなかった。この日は、ブラック・ウェンズデー（暗黒の水曜日）と呼ばれている。

１９９２年9月17日、英国は正式にＥＲＭを脱退し、変動相場制に移行せざるを得なかった。ＥＲ

M離脱以降も、ポンドは、１９９５年まで減価を続けた。ジョージ・ソロス率いるヘッジ・ファンドは10億７２０万ドルもの利益をまた一晩で得たと言われている。(18)

翌年の１９９３年、通貨投機は欧州各国に飛び火し、ＥＲＭは大幅な再編を迫られることとなった。しかし、英国は、１９９２年の下半期から他の西欧諸国に先がけて景気回復に向かい、１９９４年まで順調な拡大を続けた。ＥＲＭ離脱以降の金融緩和による家計部門の耐久消費財需要が伸張した。さらに、ポンドが主要国通貨に対して大幅に減価したことにより輸出も伸張した。しかし、ヘッジ・ファンドによる通貨の空売りは、世界各地で行われるようになっていた。１９９７年には東南アジアで通貨の空売りによって、深刻なアジア通貨危機が引き起こされた。

第２節　先物を核とする投機市場

１　為替投機に温床を提供した国際通貨市場

いつの時代でも通貨投機はあった。商業活動が盛んな地域では、規模の違いこそあれ、いずこでも通貨投機は見られた。しかし、ソロスが行ったような巨大な規模の通貨先物投機が可能となったのは、シカゴに先導される国際的な通貨先物市場が、巨大化して後のことである。実際には、博打打ちよりも博打場を提供した胴元の方が儲かるものであることは、洋の東西を問わない共通の真理である。確かに、ソロスは、投機の天才ではある。しかし、ソロスを天才と持て囃す胴元たちの方が、好悪の感情を別にして、大「天才」であるに違いない。

金融の自由化を旗印として、大規模な投機場の創設を提唱していたのは、ミルトン・フリードマン(Milton Friedman, 1912–2006) であった。

ブレトン・ウッズ体制の崩壊とともに、突然押し寄せてきた変動為替相場制の下では、企業人は、当然に為替変動リスクに曝されることになる。国際金融部面に携わる企業人は、事業拡大につれてこのリスクを回避しようとする動機を強く持つようになる。ところが、当時は、為替のリスク回避の手段を提供してくれる大規模な機構はほとんどなかった。

１９７１年12月、シカゴ大学のミルトン・フリードマンは、「シカゴ・マーカンタイル取引所」(Chicago Mercantile Exchange：ＣＭＥ) のレオ・メラメド (Leo Melamed, 1932–)[19] の依頼に基づいて、為替リスクをヘッジする市場の必要性を強調する「通貨先物の必要性について」(Friedman [2013]) という論文をメラルドに手渡した。原稿料は7千5百ドルであった (なんたる高額！ 当時のレートでは少なくとも３５０万円。１冊の本ではなく、わずか8ページの1論文！)。メラメドは、この論文を使って通貨先物市場併設について、ＣＭＥの取締役の過半数の承諾を得た。また、フリードマンの論文を手に政府関係者にも根回しをした。

そして、フリードマンの論文を入手してから、わずか半年足らずで、通貨先物市場を立ち上げたのである。１９７２年５月16日、ＣＭＥは、７通貨（カナダドル、英ポンド、西ドイツマルク、日本円、フランスフラン、メキシコペソ、イタリアリラ）の先物を上場した。その日、３３３枚（先物数量１単位を１枚という）が取り引きされた。その年全体の取り引きは、14万４３３６枚であった[20]。

現在の金融先物は、世界の先物取引全体の90％を占めている。１９７０年代初めに通貨先物が誕生した。しかし、この種の先物市場は、リスクをヘッジするという建て前論とは別に、リスクを取る投機を刺激したことを見過ごすべきではない。

ＣＭＥの出発点は、「シカゴ商品取引所」（Chicago Board of Trade：ＣＢＯＴ）から１８９８年に独立したシカゴ・バター・卵取引所にある。独立した後の１９１９年に現在の名称の「シカゴ・マーカンタイル取引所」（ＣＭＥ）に改組した。

ＣＭＥは、元々は非営利の民間組織だったが、２０００年に株式会社化され、２００２年に株式を公開した。２００７年、ＣＢＯＴを買収して「ＣＭＥグループ」（CME Group Inc.）となった。

ＣＭＥグループは、さらに２００８年に原油先物の「ＷＴＩ」（West Texas Intermediate）を扱う「ニューヨーク・マーカンタイル取引所」（New York Mercantile Exchange：ＮＹＭＥＸ）を買収、続いて２０１２年に世界で初めて株価指数先物取引を行ったことで有名な「カンザス・シティー商品取引所」（Kansas City Board of Trade：ＫＣＢＴ）を買収し、巨大化の一途を歩んでいる。

ＣＭＥグループの取扱商品は、株価指数、外国為替、暗号通貨、天候、エネルギー、電力、金属、農産物・畜産物、不動産、金利等々、あらゆる分野の先物である。

２　２００８年の世界金融危機への道

１９９２年以降、米国主導の金融グローバリズムが急速に進展した。グローバリズムを促進させたのはドルである。金兌換という制約から解き放たれたドルが、世界決済通貨として世界中に垂れ流されたのである。

米国の貿易収支赤字は、92年以降、とてつもない速さで拡大して行った。87年から縮小し続けた赤字幅が、92年には反転して拡大方向に向かった。貿易収支は、91年の７３４億ドルの赤字から92年は９６３億ドルの赤字へと拡大した。その後も一貫して赤字幅は、増え続け、２００７年には８千億ドル台と、92年からの５年間でじつに８倍以上にもなった（米商務省、三菱ＵＦＪ信託銀行作成、https://www.tr.mufg.jp/houjin/jutaku/pdf/u201704_1.pdf）。

巨額のドルが、世界の金融市場に溢れた。このことが、世界経済の金融化・証券化という現象を生み出したのである。

１９９２年９月17日のブラック・ウェンズデー以降、非公開の投資ファンドが、陸続と生まれた。

１９９７年にはアジア通貨危機が勃発、タイから始まりインドネシア、マレーシア、シンガポール、韓国と軒並み狙われ、それぞれの通貨が大幅な下落を余儀なくさせられた。これら諸国の平均で見ると、通貨価値は一気に3分の1にまで下落した（インドネシアは8分の1）。まさに激震であった。投機筋はソロスのポンド投機の手法を踏襲したのである。売り浴びせた投機筋は、まさに濡れ手に粟の大儲けをした。

このアジア通貨危機は、翌年の１９９８年にロシアに波及、さらにブラジルなどラテン・アメリカ諸国へと連鎖した。

このロシア危機の煽りをもろに受けたのが、米国の「ロング・ターム・キャピタル・マネジメント」（ＬＴＣＭ）であった。この年（98年）の秋、ＬＴＣＭは破綻を避けられない状況に追い込まれた。高いレバレッジをかけたデリバティブ取引などの巨額のポジションを置いたことから、想定外の損失が発生してしまい、世界のマーケットに甚大な影響を及ぼしたのである。

この危機的状況に対して、ＦＲＢによる利下げや大手銀行による救済融資、ＬＴＣＭの緩やかな解体などにより、危機的事態は収束に向かい、数か月で治まった。

ＬＴＣＭを設立したのは、「ソロモン・ブラザーズ」（Salomon Brothers：１９１０年に米国で設立）で活躍したトレーダーのジョン・メリウェザー（John Meriwether, 1947-）であった。

１９９４年に運用を開始し、その取締役会には、ＦＲＢ元副議長のデビッド・マリンズ（David Wiley Mullins Jr., 1946-2018）や、「ブラック－ショールズ方程式」（Black-Scholes equation：デリバティブの価格づけに使われる偏微分方程式）を完成させた功績で、共に1997年にノーベル経済学賞を受賞したマイロン・ショールズ（Myron S. Scholes, 1941-）とロバート・マートン（Robert Cox Merton, 1944-）などの著名な学者たちが加わっていたこともあって、LTCMは、世界各国の金融機関や機関投資家、富裕層などから巨額の資金を集めていた。

LTCMは、マーケットにおいて、金融工学を駆使したトレーディング・システムで投資を行うヘッジ・ファンドであった。当初の運用手法は、流動性の高い債券がリスクに応じた価格差で取り引きされていない点に着目し、実力と比較して割安と判断される債券を大量に購入し、逆に割高と判断される債券を空売りする「ロング・ショート」取引であった。

その後、債券だけでなく、M&A（1995年）、金利スワップ（1996年）、私募債、モーゲージ担保証券、株式（1997年）と対象を広げ、流動性がより低く、不確実性のより高い市場へと参入して行った。

破綻前の運用成績では、平均の年間利回りが40%を突破するなど大きな成功を収め、最盛期には、1千億ドルを運用するまでに規模を拡大していた。

LTCMは、アジア通貨危機やロシア危機など、新興国に対するマーケットの動揺は短期間に収束すると予測し、その方向性で巨額のポジションを取っていた。市場価値が理論価格より安いイタリア国債やスペイン国債などを買いつつ、市場価値が理論価格よりも高い米国債などを空売りし、各々の市場価格が理論価格へ戻るまで待っていた。しかし、その予測は完全に外れた。マーケットの動揺は一向に収まらず、ＬＴＣＭは実質的な破綻状態に陥った。

当時、ＬＴＣＭの実質破綻による影響の深刻さが騒がれた。借り入れていた巨額の元手資金の損失以外に、高いレバレッジをかけたデリバティブ取引があったため、ＬＴＣＭがすぐに破綻すると、ただでさえ不安定となっていたマーケットに甚大な影響を与え、世界金融恐慌を引き起こす可能性も危惧されていた。事実、ダウ工業株30種平均は19％下落し、世界の株式市場に株価下落が波及しそうだった。

このような危機的状況の中、ＦＲＢは、１９９８年の9月・10月・11月と3か月連続で利下げを行うとともに、「ニューヨーク連邦準備銀行」(Federal Reserve Bank of New York) は10行以上の大手銀行の幹部を一同に集めてＬＴＣＭ問題を話し合い、ＬＴＣＭに最低限の資金を融通し、当面の取り引きを継続させて、緩やかに解体させて行くことの合意を取り付け、何とか金融不安の沈静化を図った (https://www.ifinance.ne.jp/glossary/world/wor036.html)。

このようなファンドは、国などによる金融管理制度の枠外（金融当局の規制、監督の範囲外）にあるため、自由に運営できる。レバレッジを高くして（借り入れ比率を高め）投資収益率を高く保とうとする。ＬＴＣＭもその路線を突っ走っていた。その結果、想定をはるかに超えた危機に際して借入金の借り換え（ロール・オーバー）ができなくなり、行き詰まったのである。

米国は、１９２９年から始まる世界大恐慌の反省として、銀行業務と証券業務を分ける「グラス・スティーガル法」（Glass-Steagall Act, １９３３年）という法律を導入していた。以降長らく、銀行・証券業の一体的運営を禁止・制限していた（銀行・証券間の垣根といっていた）のだが、１９９９年に「グラム・リーチ・ブライリー法」（Gramm-Leach-Bliley Act, １９９９年金融サービス近代化法：Financial Services Modernization Act of 1999）を成立させ、実質的に銀行と証券との一体化を可能にさせた。このようにして、金融界は金融デリバティブの、なお一層の深化と広範な取り扱いができるようになった。結果としてＭＢＳ（Mortgage Backed Securities）[21]、ＣＤＳ（Credit Default Swap）[22]、ＣＤＯ（Collateralized Debt Obligation）[23]などの新規の投資手段が次々と開発された。例によって、米国を賛美して止まない日本の金融界の指導者たちは、こうして次々と手を打つ米国の金融行政を見て、日本の遅れに舌打ちしていた。日本は、１９８６年からのバブルが91年に弾け、暗い１９９０年代に突入した。96年、97年あたりには回復の兆しが見えてきて、97年に橋本総理大臣の下、消費税の増税をしたものの、折悪しくアジア通貨危機、ロシア通貨危機と世界全体に激震が走ってしまい、ふたたび沈没した。米国では２０００年頃にＩＴバブルが弾けたが、アラン・グリーンスパン（Alan Greenspan, 1926-）ＦＲＢ議長が２００１年以降、低金利政策を続け、住宅投資を称揚する政策を強力に推進した。この政策が米国の景気を底支えして、彼はマエストロと絶賛されたりした。しかし、サブプライム問題にぶち当たり、２００８年のリーマン・ショックを迎えたのである。[24]

リーマン・ショックは、確かに、投機家たちに大きな打撃を与えた。しかし、金融業ではない企業や、市民が受けた被害はもっと深刻であった。大恐慌以来の社会的混乱を救済すべく、世界の政府は、史上空前の通貨増発を実施してきた。そのお陰でいち早く復活を遂げたのは、皮肉なことに、超富裕層であった。彼らは、ファミリー・オフィスに苦境からの脱出口を見出したのである。

3　ファミリー・オフィス

ファミリー・オフィスとは、豊富な資産を持つ富裕な一族の資産を運用する弁護士、会計士、税理士等の専門家によって構成されている金融組織である。富裕な一族の外部にある組織ではあるが、一族が頼り切る専属の機関である。ファミリー・オフィスは、多世代にわたる富裕一族の資産を運用し、彼らの事業継承などについて、財務的な管理計画を立案・実行する役目を担う。その他に、税務、遺産相続、子弟の教育、医療、慈善活動、美術品・宝飾品蒐集に関わる業者の選定、身辺警護などセキュリティの確保、一族の中核となっている人物の売り込み、その知的財産の保全等々、ファミリー・オフィスが携わる業務は多岐にわたっている。

金融的財産だけでなく、世代継承のアドバイスや、多様な業務を開発するといった点で、ファミリー・オフィスはプライベート・バンキング（Private Banking）とは違う組織である。プライベート・バンキングも、ファミリー・オフィスと同様に、顧客のニーズに合わせたサービスを提供するが、あくまでも金融資産に関する相談に限定していて、ファミリー・オフィスのように、顧客一族の多様な財産を全体的に管理する業務には携わっていない。

リーマン・ショックを踏まえて、オバマ政権時代に成立した「ドッド・フランク法」(Dodd-Frank Act)[25]が成立して以降、本章第1節の書き出しで触れたように、金融機関や他の投資家からの資金を借りないことを原則としているファミリー・オフィスに注目が集まるようになった。ファミリー・オフィスは、ＳＥＣの規制対象から外された。この点に着目したヘッジ・ファンドのマネジャーらが、強化された規制から逃げるために、相次いでファミリー・オフィスを設立したのである[26]。

米国のニュース通信社である「ダウ・ジョーンズ」(Dow Jones & Company, Inc.) と米国の三大テレビ・ネットワークの一つであるＮＢＣ (National Broadcasting Company) が共同設立したニュース専門放送局のＣＮＢＣ (Consumer News and Eusiness Channel) の報道によると、世界には５千～1万のファミリー・オフィスがあり、運用する資産の合計は6兆ドルと巨額である[27]。

ファミリー・オフィスが増え出したのは、株価が高騰を続けた２０１７年から２０１９年にかけてであり、2年間で38％も増えた。ＵＢＳ[28]の調査[29]によれば、同行が把握した世界の代表的なファミリー・オフィス１２１社の総資産（１４２４億ドル）のうち、株式が29％、債券が17％、プライベート・エクィティが16％と、価格変動リスクが大きい金融商品が多く含まれるようになっている。

調査対象になったファミリー・オフィスの約70％は、リーマン・ショック後の金融の超緩和が欧米で広まった2000年以降に設立されたものである。1950年代以前から存在していたファミリー・オフィスはわずか5％程度しかない。詳しい内訳を見ると、2010年以降の設立は38％、2000～2010年では31％、1990年代14％、1980年代7％、1970年代3％、1960年代2％である。この数値の変遷は、1980年代以降、富裕層への資産の偏り、富裕層とそうでない層との大きな資産格差を如実に反映したものであることが分かる。

同じ内容をファミリー・オフィスの世代間の連続性からも見て取れる。創業者の第1世代だけの組織は全体の46％、第2世代にわたるものは48％、第3世代にわたるものはわずか6％程度しかない。つまり、ファミリー・オフィスの94％はいわゆる新興成金組から構成されている。[30]

2017年10月20日付の『フィナンシャル・タイムズ』(*Financial Times*)紙は、ファミリー・オフィスを、豪華なヨットで生活する大富豪に例えた。大富豪は、自前の豪華ヨットで世界中を行き来し、自らの富裕ぶりを楽しんでいる。船内はアンティークなマホガニー製の高価な家具で取り囲まれ、まるでロンドンの「メイフェア」(Mayfair)地区の瀟洒な邸宅の部屋を想起させる。

メイフェアとは、ロンドンの中心部にある超高級市街地区である。西はハイド・パーク、北はオックスフォード・ストリート、東はリージェント・ストリート、南はピカデリーに囲まれている。メイフェアは、18世紀以降、ロンドン随一の高級住宅街として人気を集めた。メイフェアにおける「土地の自由保有権[31]」の多くは、現在でもウェストミンスター公爵(Duke of Westminster)[32]によって所有されている。

現在、メイフェアは、ヘッジ・ファンドが集中している地区としても知られている。英国でもっとも地価が高い街である。

余談だが、ミュージカル映画『マイ・フェア・レディ』（*My Fair Lady*）の題名は、"Mayfair lady"（メイフェア・レディ）をコックニー（ロンドンの庶民間で話される英語方言の一種）訛りでもじったものである。

この地区に本拠を置くコンサルタント会社に「アーンスト・アンド・ヤング」（Ernst & Young：ＥＹ）という会社がある。世界各地に、会計、税務、コンサルティングなどのプロフェッショナル・サービス事業を展開している会社である。この会社は、「デロイト・トウシュ・トーマツ」（Deloitte Touche Tohmatsu：ＤＴＴ）、ＫＰＭＧ[33]、「プライスウォーターハウスクーパース」（PricewaterhouseCoopers）と並び、世界４大会計事務所・総合コンサルティング・ファーム（Big 4）の一角を占める。世界１５０か国７百都市に展開している[34]。

このＥＹが「ＥＹ・ファミリー・オフィス・ガイド」（EY Family Office Guide）を発表している。２０１６年5月版ではファミリー・オフィスの出自が説明されている。

それによると、まず英国王室、その後に貴族が自己の邸宅の執事（steward）に財産管理を任せるようになった。そして、資産管理のプロになった執事が"stewardship"と呼ばれるようになった。

日本語では召使いの長を執事と称していて、財産管理専門家としてのスチュワードシップというニュアンスはない。

現代風のファミリー・オフィスは19世紀のＪ・Ｐ・モルガン（John Pierpont Morgan）によって創設された「モルガン・ハウス」（House of Morgan）に始まる。

１８８２年には、ロックフェラーの一族（the Rockefellers）が、自分たちの財産を維持・増加させるためにファミリー・オフィスを設立した。このオフィスは、現在でも機能していて、１６０億ドル以上の基金を運用していると言われている[35]。

『フィナンシャル・タイムズ』の同じ号は、一族経営の企業へのアドバイス業務を営む「ケンブリッジ・ファミリー・エンタプライズ・グループ」（Cambridge Family Enterprise Group：ＣＦＥＧ）の創業者のジョン・デーヴィス（John Davis）の言葉を引用している。そこでは、「ファミリー・オフィスは、少なくとも１９８０年代以前には、狭い範囲のみの一族企業へのアドバイスに限定されていた。しかし、１９８０年代以降になると、一族経営企業という狭い枠を越えて、多くの私企業を顧客として抱えるようになった。それは、まず米国で定着し、次第にヨーロッパにも波及するようになった」、「資産において、世界のトップ１％の富裕者は、１９７０年には12兆ドルの資産を有していた。ところが、２０１５年になるとその額は92兆ドルと8倍近くにまで増大したのである（物価調整はしていない）」と。

４　超富裕層の増大

野村総合研究所の２０２０年の調査報告[36]によると、２０１９年時点での日本の純金融資産保有額５億円以上の超富裕層は８・７万世帯、１～５億円未満の富裕層は１２４万世帯、両者を合わすと３３３兆円であった。

ここでの純金融資産保有額とは、世帯として保有する金融資産（預貯金、株式、債券、投資信託、一時払いの生命保険・年金保険など）の合計額から負債を差し引いた金額である。

２０１９年の超富裕層と富裕層を合わせた１３２・７万の世帯数は、それまで最高数であった２０１７年の合計世帯数１２６・７万世帯から６・０万世帯増加したことになる。超富裕層と富裕層の世帯数は、２０１３年以降、一貫して増加を続けている。これは、安倍政権の経済政策（アベノミクス）とは無関係であるとは言えない増加ぶりである。

過去10年近くにわたって超富裕層・富裕層の世帯数と純金融資産保有額が増加した要因は、株式などの資産価格の上昇により、超富裕層・富裕層の保有資産額が増大したことに加え、金融資産を運用（投資）している準富裕層（保有資産額で区分した場合の上位から3番目）の一部が富裕層に、そして富裕層の一部が超富裕層に移行したためと考えられると、野村総研の調査は語っている。

金融資産保有額の増大率は、超富裕層がもっとも高く、最下層（5層に分けた場合の第5番目）がもっとも低い。最上位の層が、２００５年から２０１９年の間に約２・１倍、第2番目の層と第3番目の層が約1・4倍、第4番目の層と最下位の層が約1・2倍と、増大率の格差は歴然としている。富裕層ほど金融資産の増加率が高いのは、金融商品取引の中身が素人には分からない複雑なものに変化したからである。

投機とは、どんなに哲学的な言葉で飾ろうと、賭博の一種であることに変わりはない。賭博の中身が、単純な丁半の壷ふりからデリバティブを重点に置く複雑な先物取引に移行しただけのことである。しかし、複雑な取り引きを理解できる投資家などほとんどいない。数理的な手法を駆使して、複雑に交錯する投資家たちの動き（いわゆるビッグ・データ）を分析できる一握りのファンド・マネジャーのみが活躍できるという仕組みになっているのが、いまの金融市場である。投資家たちは、ファンド・マネジャーたちから情報を買うことによって、投資対象を決めることになる。当然、質の高い情報がすべての投資家たちに均しく行きわたるわけではない。質の高い情報の入手は高価である。つまり、投資家たちの富裕力によって投機の成果に差が出てしまう。富裕層ではない投資家たちは、マスコミが無責任に煽り立てる確度の低い情報に頼って、結果的には、強力なファンド・マネジャーと彼らを雇う超富裕層の餌食になるだけである。通貨量が一定の時には、金融投機という賭博はなんらの価値を生まないゼロ・サム・ゲームである。しかし、現在の通貨システムでは、膨大な赤字財政と中央銀行による通貨増発によって、通貨量は、いずれの国も増加してしまう。とくに、米国連銀と米国の財政政策によって、基軸通貨の米ドルが、長期にわたって世界中に氾濫してきた。これが金融ゲームをゼロ・サムに見えさせない背景である。搾取されているはずの素人たちも、保有する金融資産の若干の値上がり益を得ているからである。

5　著名ファンド・マネジャーたちの高報酬

『ブルームバーグ』（*Bloomberg*）のｗｅｂサイトで、２０１８年のヘッジ・ファンド・マネジャーの報酬ランキングが発表された[37]。

第1位は、「ルネッサンス・テクノロジーズ」（Renaissance Technologies）のジェームズ（ジム）・シモンズ（James Harris Simons, 1938-）。２０１８年の年収は16億ドルであった。このファンドは、数学者でもあるジム・シモンズが１９８２年に設立したもので、数学的技法を用いた「クォンツ運用」（quanz operation）[38]を行うというのが謳い文句であった。

第2位は世界最大級のヘッジ・ファンドと言われている「ブリッジウォーター・アソシエイツ」（Bridgewater Associates）[39]のファンド・マネジャーであるレイ・ダリオ（Ray Dalio, 1949-）で、年収は12・66億ドルであった。ダリオは著述家でもある。その著（Dario［2017］）は大ベストセラーになった[40]。

第3位は、ヘッジ・ファンド、「シタデル」（Shitadel LLC）[41]の創業者、ケネス・グリフィン（Kenneth Griffin, 1968-）で、年収8・7億ドル。彼は、ハーバード大学在学中の１９８７年からトレーディングを開始し、1990年にシタデルを創業した。同ファンドの運用資産は約280億ドル。

第4位は、ジョン・オーバーデック（John Albert Overdeck, 1969-）とデビッド・シーゲル（David Mark Siegel, 1961-）の2人で、それぞれの年収は7・7億ドル。2人は、クォンツ運用をするヘッジ・ファンドの「トゥー・シグマ」（Two-Sigma）の共同創業者で、2人とも、数学の訓練を受けている。オーバーデックは1986年にポーランドで開かれた「国際数学オリンピック」（International Mathematical Olympiad：IMO）で16歳の時、銀メダルを獲得した。スタンフォード大学の統計学修士である。シーゲルも、MITのコンピュータ科学の博士である。

2001年創業のトゥー・シグマは、機械学習を活用した運用を行ってきた。2011年から2016年の間に運用資産を50億ドルから280億ドルに膨らませ、巨大ファンドに成長した[42]。

運用者の報酬として、まず「管理報酬」（management fee）と言われるものがある。管理報酬が、旧来の報酬とまったく違うのは、「成功報酬」（incentive fee）という形を採っている点である。これが運用者の大きなインセンティブになっている。成功報酬には上限がない。これは、でき得るかぎり優秀な運用者をファンドが集めるためである。成功報酬は、年間利益の20～25％程度が普通である。

ただし、成功報酬を受け取るには、大きな制約事項が運用者には課されている。

前年度には巨額の損失を出して、今年度はわずかな利益を確保したものの、前年度の大幅損失を埋め合わすには雀の涙ほどの効果もないのに、今年度は利益を出したのだから、成功報酬を戴くと言われてしまっては、運用者に自己の資金を委ねた投資家にとっては、たまったものではない。そうした事態を避けるためには、過去数年間の会計年度末における純資産価額（Net Asset Value：ＮＡＶ）の最高値を基準にし、現会計年度末のＮＡＶがそれを超えた場合にのみ、成功報酬を徴収できるという歯止めが最近ではなされている。これを「高基準値（high watermark）設定」と言う。

高基準値を設定するだけでは、顧客の安全を保証するにはまだ十分ではない。運用者が過去の膨大な損失を一気に取り戻そうと、ハイ・リターンではあるが非常に危険なハイ・リスク投資にのめり込む可能性を避けることが、難しいからである。ハイ・リスク商品に傾斜すればするほど、ファンドが破産する確率は高くなる。ファンドが破産してしまったら、顧客である投資家たちは、運用者への成功報酬の支払いを拒否できるどころか、自らも破産に追い込まれる可能性が高くなる。そうした懸念から、顧客は、いつでも資金を引き揚げることができるような契約を結びたがる。資金に余裕のない投資家ほど、その傾向が強い。一方のファンド側は、なるべく長期間の安定した資金が欲しい。そうした事情から巨大ファンドは、富裕層向けのファミリー・オフィスに特化したがる。富裕層の資金を長期化してもらうべく、ファンドの多くは、運用の意思決定者（パートナー、プリンシパル等）に顧客とのコミュニケーションを密にさせている。これは、運用者に関する情報を投資家に伝えるメッセージの役割を果たすとともに、過大なリスク　テイキングなどのモラル・ハザードを抑える役割を果たすためである。[43]

6　トータル・リターン・スワップ

上記で触れたが、2021年の年頭から春にかけて、ファミリー・オフィスの一つアルケゴスをめぐる株式市場の混乱があった。多くの巨大銀行が損失を計上した。アルケゴスが、1998年のヘッジ・ファンド危機時を彷彿とさせる過度のリスクを取っていたのである。

同社は、メディア大手の「バイアコムCBS」(ViacomCBS)や「ディスカバリー」(Discovery)などの株式を積み増してきた。しかし、同年春、年初来からの強引に急ピッチで上昇している株価への疑念と、相次ぐ増資発表に、嫌気が差していた市場からの強い売り圧力にさらされていた。これらの株式の価値を保証するという「トータル・リターン・スワップ」(Total Return Swap)[44]を契約していたゴールドマン・サックスやモルガン・スタンレーなどの投資銀行がアルケゴスに対して担保の追加請求(追い証)を迫ったが、アルケゴスはそれに応じることができなかった。そこでこれら投資銀行は、アルケゴスが保有していた中国関連株を総額2百億ドル以上のブロック取引[45]で売却した。投資銀行もまたアルケゴスが保有していた中国関連株を持っていたのである。その直後、同じくトータル・リターン・スワップ契約を結んでいたヨーロッパの投資銀行や日本の証券会社もアルケゴスから資金を回収できなくなり、大きな損失を出してしまった。

アルケゴスがトータル・リターン・スワップというリスクの高いデリバティブ（金融派生商品）を多用していたことが、同社を破綻させた最大の要因である。同社は複数の金融機関を通し、約百億ドルの運用資産にレバレッジを効かせて5百億ドル前後ものポジションを保有していた。トータル・リターン・スワップなどデリバティブのポジションは開示義務がないうえ、同社は個人資産の運用を目的に設立されるファミリー・オフィスの形態を取っていたため、規制の監視をほとんど受けず、取引実態は不透明だった。また、金融機関が、互いにアルケゴス関連の経済的なリスクの程度（エクスポージャー：Exposure）[46]を正確に把握できていなかったことも指摘されている。

ウォーレン・バフェットは、２００２年の株主への手紙で、ヘッジ・ファンドのＬＴＣＭがトータル・リターン・スワップを用いていたことが原因で破綻したとして、この種のデリバティブ商品は「市場に致命的な損害を与える危険をはらんでいる金融の大量破壊兵器だ」と明言していた。

アルケゴスの創業者であるビル・ファン（Bill Hwang, 黄聖国, Hwang Sung-kook, 1964-）は、ジュリアン・ロバートソン（Julian Hart Robertson Jr., 1932-）が設立した「タイガー・マネジメント」（Tiger Management Corp.）の元トレーダーとして高い運用成績を残した。だが過去にはインサイダー取引で有罪となった経歴がある。それでも、ここ数年、大手金融機関は、ビル・ファンとの取り引きを再開しただけでなく、多額の手数料収入を目当てに、こぞってサービスを提供していた[47]。

「米商品先物取引委員会」（Commodity Futures Trading Commission：ＣＦＴＣ）のダン・バーコ

ビッツ（Dan Berkovitz）委員は「アルケゴスの崩壊とそれに関連する多額の損失は、ファミリー・オフィスが金融市場に大混乱を引き起こし得ることを鮮明にした」とファミリー・オフィスへの規制強化の必要性を示唆した(48)。

7　ファミリー・オフィスを勧誘するアクティビスト

1985年に設立された「アセット・バリュー・インベスターズ」（Asset Value Investors：AVI）という投資顧問会社がある。同社は、アクティビスト（物言う株主）でもある。AVIの投資戦略は、割安に放置されている優良銘柄の株式の価格を、当該会社に圧力をかけて上げさせること、つまり、アクティビスト活動にある。ここで言う株価の割安とは、当該企業株価の時価総額が、当該企業が保有している金融商品の純資産価値（NAV）よりも大幅に低いということである。

AVIが狙いを定める株価割安の企業は、日本の企業、なかでも創業者か創業者一族が支配している上場企業である。日本の企業は、総じて欧米に比して株主の発言力が弱く、企業収益や資産価値に比べて株価が低いまま放置されている。株主への配当よりも、長期的な投資を可能とするために、収益を内部留保しておく傾向が強い。とくに創業者一族が支配する企業にはその傾向が強くある。同社の年次報告書で、「AVIの投資哲学」（Overview of AVI's Investment Philosophy）と題する次のような文章がある。

「通常の株式市場の基準に比べると、はるかに高い資金力と収益力を享受してきた企業がある。そうした企業は、一族や強力な一部の株主によって統治されている企業である。私たちは、そうした企業に攻撃の照準を定めている[49]」。

日本版「スチュワードシップ・コード」(Stewardship Code) の策定[50]等「コーポレート・ガバナンス」(Corporate Governance：企業統治) への関心が企業人や政界の中で高まっているのも、アクティビストたちの動きが急になったことを反映しているのであろう。

ＡＶＩの日本への投資は、「ＡＶＩジャパン・オポチュニティ・ファンド」(AVI Japan Opportunity Fund：ＡＪＯＴ) を通じて行われている[51]。

同社の投資先となった主な日本企業は、以下の通り。

ソニー、ＴＢＳホールディングス、フジテック、加藤産業、カナデン、大和冷機工業、東芝プラントシステムズ、帝国繊維、東亜合成、デジタルガレージ、西松屋チェーン、ニューフレアテクノロジーズ、コニシ、積水樹脂、タチエス、三ツ星ベルト、日産車体[52]。

ＡＶＩは安定株主の存在に依存する日本企業を狙い撃ちしている。安定株主は、株式市場の用語では「政策保有株主」と呼ばれている。この用語は、日本独特の慣習なので、英語にはない。日本企業では、敵対的買収などのリスクを防ぐために、取引先などで株式を互いに持ち合うことで、経営の安定化を狙ってきた。株主総会における議決権を行使する場合においても、持ち合いによる比率が高いと、企業側が提示する経営陣を選任することなどがしやすくなる。しかし、投資する側からすると、政策保有株式が多いと企業統治の能力が弱まり、企業価値が損なわれる。ある株主が大半の議決権を握っている状態となれば、その他の少数株主の意見が通りにくくなるほか、経営の監視機能が低下し、後々大きな不祥事につながるなど、企業価値の低下の要因となる。このことが、外国人投資家から強い抗議を受けてきたのである。そうした強い批判に遭って、いまでは、株式の「相互持ち合いの解消」が企業統治の目標になっている[53]。

アクティビストたちはこの点に噛みついているのである。

その一例が、2020年5月に起こった日本のエレベーター製造大手の「フジテック」に対するAVIの攻撃である。

AVIは、フジテックが委員会設置会社[54]になっていないこと、創業者一族の一人が会長、社長、CEOを兼任してしまっていること、買収防衛策が継続されていること、社外役員の比率が低いこと、等々を指摘して、コーポレート・ガバナンスの低さを糾弾する書簡を公開した。この公開書簡は、マスコミの注目を集め、AVIによるフジテック株安批判は正しいとして、AVI以外の投資家がフジテック株買いに走り、2020年5月段階では1450円であった株価が、2021年1月段階には2500円にまで急騰したのである。AVIの戦略は大成功であった[55]。

ＡＶＩは、２０１８年6月段階で28社の日本企業に投資している。ＡＶＩによれば、これら企業のいずれも過大な政策保有株式を抱え込んでいる。そのことを糾弾すべく、ＡＶＩは、他の投資家と共同提案をして、政策保有株主以外の弱小株主にも利益を還元するように呼び掛けると、ＡＶＩのＣＥＯのジョー・バウエルンフロイント（Joe Bauernfreund）は、『ブルームバーグ』誌からのインタビューで、語っていた[56]。

アクティビスト・ファンドは、ヘッジ・ファンドの一種で、バイアウト・ファンドや企業再生ファンドとは違う。バイアウト・ファンドや企業再生ファンドは、株式の50％以上を取得して経営権を握りたがるが、アクティビスト・ファンドは数％から20％程度の株式を取得するだけである。バイアウト・ファンドや企業再生ファンドが経営権を取得したうえで、企業価値を高めて売却するのに対し、アクティビスト・ファンドは、短期の利鞘を狙っているにすぎない。

しかし、アクティビスト・ファンドは、高い利回り（年率20％以上）を運用依頼元から期待されている。年率20％以上の利回りを達成するために、企業に対して荒っぽい態度を取る。株価低迷の責任追及や株主総会の委任状の争奪戦、役員報酬への反対など、経営陣に強く圧力をかけるなどがそれである。

アクティビストという、米国生まれの投資手法は、いまや世界中に蔓延している。アクティビストに介入された企業数は、米国のものが世界の半分にもなる。日本市場でも、経営者は総会で再任されないリスクを恐れ、アクティビストの威嚇に耳を傾けるようになった。野村證券の調べによると、２０１９年末のアクティビストが保有する日本株は、約３兆４千億円と、２０１５年６月のコーポレート・ガバナンス・コード導入から約5年で2倍になった。２０２０年1～3月期にアクティビストから提案を受けた企業数は、米国以外では日本が3番目に多くなった。コロナ・ショックで株価が低迷している日本企業は、安く買った後に経営改善で企業価値を高める手法のアクティビストの動きを、さらに活発化させるであろう。

8　パナマ文書で暴かれた税金逃避地

２０１６年4月3日の日曜日、世界で百を超えるニュース媒体が、パナマの法律事務所の「モサック・フォンセカ」（Mossack Fonseca）[57]から1千百万件以上の内部文書が流出したと、一斉に報道した。それは、世界の権力者や富裕層がパナマのタックス・ヘイブン（税金逃避地）にペーパー・カンパニーを設立する手助けを同事務所がしていたのではないかという疑惑報道であった。

モサック・フォンセカの40年にわたる秘密の記録を最初に入手したのは、ドイツの『南ドイツ新聞』（*Sudddeutsche Zeitung*）と「国際調査報道ジャーナリスト連合」（International Consortium of Investigative Journalists：ＩＣＩＪ）である[58]。それを百ほどのメディアが、手分けし、1年かけて慎重に裏を取ったうえで報道したという[59]。

これらのメディアが、約21万社のペーパー・カンパニーの名前と、約140人の政治家や官僚の資産隠しや課税逃れの疑惑につながる資料を公開した結果、アイスランドのグンロイグソン(Sigmundur Gunnlaugsson, 1975–)首相が辞任に追い込まれるなど、世界に衝撃が走った。

タックス・ヘイブンは、法人税などの税率を意図的に低くする国や地域の総称である。それは、有力な産業がない国や地域が、低税率で海外資本を集める目的で誕生した。本国の当局の監視の目が届きにくいため、企業の不正会計、富裕層の節税、犯罪資金の資金洗浄（マネーロンダリング）の温床にもなってきた。

経済協力開発機構（ＯＥＣＤ）の推計では、世界で失われる法人税は1年で、最大2千4百億ドル。その額は、全世界の法人税収のほぼ1割に当たる。

徹底した秘密主義も特徴の一つ。タックス・ヘイブンに銀行口座を開くことに成功した企業や個人の情報は、厳しく守られている。外国の税務当局にとって、納税者が申告しないかぎり、課税対象所得を掴みにくいのが実情である。[60]

ヘイブン（haven）とは、もともと「避難港」という意味である。タックス・ヘイブンは、カリブ海のケイマン諸島、バハマ、バミューダ、ブリティッシュ・バージン・アイランド（ＢＶＩ）など英国の旧植民地に多い。これらの地にあるオフィス・ビルには、それぞれ何百という会社が存在することになっているが、いずれも会社名が記入された表札や郵便受けのみの無人の会社（ペーパー・カンパニー）である。これらの諸島はあくまで経由地であって，資金はここからどこか別の投資先に流れて行く仕組みになっている。

英王室の属領もタックス・ヘイブンの地である。1066年の「ノルマン・コンクェスト」(Norman Conquest of England）の時点で，ノルマンディー公（Duke of Norman, William the Conqueror, 1028-1087）の私有地であったものが，いまに至るまで女王陛下私有の属領として残されている。その女王陛下のお膝元が，いまやタックス・ヘイブンの典型地となっている。ブリテン島近辺にあるジャージー（Bailiwick of Jersey），ガーンジー（Bailiwick of Guernsey），マン島（Isle of Man）の王室属領（Crown dependencies）がそれに当たる。

アジアでも，英国の旧植民地の香港，シンガポール，マレーシアのラブアン（Labuan）島などがタックス・ヘイブンである。

意外に聞こえるかも知れないが，米国の東部，デラウェア州（State of Delaware）もタックス・ヘイブンである。デラウェア州のウィルミントン（Wilmington）には，フォード，GE，コカコーラ，グーグルなどが本社を置いている。ただし，これらの大会社は単に登記上そこに居を構えているだけにすぎない。

デラウェア州は国内にあるタックス・ヘイブンなので，「ドメスティック・タックス・ヘイブン」(domestic tax haven）と呼ばれている。米国で設立されるヘッジ・ファンドの多くがデラウェア籍である。企業会計上は凄い業績を上げている企業が、米国内ではほとんど納税していないことは紛れもない事実である。[61]

デラウェア州ウィルミントン市の北オレンジ通り１２０９番地。名だたる大企業が登記上の本社や関係会社をこの番地に置いている。総数は31万社。実際には事業を行わないペーパー・カンパニーがここに集まるのは、州法で安い税率と秘密保持が約束されているからである。入り口の庇に「１２０９」と書かれた小さな2階建のビルに、31万社もの数の企業が集まっている。このビルには、大統領の座を争った民主党のヒラリー・クリントン前国務長官とドナルド・トランプ前大統領が保有しているペーパー・カンパニーもある。ヒラリー・クリントンは少なくとも2社を著書の印税受取などに活用している。トランプに至っては３７８社ものペーパー・カンパニーを登記している。

ペーパー・カンパニーの設立時に、実質所有者の情報は必要とされず、多くの場合、設立を助言する弁護士らが名義上の代表者になる。誰が所有する法人なのかは、州当局でさえ把握できない。代わりに、州政府は一社当たり年3百ドルを得る。同州は歳入の約4割をペーパー・カンパニー立地に絡む収入に依存している。[62]

ＵＡＥ（United Arab Emirates：アラブ首長国連邦）のドバイは、１９８５年より百％外資の企業を設立できる「フリー・ゾーン」というタックス・ヘイブンを設けた。現在までに世界百か国以上から6千を超える企業が進出している。

元々、原油産業を中心に栄えていたドバイであるが、原油輸出依存の経済体制からの脱却を目指して、製造業や物流事業などの外国企業を流入させようと、このフリー・ゾーンを設けたのである。

このフリー・ゾーンの目玉が、税率ゼロという外資に対する破格の優遇措置である。他の国や地域のタックス・ヘイブンでは、税率が小さいとはいえ、数%から20%前後の課税をしているのに、税率ゼロということでドバイのフリー・ゾーンは、世界中の企業の目を惹いた。しかも、資本や利益の本国送金が自由であること、外国人労働者の雇用制限がないなど、さまざまな優遇措置が取られている。これらの優遇措置を受けるべく、世界の証券会社やヘッジ・ファンドが、こぞってドバイに拠点を移すことになった[63]。

おわりに：労働者協同組合への期待

景気を下支えするために、各国の中央銀行が採用してきた大規模な金融超緩和政策が、異常とも言える株価高騰と富裕層の金融所得を激増させている。このことが貧富の格差を拡大させ、世界経済を不安定なものにしてしまった。

このような不当な所得格差に対する批難の声は高まっている。しかし、上で述べてきたように、多くの経済学者は、キャピタル・ゲインが付加価値として扱われてこなかったことを無視してしまった。付加価値に算入されないキャピタル・ゲインの方が、総付加価値よりも大きいのである。しかも、統計的にはキャピタル・ゲインも所得であることに変わりはない。キャピタル・ゲインを豊富に積み上げることに成功した富裕者たちと、賃金という付加価値しか得ることのできない庶民たちとの間に、とてつもなく大きい所得格差ができる。この点への注視が重要である。

こうした大きな所得格差は、労働分配率の低下、資本分配率の上昇という二分法のみで説明できるものではない。

この点において、総所得の中には、資本と労働に分配されない部分（非要素所得：Factorless Income）があると指摘したカラバブーニスや、バルカイの論文は、新しい視角からＩＴ企業の急速な巨大化を分析した貴重なものである（Karabarbounis & Neiman［2018］, Barkai［2020］）。

経済学は、ヒトの欲望を最大の推進力として理論化を試みてきた。しかし、欲望は、モノとカネとの間では大きな違いがある。モノへの欲望は人それぞれに上限がある。高級ヨットを一人で何千艘も持とうとする人はいない。しかし、カネへの欲望はほぼ無限である。１億円あるからもう要らないという人は限られた人しかいないであろう。多くの人はもっと多額の百億、千億円を欲しがるであろう。

現在の問題は、巨額に積みあがった金融資産が、市民の需要を満たす生活必需品の生産に回されていないという点にある。

これまでの独占利潤は、独占的地位を背景に意図的に価格を吊り上げて作り出されるものであった。そうした事態を防止するために、正常な市場価格の形成を阻害するゆえに独占は規制されてきたのである。しかし、新しい独占的なＩＴ企業は、低価格でアプリを提供しつつ、情報や販売網を独占している。これらの新しい独占企業は、現在の経済社会に現れたまったく新しい範疇の企業形態である。[64]

日本社会のみが世界から取り残されようとしている。生きる望みを失いつつある日本の若者たちに生きる目標をきちんと持ってもらうためにも、生産システムを基本的なところから変えていく試みがなされなければならない。その試みとは、新しい金融調達方法（例えば、クラウド・ファンディング、crowd funding）を備えた「労働者協同組合」の世界的な連合システムを作り出すことである。この試みは米国やバスク地方ですでに大きな成功を納めている。その成果を日本も学びたいものである。

注

（1） Financial Stability Report, Current Report, May 6, 2021 10.（https://www.federalreserve.gov/publications/financial-stability-report.htm）：『日本経済新聞』２０２１年5月13日付朝刊。

（2） バフェット指標は、ウォーレン・バフェット（Warren Buffett, 1930–）の発案によって通用するようになったと言われている。これは、ある国の株式相場に急落の可能性が高まっていないか、あるいは逆に売り込まれすぎていないかを見る指標である。統計としては、いささか問題があるが、世界のＧＤＰ総額と世界の株式時価総額を比べることで、世界の株式市場の過熱感を見ることができる（https://www.ifinance.ne.jp/glossary/index/ind193.html）。

（３）『日本経済新聞』２０２１年5月22日付朝刊。

（４）『日本経済新聞』２０２１年3月13日付朝刊。

（５）Carol Loomis [1966]：キャロル［２０１４］。

（６）プライベート・カンパニーとは、個人の資産を管理することを目的として設立される法人のこと。資産が大きい富裕層ほど、プライベート・カンパニーを作るメリットが大きい（https://money.rakuten.co.jp/woman/article/2020/article_0466/）。

（７）投資信託（Investment Trust）とは、大勢の投資家の資金を投資会社が預かり、代わりに運用する商品のこと。投資家はプロの手を借りて資産運用できるので、投資信託は初心者にも人気がある。ミューチュアル・ファンドは、米国で普及している投資信託の一つである（https://investors.camp/mutual-fund/）。

１９４０～66年までの米国のミューチュアル・ファンドは、「１９４０年法」で投機性を厳しく抑えられて、プライベート・カンパニー型に傾くことを困難にしていた。ミューチュアル・ファンドでなく、有限責任のパートナー型のプライベート・カンパニーへの突破口を開いたのがジョーンズであった。詳細はキャロル［２０１４］の第1章、参照。

（８）https://www.sec.gov/divisions/investment/noaction/goldman030805.htm

（９）キャロル、前掲書、第1章。ただし、ジョーンズは、社会学専攻の研究者たらんとしていた。Jones [1993] は、米国内の階級間格差の解消策を検討したものである。１９３８年秋、彼はオハイオ（Ohio）州アクロン（Akron）市の住民１７０５人にインタビューを行い、大企業とその従業員との紛争をどう思うかを問うた。全米の労使対立の典型が、この町の争議にあると見たからである。その調査の結果、行政も住民組織も民主主義を守る機能をきちんと果たしていないと本書では回想的にまとめられている（https://www.goodreads.com/book/show/1871071.Life_Liberty_and_Property）。

（10）https://www.nytimes.com/2000/12/02/your-money/IHT-from-jones-to-ltcma-short-selling-history.html　ソロスは思想家でもあった。思考の不確実性と現実の出来事の不確定性の双方向のつながりに関する概念として「再帰性」（reflexivity）の理論を提唱した。人間が世界を知識として理解しようとする「認知機能」と、人間が世界を改造しようとする「操作機能」との相互作用を理論化しようとした（ウィキペディア「ジョージ・ソロス」、"Quantum Group of Funds" 参照）。

（11）プラザ合意とは、１９８５年9月22日、先進5か国（G５）蔵相・中央銀行総裁会議（G5 Finance Ministers Central Bank Governors' Meeting, G5とは Group of Five）により発表された、為替レート安定化に関する合意の通称。その名は会議の会場となったニューヨーク市のプラザ・ホテルにちなむ。出席者は、西独財務相のゲルハルト・シュトルテンベルク（Gerhard Stoltenberg, 1928-2001）、仏経済財政相のピエール・ベレゴヴォワ（Pierre Beregovoy, 1925-1993）、米財務長官のジェイムズ・ベイカー（James Addison Baker, 1930–）、英蔵相のナイジェル・ローソン（Nigel Lawson, 1932–）、日本の蔵相の竹下登（１９２４〜２０００）であった。

(12) https://kabupedia.net/policy336strong-doller-policy.html

(13) ソロスは１９８５年８月18日から86年11月７日までの日記を刊行している（Soros [1987]）。

(14) https://www.valuewalk.com/2014/02/george-soros-global-speculator

(15) これが「ブレトン・ウッズ」（Bretton Woods）体制と呼ばれるものである。１９４４年、米国にあるブレトンウッズ・ホテルに「連合国」（United Nations：第二次世界大戦時にドイツ、イタリア、日本などと敵対した国家連合。国際連合はこの連合国の名を冠したもの）の代表が集まって決められたので、この名が付けられた。この会議では、第二次世界大戦の遠因でもあった為替相場の切下競争の再発を防ぎ、戦後の復興に欠かせない貿易の円滑な発展のための決済システムを作ることが目指された。基本的には、金を国際決済手段とする戦前の金本位制への回帰であるが、過去と異なる点は、金兌換義務を負うのは米ドルだけで、各国通貨はドルとの交換比率を固定（固定相場制）したことである。戦前の金本位制では各国間の決済が原則的には金で行われていたのに対し、新しい金・ドル本位制ではドルで決済が行われる（ドル本位制）という点に特徴がある。金は、紙の通貨と違って貿易量の増加に従って柔軟に流通量を増やすことができないので、通貨発行量を拡大しやすくするために、ドルが基軸通貨として金に取って代わった。しかし、増えない金を担保に米ドルが増発されるという点にブレトン・ウッズ体制の矛盾があった（https://www.iima.or.jp/abc/ha/1.html）。

(16) 第二次世界大戦による国土の荒廃と、2超大国（米・ソ）による世界の分断が進む中、欧州が一致団結することで再興を図ろうという動きが活発化した。１９５０年、フランス政府が、ジャン・モネ（Jean Monnet, 1888–1979）とロベール・シューマン（Robert Schuman, 1886–1963）との共同起草による「シューマン・プラン」（Schuman Plan）を発表した。そこでは、独仏間の対立に終止符を打つために、両国の石炭・鉄鋼産業を超国家機関の管理の下に置き、これに他の欧州諸国も参加する「欧州石炭鉄鋼共同体」（European Coal and Steel Community：ＥＣＳＣ）の設立が提案された。このＥＣＳＣは１９５２年に設立され、１９５８年にはさらに領域を拡げて、「欧州経済共同体」（European Economic Community）、「欧州原子力共同体」（European Atomic Energy Community：ＥＵＲＡＲＴＯＭ）が創設され。その後１９６７年に、これら３つの共同体の主要機関が統一されて、「欧州共同体」（European Community：ＥＣ）が誕生したのである。当初の加盟国は、ベルギー、ドイツ、フランス、イタリア、ルクセンブルグ、オランダの６か国だけだった。

国家主権の制限を嫌った英国はこれらの共同体からは距離を置いていた。ＥＥＣ発足に際して、より結束の緩やかな「欧州自由貿易連合」(European Free Trade Association：ＥＦＴＡ）を１９６０年に設立して対抗した英国だが、その後、１９６３年と67年にはＥＥＣ加盟を申請する。ところが、いずれも、フランスのシャルル・ド・ゴール（Charles de Gaulle, 1890-1970）大統領によって拒否された。

英国にも加盟反対派が多く、それでも、１９７３年のＥＣ加盟法案は、わずか8票差で可決された。同年、英国は、アイルランド、デンマークと共にＥＣに加盟した。さらに、81年にはギリシャが、86年にはスペイン、ポルトガルが加盟した（https://www.mofa.go.jp/mofaj/kaidan/yojin/arc_96/eu/eu_intro.html：https://rekishi-memo.net/gendaishi/ec_eu_start.html）。しかし、英国は、２０１６年に国民投票でＥＣからの離脱を決めた。このことは「ブレグジット」（Brexit＝Britain×Exit）と呼ばれている。

(17)　国際金融のトリレンマ論とは１９８０年代に徐々に認知されるようになった国際金融論上の一説で、一国が対外的な通貨政策を取る時に、①為替相場の安定、②金融政策の独立性、③自由な資本移動、の3つのうち、必ずどれか一つをあきらめなければならないという説。

実際、①の為替安定をあきらめたのが、今日のほとんどの先進国。独自の金融政策をとれば必ず内外の金利差が生まれ、資本移動が自由ならば、金利差を狙った資本流出入が起こり　どうしても為替相場の変動が起きてしまう。

②の金融政策の独立性をあきらめたのがユーロ圏内の諸国。自由な資本移動を許しながら為替相場を固定するには、金利差があってはならない。つまり、独自の金融（金利）政策は採れない。このためユーロ圏の域内金融政策は欧州中央銀行に一任している。

③の自由な資本移動をあきらめているのが中国。為替相場の乱高下は避けたい、でも国内の金融政策の独立性は守りたい。そのために資本移動をある程度制限しなければならないという理路になっている（https://www.iima.or.jp/abc/ka/21.html）。

この説の代表的論者は、バリー・アイケングリーン（Eichengreen［1994］）とモーリス・オブストフェルド（Obstfeld & Taylor［1998］）。後者の論文で「金融のトリレンマ」という用語が提起された。

また、為替相場の変更を通じて金融政策の有効性が保たれるためには、金融政策によって意図した相場が実現されなければならないが、投機的な資本移動が活発に行われるような今日的な状況の下では、意図した為替相場を実現するのは困難というほかはない。アジア通貨危機に際して、タイなどが変動相場に移行し、タイ・バーツが急落していく事態に対して、ＩＭＦが高金利政策で為替の安定を図ろうとしたものの、意図した結果を生まなかった。この点は、高金利が経済状態の悪化を促進したことを含め、ＩＭＦの通貨危機対応策への批判の的となっている。これは、金融政策によって為替相場を調整することが困難であることを示す一例である（細居［2003］参照）。

(18) https://fortunly.com/articles/george-soros-and-the-bank-of-england

(19) レオ・メラメドは、1940年、ナチス・ドイツからの迫害を逃れてきたユダヤ人難民。政府の意向に反して日本国通過査証（ビザ）を発給し、数千人の命を救った外交官、杉原千畝（1900〜86）によって救われた人である。メラメドは、ポーランドでもっとも大きなユダヤ人コミュニティがあった東部の「ビャウィストク」（Bialystk）で生まれた。

7歳の時、ナチス・ドイツの迫害から逃れ、中立国であるリトアニア（Lithuania）に家族とともに移った。そして最終的に在リトアニア日本国領事館にたどり着いた。

領事館にはビザを求めて多数のユダヤ人難民が押し寄せていた。杉原は外務省にビザを発給しても良いかと何度も電報を出すが認められず、悩んだ末、訓令に反してでもビザを発給するという決断を下した。彼は、日本の外務省から領事館退去命令が出された後も書き続けたという。

ビザを受け取った後、メラメド一家は、シベリア鉄道でソ連を横断。3週間後にウラジオストク（Vladivostok）に到着し、船で日本海を渡って福井県の敦賀港に着いた。与えられたビザはトランジットビザだったため、日本には長く滞在できなかったが、一家は米国に行くための許可書を手に入れ、1941年4月、米国に到着した。渡米後、メラメドはシカゴに移り住み、弁護士を経て、1967年に先物取引所である「シカゴ・マーカンタイル取引所」（CME）の理事に就任。2年後、36歳の若さで理事長となる。「金融先物の父」と呼ばれている。

「杉原なくしていまの私はありません。彼がしてくれたことへの感謝の念を私たちは永遠に忘れないでしょう」と彼は杉原の長男に語ったという。

外務省保管の「杉原リスト」には2319人の名前が記されている。1枚のビザで1家族が救われたことから、杉原が救ったユダヤ人の数は6千人以上に上るとされている（https://www.rafu.com/2016/10/「奇跡」を手にし脱出：杉原ビザの生存者-レオ・/）。

(20) http://cmegroupjapan.blog.fc2.com/blog-entry-125.html

(21) MBSは、モーゲージ証券と呼ばれている。“mortgage”（モーゲージ）は、抵当や担保、貸付金、抵当権付住宅ローンなどを意味し、主に不動産を抵当にすることから、不動産担保融資の債権を裏付け（担保）として発行される証券のこと（http://www.ifinance.ne.jp/glossary/finance/fin051.htm）。

(22) CDSは、信用リスクそのものを売買する金融派生商品（デリバティブ）。社債や国債、貸付債権などの信用リスクに対して、保険の役割を果たすデリバティブ契約のこと。ＣＤＳでは、買い手は、プレミアム（保証料）を支払う代わりに、契約の対象となる債権（融資・債券等）が契約期間中に債務不履行（デフォルト）になった場合、それによって生じる損失（元本・利息等）を保証してもらえる。その一方で、売り手は、プレミアムを受け取る代わりに、デフォルトになった場合、買い手に対して損失分を支払うという仕組みになっている。

ＣＤＳは、１９９０年代後半に高度な金融工学を基に開発され、リスクを移転できるため、金融機関を厳しく管理するＢＩＳ規制の対象から外されていたので、２０００年頃から急速に市場が拡大した（https://www.ifinance.ne.jp/glossary/derivatives/der084.html）。

(23) ＣＤＯは、日本語では債務担保証券。貸付債権（ローン）や債券（公社債）などから構成される金銭債権を担保として発行される証券化商品を指す。ＣＤＯは、複数のローンまたは公社債などの資産を保有するオリジネーターが、それらをＳＰＶ（特別目的事業体）に譲渡し、この資産を裏付けとして発行した社債の売り出しや信託受益権の譲渡などを行うことで、投資家から資金調達を行う証券である。１９８０年代に米国で初めてＣＤＯが発行され、その後、欧州や日本などでも発行されて市場が拡大し、２０００年代には金融機関や機関投資家などの運用対象として世界的に人気となっていた。しかし、サブプライム・ローン問題を契機に、ＣＤＯの担保となっていた資産の不透明さや流動性の低さなどのリスクが改めて認識されることになった（https://www.ifinance.ne.jp/glossary/finance/fin016.html）。

(24) http://www.ginkouin.com/rensai/ichishima/3.html

(25) 「ドッド・フランク法」は、「ウォール街改革法」、「金融規制改革法」とも呼ばれ、２０１０年7月に制定された米国の金融規制法（連邦法律）である。全16編・2千2百頁を超える膨大な法律である。大規模な金融機関への規制強化、金融システムの安定を監視する「金融安定監督評議会」（Financial Stability Oversight Council：ＦＳＯＣ）の設置、金融機関の破綻処理ルールの策定、銀行がリスクのある取引を行うことへの規制（ボルカー・ルール：Volcker Rule）、経営者報酬への監視強化、デリバティブ取引等の透明性向上、「消費者金融保護局」（Consumer Financial Protection Bureau：ＣＦＰＢ）の設置など多岐にわたる（https://www.ifinance.ne.jp/glossary/global/glo251.html）。

ボルカー・ルールとは、オバマ政権で「経済財政諮問会議」（Council of Economic Advisers：ＣＥＡ）議長だったポール・ボルカー（Paul Adolph Volcker, Jr.）元ＦＲＢ議長らが提唱したもので、米国の商業銀行に対して、ヘッジ・ファンド等への出資を禁止したり、自己資金による高リスク商品への投資などを制限するもの（https://www.nomura.co.jp/terms/japan/ho/volcker.html）。

（26）『日本経済新聞』２０２１年3月30日、電子版。

（27）https://flipboard.com/article/a-6-trillion-family-office-world-fights-post-archegos-crackdown/f-812887f93c%2Fbloomberg.com から転載。

（28）１９９８年の「スイス銀行コーポレーション」（Swiss Bank Corporation）と「スイス・ユニオン銀行」（Union Bank of Switzerland）との合併を機にＵＢＳが正式社名として登録された。「クレディ・スイス」（Credit Suisse）と並ぶスイスの三大銀行のうち2行が合併してできた銀行であることから、ＵＢＳの名には、スイスの銀行が統合（United）した銀行（United Bank of Switzerland）という意味があり、旧スイス・ユニオン銀行の略称ではない。

（29）Global Family Office Report 2020.

（30）https://www.ubs.com/global/en/global-family-office/reports/global-family-office-report-2020.html

（31）英国では、土地を所有するための権利として、「フリーホールド」（freehold）と呼ばれる自由土地保有権と「リースホールド」（leasehold）と呼ばれる不動産賃借権とが区別されている。フリーホールドは、土地や建物を所有する権利が永久的に保有者に所属することを指す。日本の所有権に近い。規制が少なく、改装に当たっても、ある程度の自由度がある。

これに対して、リースホールドは、土地や建物のフリーホールド権の所有者から、99年などと一定期間を決めて借りた権利である。日本の定期借地権に似ている。内装は自由に変えられるが、外観などには規制がある。

土地の最終的な処分権は政府にあるが、土地や建物は王侯貴族が所有し、民間部門は定期賃貸権を得て土地や建物を利用している。建物は土地の付随物とされているので、土地と別個の不動産とは考えない。したがって、英国では建物だけの登記は許されていない（https://www.mlit.go.jp/totikensangyo/kokusai/kensetsu_database/unitedkingdom/page5.html）。

（32）１８７４年に第3代ウェストミンスター侯爵ヒュー・グローヴナー（Hugh Grosvenor）が叙位されたのに始まる。爵位名はロンドン中心部の地区名ウェストミンスターに由来する。ロンドン・メイフェアを中心に莫大な土地を所有しており、すべての英国貴族の中でももっとも富裕な貴族である。

フォーブス誌によると、グローヴナー家の資産は１０８億ドル。世界68位で英国3位の富豪である（https://www.bbc.com/japanese/37031455）。

（33）ＫＰＭＧという名は略称ではなく、4人のパートナーの名の頭文字から取られている。ピエト・クリンヴェルド（Piet Klynveld）のＫ、ウィリアム・バークレイ・ピート（William Barclay Peat）のＰ、ジェームズ・マーウィック（James Marwick）のＭ、ラインハルト・ゲルデラー（Reinhard Goerdeler）のＧである（https://ja.wikipedia.org/wiki/KPMG）。

(34) https://ja.wikipedia.org/wiki/

(35) https://otm20staging.wpengine.com/wp-content/uploads/2016/05/familybusiness.ey.com_pdfs_ey-family-office-guide-single-final.pdf

(36) https://www.nri.com/jp/news/newsrelease/lst/2020/cc/1221_1

(37) Malonet [2019].

(38) クォンツ運用という呼称は、「数量的」や「定量的」などを意味する"Quantitative"からきている。クォンツ運用は、運用に携わる人間の相場感を一切排除し、機械的なシステムによって運用（売買）を自動的に行うことを目標としている。ただし、過去のデータに基づいての運用であるために、想定外の市場環境の変化に弱く、競合他者に真似されやすいといったことがこの運用システムの弱点であると言われている（https://www.ifinance.ne.jp/glossary/fund/fun125.html）。

(39) 「ブリッジウォーター・アソシエイツ」は、1975年にレイ・ダリオによって設立された。インフレ、為替レート、GDPなどの経済動向に基づくグローバル・マクロ投資スタイルを採用している。2021年3月現在、1千5百人の従業員を擁し、運用資産は約1千4百億ドル。政府や企業に経済アドバイスを販売している。中央銀行の当局者や年金基金、政府系ファンド（SWF）を対象に定期的にブリッジウォーターの見通しについて説明会を開いている。同社のニュースレター「ブリッジウォーター・デイリー・オブザベーションズ」(Bridgewater Daily Observations) はマクロ経済の調査担当者にとって先進的な分析を行うための必読書になっている（https://www.bloomberg.co.jp/news/articles/2011-09-08/LR6IML07SXKX01）。

(40) 本書でダリオは「現代金融論」(Modern Monetary Theory：MMT）に好意を寄せている。その後も、積極的にMMT理論の必然性を説いて廻っている。ブルームバーグ・ニュースは、以下のように報じた。「現在の形での中央銀行はいずれ時代遅れになり、MMTが提唱しているような別の仕組みに取って代わられるのは『不可避』だと、世界最大のヘッジ・ファンド、ブリッジウォーター・アソシエーツを創立したレイ・ダリオ氏が論じた。MMTとは、独立機関としての中央銀行が政策金利の調整を通じて経済を誘導するのではなく、政府が歳出と税制によって経済を運営するという考え方。米国のような基軸通貨を発行する国の破綻はあり得ず、一般に思われている以上に歳出の余地があると論じており、財政赤字や国家債務に対する懸念を和らげる。ただしこれはインフレが抑制されているという条件付きだが、いまはその状態にある」と（Ben Holland, "Dalio Says Something Like MMT Is Coming, Whether We Like It Or Not," Bloomberg, May 1st, 2019. https://www.bloomberg.com/news/articles/2019-05-01/）。

（41）他のヘッジ・ファンドと同じく、シタデルLLCも多くのファンドを傘下に持つ。ただし、傘下のファンドのほとんどは、ケイマンなどの税逃避地で組織されている。親会社であるシタデルLLCは、「シタデル」と「シタデル証券」（Citadel Securities）の二つを主力組織にしている。ただ、両者ともに、SECとトラブルを頻繁に起こしている（https://wallstreetonparade.com/2021/02/is-citadels-hedge-fund-a-harmless-35-billion-minnow-or-a-235-billion-killer-shark）。

（42）https://www.bloomberg.com/news/articles/2019-02-15/the-10-best-paid-hedge-fund-managers-made-7-7-billion-in-2018

（43）四塚［２００６］（https://www.jpx.co.jp/derivatives/futures-options-report/archives/tvdivq000002ewu-att/rerk0602.pdf）。

（44）株式や債券などの金融資産を保有しているA社が、これらの資産が生み出す、配当、利払い、資産価値の増減等のあらゆる損益（トータル・リターン）をB社に渡す。その見返りにB社はA社に対して定期的に金利を支払う。金利水準は市場で一般的な水準にプラス・アルファしたものである。これが、トータル・リターン・スワップという契約である。

資産によるリターンがプラスの際には、B社はA社からそのリターンを享受できるが、反対に、リターンがマイナス（損が出た）の時には、B社はA社に対して損失分を支払わなければならない（https://hongoh.hatenablog.com/entry/trs）。

建て前としての理屈がそうであっても、B社がA社よりも金融力において格段の上位で、A社がその権威に逆らえない時には、B社はA社に対して追い証を要求するのが通常の姿である。A社が欲しいのは、力の強いB社とトータル・リターン・スワップを結んだという実績である。この実績によって他の金融機関からの融資を得ることができるというメリットがあるだけでも、A社にとってはありがたいことである。

（45）1回に大口の売買を希望する機関投資家が、一般の証券取引所を通さずに証券会社を通じて、同一銘柄を一度に大量に売却または購入を相対で行う市場外取引のことで、大口の取引者名は公開されず、その日の株式市場の終値で取り引きされる。大口投資家にとってはマーケット・インパクトを抑え、大口取引を行えるメリットがあり、近年は高速取引などで瞬時に価格が変動する等リスクが大きくなり過ぎたことから、ふたたび脚光を浴びるようになった。ブロック取引の注文を受けた証券会社は、そのまま注文を市場に出すと影響が大きいため、立会外取引で他の大口投資家の買い注文と付け合わせたり、自己売買部門でいったん注文を受け、自己の裁定取引のポジションに組み入れたりするケースが多い（https://www.glossary.jp/sec/transaction/block-trade.php）。

（46）エクスポージャーは、リスクにさらされている度合いや総額などを意味する。国内外で広く投融資や保証を行う金融機関等では、信用供与先毎および信用供与先の企業グループ毎のエクスポージャーの把握と信用リスク管理を原則にしている(https://www.ifinance.ne.jp/glossary/investment/inv059.html)。

(47)『ニューズウィーク・日本版』２０２１年４月２日(https://www.newsweekjapan.jp/stories/world/2021/04/post-95977_1.php)。

(48) https://news.yahoo.co.jp/articles/2ed7bf910fd257be74-5db8c706494127f89ed7a)。

(49) https://annualreport.aviglobal.co.uk/content/themes/avi-2020/pdf/03-invest/12.AVI_Global_Trust_AR_2020_Overview_AVI_IP.pdf

(50) ２０２０年３月４日時点で金融庁から公開されている「日本版スチュワードシップ・コード」の説明文は以下の通り。

「本コードにおいて、『スチュワードシップ責任』とは、機関投資家が、投資先企業やその事業環境等に関する深い理解のほか、運用戦略に応じたサステナビリティ(ＥＳＧ要素を含む中長期的な持続可能性)の考慮に基づく建設的な『目的を持った対話』(エンゲージメント)などを通じて、当該企業の企業価値の向上や持続的成長を促すことにより、『顧客・受益者』(最終受益者を含む。以下同じ)の中長期的な投資リターンの拡大を図る責任を意味する。

本コードは、機関投資家が、顧客・受益者と投資先企業の双方を視野に入れ、「責任ある機関投資家」として当該スチュワードシップ責任を果たすに当たり、有用と考えられる諸原則を定めるものである。本コードに沿って、機関投資家が適切にスチュワードシップ責任を果たすことは、経済全体の成長にもつながるものである」(https://www.ycg-advisory.jp/learning/sccgc/)。

(51) オポチュニティ・ファンドとは、市場平均よりも高い運用実績を上げることを目指している私募ファンド(プライベートファンド)の一種を指す。投資対象を限定せずに、運用者に自由な裁量権を与えてリターンを高めることが多く、一般的に投資対象が限定的なファンドよりもリスクは高くなる(https://www.ownersbook.jp/blog/study/opportunity-fund/)。

(52) https://deallab.info/asset-value-investors-2/株主提案

(53) https://investment.takamichiyoshikawa.jp/2020/01/20/seisakuhoyukabu/株式

(54) 委員会設置会社とは、指名委員会、監査委員会および報酬委員会という三つの委員会を置く株式会社のこと。２００３年４月施行の「株式会社の監査等に関する商法の特例に関する法律」(商法特例法)改正により、委員会等設置会社として導入され、その後２００６年５月施行の会社法において、委員会設置会社という名称に変更して引き継がれた。委員会設置会社は、経営の監督と業務執行を明確に分離する。取締役会と執行役、会計監査人を必ず置かなくてはならない。さらに、取締役会の中に社外取締役が過半数を占める三つの委員会（指名委員会、監査委員会、報酬委員会）を設置しなければならない。各委員会の委員は取締役会決議で選ばれた3名以上の取締役で構成される。

ここで、指名委員会は、株主総会に提出する取締役の選・解任に関する議案内容を決定する。

監査委員会は、取締役および執行役の職務が適正かどうかを監査し、株主総会に提出する会計監査人の選任や解任、不再任に関する内容を決定する。

報酬委員会は、取締役・執行役の個人別の報酬内容、または報酬内容の決定に関する方針を決める（https://www.hitodeki.com/touki/committee.php）。

(55) https://deallab.info/fujitec-avi-2/

(56) https://www.bloomberg.co.jp/news/articles/2019-11-20/Q18SNBDWLU6D01

(57) https://fa3ily-office.com/fopost/464/ モサック・フォンセカは、オフショアでの活動規模として世界第4位である。顧客数は30万社を超えている。その半数は、英領系タックス・ヘイブンに登録されている。世界42か国のオフショア市場に拠点を持ち、６百人のスタッフを抱えている（https://www.theguardian.com/news/2016/apr/08/mossack-fonseca-law-firm-hide-money-panama-papers）。

(58) ワシントンを拠点とする非営利の調査報道機関、「センター・フォー・パブリック・インテグリティ」（The Center for Public Integrity：ＣＰＩ）の国際報道部門。１９９７年にＣＰＩのプロジェクトの一つとして発足した。ウォッチドッグ・ジャーナリズム（マスコミによる権力の監視機能を重視した報道活動）を主眼に、政治や軍事、汚職、犯罪ネットワーク、環境汚染など、国境を越える多くの問題に焦点をあて調査報道を行っている。ＩＣＩＪは世界65か国以上、１９０余りの報道機関と提携した国際ネットワークを構築しており、これらの報道記者とともに、データジャーナリストや弁護士などの専門家チームを編成し、公文書調査やファクトチェックなどを含め国際調査にあたっている。

これまでにＩＣＩＪは、多国籍のたばこ企業や暴力団組織による密輸の暴露、民間軍事会社による違法カルテルや気候温暖化ロビイストの活動、イランやアフガニスタン戦争での武器契約の調査などを手掛けている。日本では、２０１２年に死体から集められた皮膚や骨などの組織が医療用材料として国際取引されている実体が、ＩＣＩＪの取材によって明らかになり、朝日新聞社を通じて報じられ、大きな話題を呼んだ。また、２０１６年に公開されたパナマ文書は、南ドイツ新聞（ジュートドイッチェ・ツァイトゥンク）とＩＣＩＪが協力して秘密ファイルを分析し、タックス・ヘイブンを利用した巨額の税逃れが疑われる21万件余りの企業情報を発表したもので、一大スクープとして国際社会を揺るがせた。ＩＣＩＪは、このような調査報道をする一方で顕彰活動も行っており、国際的な問題に関する報道活動を対象に、優れたジャーナリストや取材チームを表彰する、『ウォールストリートジャーナル』の記者名を冠したダニエル・パール（Daniel Pearl, 1963-2002）賞を授与している（https://kotobank.jp/word/ICIJ-1738445）。

(59)　２０１６年４月５日、『ニューズウィーク』日本語版（https://www.newsweekjapan.jp/stories/world/2016/04/04-1.php）。

(60)　https://www.nikkei.com/news/print-article/?R_FLG=0&bf=0&ng=DGXZZO99335910W6A400C1000000

(61)　https://slownews.com/stories/qEIjpB4euAQ/episodes/f5yWau4KMTQ#cc3f8ac

(62)　『毎日新聞』２０１６年６月７日付朝刊（https://mainichi.jp/premier/business/articles/20160602/biz/00m/010/012000c）。

(63)　https://hedgefund-agent.com/archives/2022

(64)　『日本経済新聞』２０２０年11月１日、電子版。

参考文献

Assa, Jacob［2017］, *The Financialization of GDP*, Routledge（玉木俊明訳［２０２０］『過剰な金融社会―ＧＤＰの計算は正しいのか』知泉書館）。

Barkai, Simcha［2020］, "Declining Labor and Capital Shares" London Business School.（http://facultyresearch.london.edu/docs/BarkaiDecliningLaborCapital.pdf）

Carol, Loomis［1966］, "The Jones Nobody Keeps Up with," *Fortune*, April.

Dario, Ray［2017］, *Principles: Life and Work*, Simon & Shuster.（斎藤聖美訳［２０１９］『PRINCIPLES（プリンシプルズ）人生と仕事の原則』日本経済新聞出版）。

Eichengreen, Barry［1994］, *International Monetary Arrangements for the 21st Century*, Brookings Institution Press.（藤井良広訳［１９９７］『21世紀の国際通貨制度―二つの選択』岩波書店）。

Friedman, Milton［2011］, "The Need for Futures Markets in Currencies," *Cato Journal*, Vol. 31, No. 3. 日付は１９７１年12月20日。

James, Harold［2022］, "Friends Without Benefits," *Project Syndicate*, April 29.

Jones, Winslow［1993］, *Life, Liberty, and Property: A Story of Conflict and a Measurement of Conflicting Rights*, The University of Akron Press.

Karabarbounis, Loukas & Brent Neiman [2018], "Accounting for Factorless Income" (https://www.brentneiman.com/research/Factorless_Income.pdf).

Malonet, Tom [2019], "The Best-Paid Hedge Fund Managers Made $7.7 Billion in 2018," *Bloomberg*, February 15 (https://www.bloomberg.com/news/articles/2019-02-15/the-10-best-paid-hedge-fund-managers-made-7-7-billion-in-2018).

Obstfeld, Maurice & Alan Taylor [1998], "The Great Depression as a Watershed: International Capital Mobility over the Long Run," in Michae Bordo, Claudia Goldin and Eugene N. White (eds.), *The Defining Moment: The Great Depression and the American Economy in the Twentieth Century*, University of Chicago Press.

Piketty, Thomas [2013], *Le Capital au XXIeme Siecle*, Editions du Seu. tr. Arthur Goldhammer [2014], Capital in the Twenty-First Century, Harvard University Press.（山形浩生・守岡桜・森本正史訳［２０１４］『21世紀の資本』みすず書房）。

Posen, Adam [2022], "The End of Globalization? What Russia's War in Ukraine Means for the World Economy," *Foreign Affairs*, March 17.

Rajan, Raghuram [2022], "Just Say No to 'Friend-Shoring," *Project Syndicate*, June 3.

Soros, George [1987], *The Alchemy of Finance*, Simon & Schuster.（青柳孝直訳［２００９］『新版・ソロスの錬金術』総合法令出版）。

Yellen, Janet [2022], *Remarks on Way Forward for the Global Economy*, US Department of the Treasury, April 13.

キャロル、ルーミス著／峯村利哉訳［２０１４］『完全読解伝説の投資家バフェットの教え』朝日新聞出版。

細居俊明［２００３］「グローバリゼーションと国際金融のトリレンマ論の陥穽」『社会科学論集』（82）（高知短期大学）。

四塚利樹［２００６］「オプション理論の観点から見たヘッジファンドの成功報酬」『大阪証券取引所・先物・オプションレポート』。

第２章　悪化が続く雇用環境
――労働者協同組合の灯をともそう――

はじめに

１９３０年代の大不況は、通常の不況ではない深刻なものであった。「長期停滞」（Secular Stagnation）という用語は、この時期に生まれた。この用語は、「米国経済学会」（American Economic Association：ＡＥＡ）の会長であった、アーヴィン・ハンセン（Alvin Hansen, 1887-1975）が最初に使ったと言われている。

ただ、私は、〝secular〟という英単語を、何のこだわりもなく漫然と「長期の」と機械的に訳してきた日本の多くの経済学教科書の姿勢に昔から違和感を覚えていた。詳しくは注(1)を参照していただきたい。

それはさておき、ハンセンは、長期停滞の原因を資本主義経済の成熟化に求めた。貯蓄が不断に増加しているにもかかわらず、その貯蓄の投資先が減少している。投資誘因となる人口、新領土・新資源の発見、技術革新などが衰微しているからである。この傾向は長期にわたるものである。それが、不況状態を慢性化させている原因である。こうして生まれた長期停滞を克服するためには、積極的に政府支出を増やして、投資機会を国家的規模で増大させるしかないと、ハンセンは主張した。

ハンセンのこの主張は、1938年12月28日、デトロイトで開催されたAEAの第51回大会の基調演説で示された（Hansen [1939]）。

最近では、ハーバード大学のローレンス・サマーズ（Lawrence H. Summers, 1954-）が2013年11月の国際通貨基金（IMF）の会議の席上で、この長期停滞という言葉を使っている（Summers [2014]）。

長期停滞論を批判する論者は多い。しかし、人口減少、雇用増大に結びつかない過剰貯蓄、労働者の生活環境の悪化、度を超した貧富格差などの克服策が、長期停滞論を主張する人たちの主要な論点になっていることはもっと注視されてよい。

第1節　日本経済の低成長

1　あいまいなＧＤＰの構成要素

ＧＤＰ（国内総生産）という用語は多くの人によって使われている。しかし、ＧＤＰを構成する要素については案外理解されていない。

内閣府の「用語解説」によれば、ＧＤＰとは、「居住者たる生産者による国内生産活動の結果、生み出された付加価値の総額である」[2]。

ここで居住者とは、「国内に『住所』を有し、又は、現在まで引き続き1年以上『居所』を有する個人」をいう。「居住者」以外の個人は、「非居住者」と規定されている。さらに、「住所」は、「個人の生活の本拠」である所である。「生活の本拠」を外国に置いていても、日本に1年以上住み続けている所が、「居所」である[3]。

「付加価値」（value added）とは、企業が生産によって新たに生み出した価値で、企業の総生産額から、その生産のために消費した財貨や用役の価額を差し引いた額のことである。

付加価値の計算法には大きく分けて2種類がある。「控除法」と「加算法」である。

控除法は、企業の生産部面から接近する計算の仕方である。控除法では、付加価値を「生産額―非付加価値」または「販売額－非付加価値」として計算する。非付加価値とは、原材料、外注費、動力費、外部用役費などのことである。外部用役費とは、運賃、保険料などである。

加算法では、付加価値を「税引後純利益＋支払利息＋手形割引料＋賃借料＋人件費＋租税公課」として計算する。加算法では、新価値を利害関係者に分配したものの合計に焦点を合わせた方法である[4]。加算法には、企業関係者による消費支出と資本形成を合計した支出面からの接近方法もある。生産面、分配面、支出面は企業にとって、いずれも同じ額である。これを「三面等価の原則」という[5]。

注意しなければならないのは、キャピタル・ゲイン（Capital Gain：資産売却利益）やインカム・ゲイン（Income Gain：資産保有から生まれる利益）はＧＤＰの構成要素には入らないという点である。ＧＤＰというのは付加価値を想定して考えているので、付加価値を生まない資産の単なる売買益はＧＤＰに算入しないのである。資産の売り手に売却益が出ても、買い手は、元の価格よりも高い値で買うことになったので、潜在的には購入損を持つことになり、両者を合計すればプラス・マイナス・ゼロになってしまい、なんらの付加価値を生み出さないからである[6]。

世界中の国々が、史上空前の巨額の通貨発行をしてしまったために、世界の株価、土地価格、古美術品価格が暴騰している。日本の超富裕層や企業は、自国経済の停滞を尻目に海外の企業株の取得に狂奔している。しかし、そうした利益は、所詮、キャピタル・ゲイン、インカム・ゲインである。天文学的に大きなキャピタル・ゲインが生まれ、超富裕層がますます富裕になっても、そのことは、実体経済の浮揚につながらない。しかも、キャピタル・ゲインに対する課税率は、何兆円も儲けた人も、数十万円しか稼げなかった人も、同じなのである。そのうえに、超富裕層はタックス・ヘイブン（tax haven）という税金逃避地を大々的に利用している。そうした手法によって、超富裕層は母国からの課税を免れている。超富裕層が、社会の上層部を占め、権力機構の一角に食い込んでいる不平等な社会が、いまや、各国に定着してしまった。所得格差はますます大きくなり、そうした不平等の拡大が、体制の如何を問わず、社会を崩壊に導くであろう。

ＧＤＰには名目値と実質値がある。名目ＧＤＰは、実際に取り引きされている価格に基づいて推計されるため、物価変動の影響を受ける。一方、実質ＧＤＰは、ある年（基準年）の価格水準を基準として、物価変動要因を取り除いた数値である。景気判断や経済成長率をみる場合には、名目ＧＤＰだけでなく実質ＧＤＰも重視しなければならない(7)。

ある年を基準とした（１００と置く）各年の物価上昇率が、ＧＤＰデフレーター（deflator）である。名目ＧＤＰをＧＤＰデフレーターで調整することで、物価変動の影響を受けない財やサービスの数値が導き出せる。つまり、実質ＧＤＰとは、名目ＧＤＰをＧＤＰデフレーターで割った値である。

ＧＤＰデフレーターは、ＧＤＰに計上されるすべての財・サービスを含むため、企業物価指数や消費者物価指数よりも包括的な物価指標と言える。ただし、企業物価指数や消費者物価指数が輸入品価格も含んでいるのに対し、ＧＤＰデフレーターは国内生産品だけを対象にしていることに注意する必要がある。

デフレーターは、「気球のように膨らんだものから空気を抜く」、「しぼませる」という意味を語源としている。物価が上昇した分だけ膨らんでしまった名目GDPを、GDPデフレーターを用いてしぼませることにより実質GDPが算出される。物価が上昇している場合には、「名目GDP＞実質GDP」となるが、物価が下落している場合には、物価の下落分をGDPデフレーターにより膨らませるため、反対に「名目GDP＜実質GDP」となる(8)。

2　数値で見る日本経済の長期低迷

日本の経済成長率は、長期間にわたって低迷している（表2―1、表2―2、表2―3、図2―1、図2―2、図2―3参照）。

1990年代前半はバブルが破裂して、日本のバブ

表 2-1　近年の実質 GDP と対前年比経済成長率

年	1994	1996	1998	2000	2002
実質 GDP	446.5	472.6	471.2	482.6	484.7
成長率		3.1	−1.3	2.8	0.0
GDP デフレーター	114.4	113.3	113.9	110.9	108.2

年	2004	2006	2008	2010	2012
実質 GDP	502.9	519.0	520.2	510.7	517.9
成長率	2.2	1.4	−1.2	4.1	1.4
GDP デフレーター	105.3	103.1	101.5	99.09	96.6

年	2014	2015	2016	2018	2019
実質 GDP	529.8	538.1	542.1	510.7	553.1
成長率	0.3	1.6	0.8	0.6	−0.2
GDP デフレーター	97.9	100.0	100.4	100.3	101.0

（注）単位：GDP は兆円（概数），成長率は％。デフレーターは 2015 年＝100.0。
（出所）内閣府・四半期別 GDP 速報より作成。

（出所）表 2-1 と同じ。

図 2-1　日本の実質 GDP と経済成長率

表 2-2　G7 の一人当たり GDP（単位：万米ドル）

	米国	ドイツ	カナダ	英国	フランス	日本	イタリア
1 人当たり GDP	6.36	4.62	4.33	4.04	4.03	4.01	3.16
世界順位	5	17	20	22	23	24	30

（注）調査対象は，195 か国・地域。GDP は名目。
（出所）IMF, "World Economic Outlook Database," October 2021.

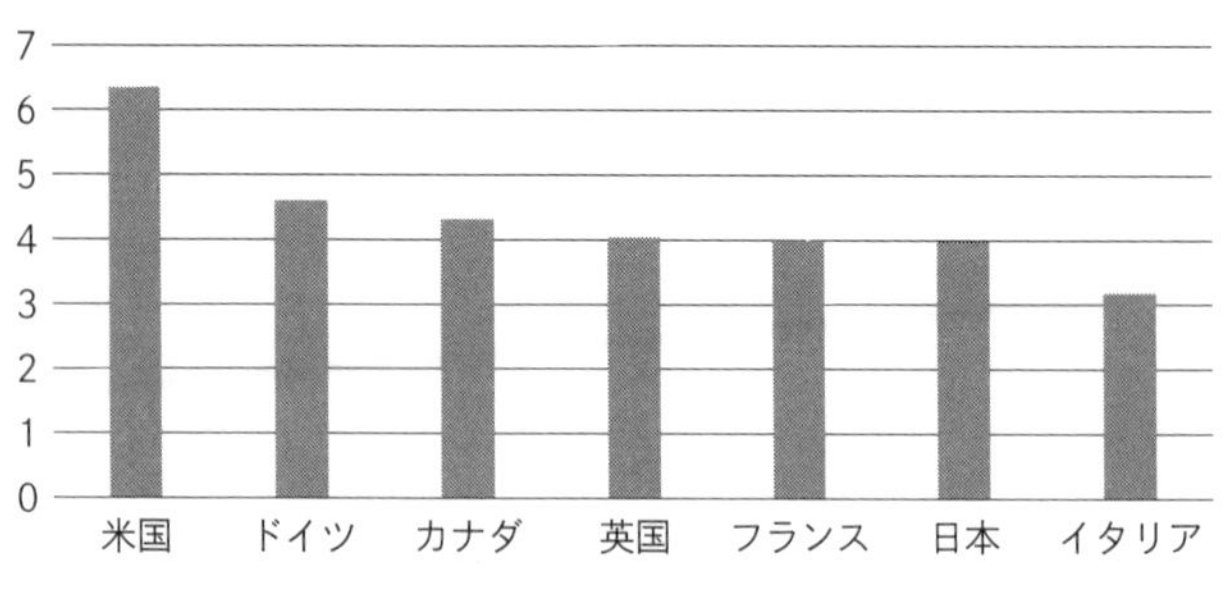

（注）表 2-2 と同じ。

図 2-2　G7 の一人当たり GDP

表 2-3　一人当たり GDP　上位 7 か国

	ルクセンブルク	スイス	アイルランド	ノルウェー	米国	デンマーク	シンガポール
GDP	11.69	8.74	8.52	8.73	6.36	6.12	5.98
順位	1	2	3	4	5	6	7

（注）ここでの GDP は一人当たりの値（名目）。単位：万米ドル。
（出所）表 2-2 と同じ。

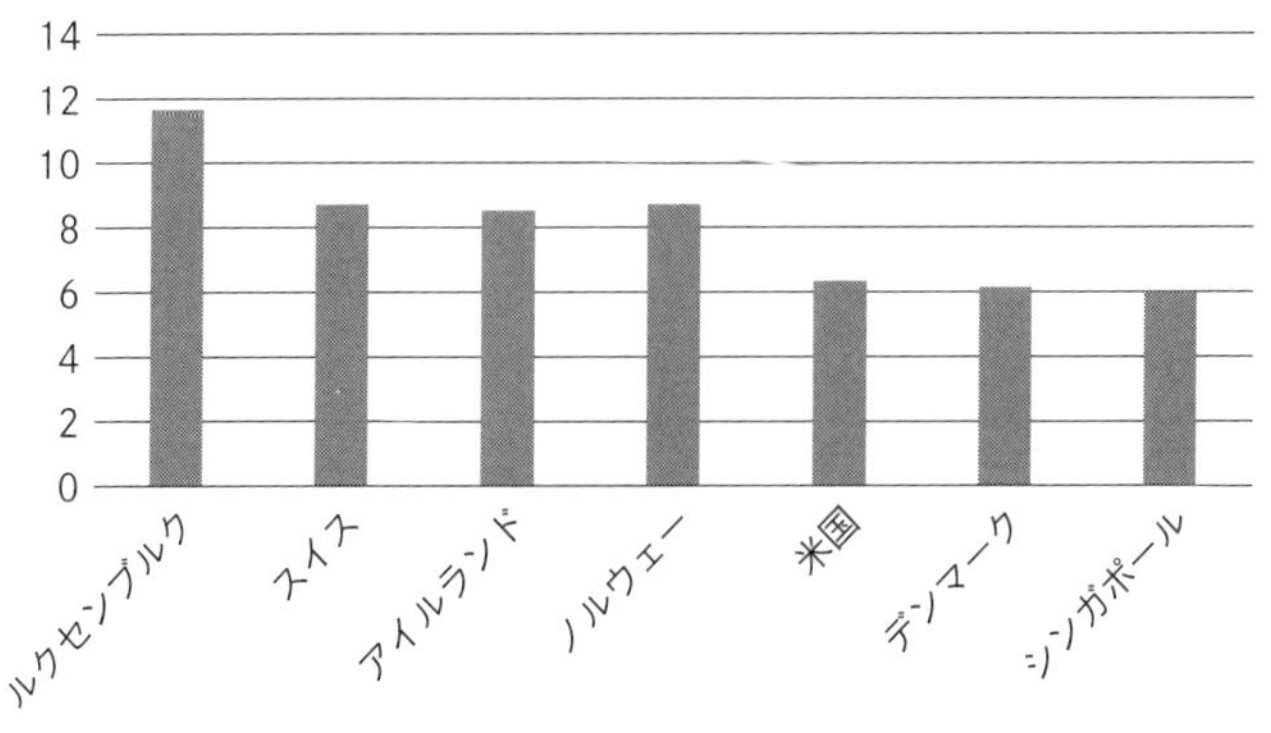

（注・出所）表 2-3 と同じ。

図 2-3　1 人当たり GDP　上位 7 か国

ル景気が崩壊した時期である。

そもそも日本経済がデフレ経済に陥ったのは、１９９７年に消費税を３％から５％に引き上げたからである。表２―１で明らかなように、ＧＤＰデフレーターの値は、97年に消費税が引き上げられた翌年の98年から２０１５年まで18年間も下落を続けてきた。下落幅は98年と２００８年のリーマン・ショック時がとくに大きかった。両年とも、経済成長率はマイナスに陥った。その間、日本の金融危機は深刻の度合いを深めていった。

金融の超緩和が長く続いているが、異次元の金融緩和にもかかわらず、日本の経済成長率はバブル経済の崩壊以後も、じつに長い間、年率１％前後を行き来してきたのである。

表２―２、図２―２、表２―３、図２―３を見ても、日本の現状に昔日の面影はない。ただし、この簡単な数値から日本が衰退の道を辿りつつあると軽々に判断してはならない。経済の中身は非常に複雑なものであり、単純化され、抽象化された数値は実態のほんの一部分しか映していないからである。そうは言っても、日本経済が長期の停滞局面にあるということだけは事実であろう。

３　低い日本の賃金水準

日本の平均賃金も長期停滞下にある。諸外国との比較による低下が指摘されて久しいが、主要先進国（Ｇ７）の中ではイタリアと最下位を分け合っている。ＯＥＣＤ（経済協力開発機構）加盟国の中でも低水準のグループに属するようになった。賃金水準は、米国の56％、ドイツの72％である（図２―４、参照）。

１９７０年頃～90年では、年間１万～１万５千円程度、率で約５％以上の賃上げが約20年間継続した。しかし、２０００年代に入ると、年間５千円台、率で２％弱の賃上げに留まっている。約20年間、ベースアップはほとんど行われていない。

日本を除く先進国は、この30年間で１・３倍から１・６倍の上昇を続けた。しかし、日本は１・08

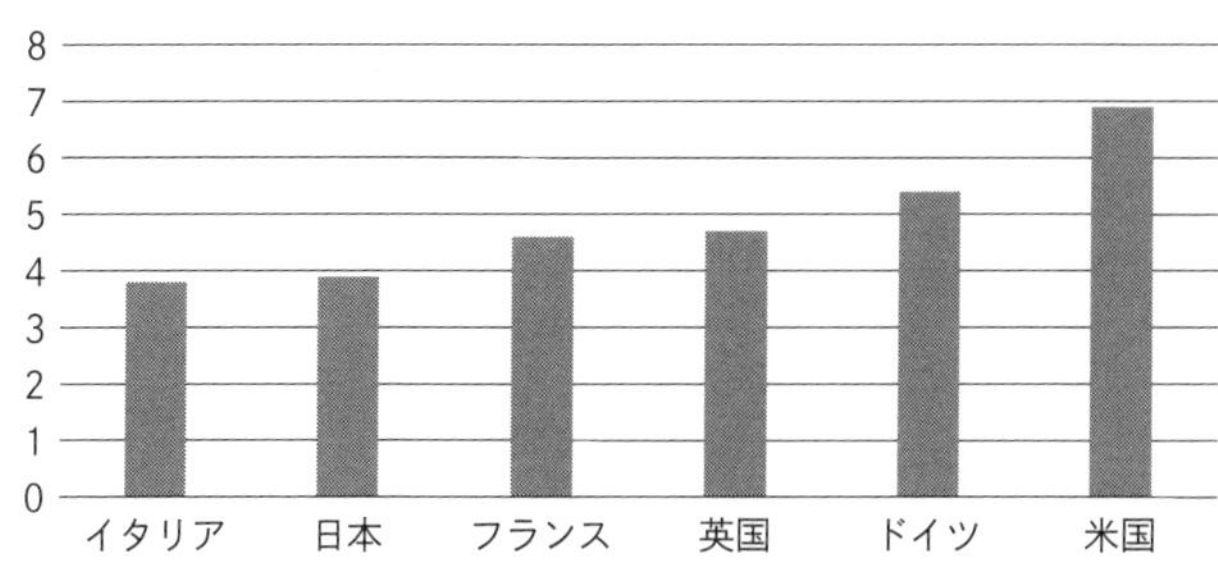

（注）賃金は購買力平価に換算した米ドル表示（単位：万）。
（出所）Earnings and wages –Average wages– OECD Data (2020).

図 2-4　G7 の勤労者・平均年俸（2020 年）

倍しか増えていない。その分岐点は90年代にあり、賃上げが定期昇給のみになってしまった時期と重なる。

賃金が下落したのは、経済がグローバル化したためであるという理解が横行している。日本の企業が、賃金の低い中国を始めとするアジア諸国の企業と激しい競争を展開せざるを得なくなったために、日本の賃金は下落してしまったという見方がそれである。

しかし、これでは、何故、日本の賃金のみが１９９８年から下落したのかを説明できない。ＮＡＦＴＡ（North American Free Trade Agreement：北米自由貿易協定）結成や、ソ連・東欧圏の崩壊によって、同じくグローバル化の影響を受けたはずの米国や欧州先進諸国の賃金は、下落していないのである。なぜ、日本だけにグローバル化の下で賃金の下落が生じたのか？　企業収益の低下が賃金の下落を導いたのならまだしも、日本の企業収益は逆に増加している。単純なグローバル化論では、こうした事実を説明できない。

賃金低下は、政府主導による労働市場改革によるもの、と見なした方が分かりやすい。他のＯＥＣＤ各国と比較した場合、日本では全雇用に占める非正規雇用比率が圧倒的に高い。これは、政府の労働政策から生じたものである。

４　非正規雇用比率の増大

日本の非正規雇用者数は年々増加傾向を辿り、２０１８年には一瞬だが、雇用者全体の４割以上が非正規雇用者であると公表された。日本の人口が、２００８年をピークに減少傾向が続いている中で、非正規雇用者は増え続けてきたのである。

非正規雇用者数は、１９９４年から増加し始め、１９９９年に29・４％、２００６年になると30％台、２０１８年には37・９％と年々高くなってきた（ただし、コロナ禍の影響もあって、２０２０年にはこの数値は低下した）[9]（図２―５参照）。

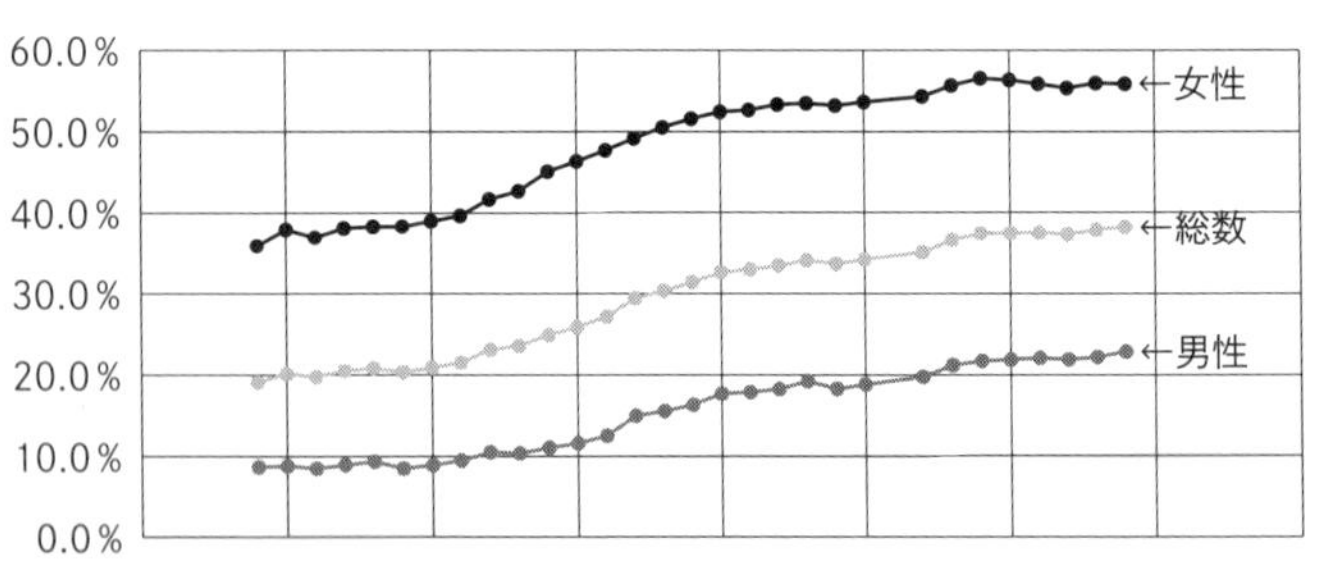

（注）「非正規の職員・従業員」が役員を除く雇用者に占める割合。
（出所）2001年以前は総務省統計局「労働力調査・特別調査」，2002年以降は「労働力調査・詳細集計」。

図2-5　非正規雇用労働者の割合の推移

企業が非正規雇用を多く採用する理由は、雇用調整が楽であるという一点にある。正社員だと労働契約法によってある程度の保証があるために、安易に解雇できない。しかし、非正規社員は解雇しやすく、給与も低い。ボーナスもほとんどない。

全体で２１２０万人いる非正規雇用者のうち、正社員になりたいと願う人の割合は２０１８年の時点では５２１万人であった。つまり、約12・8％の人が現状の働き方に不満を持っているという結果が出ていた。若年層になると、その数値は倍になる。25〜34歳未満の若年層では、およそ５人に１人が不満を持ちながらも、非正規雇用者から抜け出せないでいる。

国税庁の「民間給与実態統計調査」（２０１７年）によると、正規社員と非正規雇用者の平均の年間給与の差はおよそ３１９万円であった[10]。

5　労働基準法と裁量労働制

労働者を不利な立場に追いやらないために労働法がある。その労働法は頻繁に改訂されてきた。一口に労働法と言っても、労働基準法、労働契約法、労働組合法、労働関係調整法、労働安全衛生法、職業安定法、最低賃金法、障害者基本法と８つある。

中でも、労働基準法は、労働の最低条件を定めるものであり、労働法のもっとも重要な部分である。

労働基準法は、１９４７年、廃止直前の旧帝国議会によって制定された。国際的に認められている労働条件を保障し、戦後復興に向けて、労働者の協力を確保する狙いがあった。

当初の労働基準法にも、４週間以内を単位とする変形労働時間制があった。変形労働時間制とは、一定の単位期間について、労働時間を延長したり、短縮したりしても、週当たりの労働時間数の平均が、労働基準法が定める週労働時間の枠内に収まっていれば良しとしたもので、現在の裁量労働制の考え方の原型であると見なせる。

１９８７年に、フレックスタイム制の導入など変形労働時間制の拡大がなされた。フレックスタイム制とは、一定の期間における総労働時間を定め、始業時刻と終業時刻の決定を労働者に委ねることによって、週または一日の労働時間規制を解除する労使協定の制度である。それまでは、実際上広く行われていたのに、根拠となる法律がなかったので、１９８７年の改正は、これを承認したうえで、適切な規制を行うというものであった。

労使協定とは、労働組合があってもなくても、使用者と、事業場の労働者の過半数を代表する者との間で締結される協定をいう。労働基準法の規制を柔軟に適用することが、労使協定という新たな法改正の狙いであった。

１９８７年の改正時に、裁量労働制という用語が初めて使われた。これは、職務の性質上、裁量が与えられている労働者について、実労働時間ではなく、一定の「みなし労働時間」を認めるという説明が付けられた。

この制度の対象となる労働者は、１９８７年改正時には研究開発職やシステム・エンジニアなどの、専門性の高い労働者に限られていた（専門業務型裁量労働制）。

１９９８年には、経済のグローバル化・情報化に対応するためにも、働き方の多様化が謳われ、従来の終身雇用・年功序列といった、いわゆる日本的雇用慣行からの脱却が提唱された。

そのうえで、裁量労働制は、１９８７年の専門業務型裁量労働制に加えて、企画・立案等の業務も、裁量労働制の対象とされた（企画業務型裁量労働制）。企業の本社管理部門における業務などがそれに当たる。

２００３年の改正では、専門業務型裁量労働制を遂行するにあたって、健康・福祉確保措置と苦情処理措置を労使協定で定める義務があることと、企画業務型裁量労働制を拡大することが法律に盛込まれた。少子高齢化による労働力人口の減少がその理由であった。

２００８年の改正では、1か月に60時間を超える時間外労働についての割増賃金率引上げ（50%、中小企業は猶予）、割増賃金の支払いに代えて代替休暇を与えることができるとされた。とくに、長時間労働が行われている子育て世代の男性について、ワークライフ・バランスを確保することが目的とされた。

２０１８年の改正では、時間外労働の上限規制の導入、中小企業における割増賃金率引き上げの施行（２００８年改正における中小企業に対する猶予の廃止）、有給休暇の消化義務の導入（10日以上の有給休暇の権利を有する労働者について、最低5日の消化をさせること）、フレックスタイム制における最長清算期間の1か月から3か月への延長、特定高度専門業務・成果型労働制（高度プロフェッショナル制度）の創設がなされた。

この改正では、いわゆる「働き方改革」の一環で、長時間労働の是正、多様な働き方の実現などが目的とされた[11]。しかし、裁量労働制についての文言は、この「働き方改革法案」には盛り込まれなかった（後述する）。

２０２０年改正では、賃金を受け取る権利である賃金債権の消滅時効をそれまでの2年から3年に延長した。

労働契約に関して、もっとも留意すべき点は未払賃金である。とくに中小企業やスタートアップ企業（startup company，新たなビジネス・モデルを開発して、市場を開拓する段階にある企業）の場合、労務管理に割ける時間や人手の不足、知識の不足などによって、労働基準法に適合する労務管理ができていないことが少なくない。裁量労働制や、２０１８年改正において導入された高度プロフェッショナル制度は要件が複雑であり、未払い賃金問題が浮上しやすい[12]。

6　裁量労働制の問題点

安倍晋三首相（当時）は2018年3月1日、記者会見を開き、厚生労働省の調査データの不備や異常値が多数見つかった問題を受け、第196回通常国会[13]で提出する「働き方改革関連法案」の中から「裁量労働制の拡大」にかかわる部分を全面削除するよう指示したことを発表した[14]。

裁量労働制で働く人の労働時間を調査したデータに1千個所以上のミスがあることが分かった。

上記で見てきたように、裁量労働制とは、専門的な能力や知識・経験を持つ労働者に働き方に関する裁量を認めたものである。しかしそれは、あくまで建て前にすぎず、現実には、労働契約で決められた「みなし労働時間」以上働いても、残業代は支払われないケースが後を絶たない。

そもそも、この制度は、専門的な能力があるため、会社側が作業スピードや方法に口出ししづらい働き手が想定されており、当然給料もそれなりに高いと考えられている。

だが、2018年1月にハローワークでの求人動向を調査した機関の発表によれば、基本給10万円台の求人が67％を占めており、裁量労働制を謳って募集された仕事なのに、低賃金であるという事態が数多く見られた。

高度プロフェッショナル制度とは異なり、裁量労働制の導入に年収要件はない。つまり、最低賃金で働く労働者にも、裁量労働制を適用することができてしまう。裁量労働制の現実は、「残業代ゼロ」、「定額使い捨て」といえる制度に、事実上なっている。

さらに、裁量労働制の求人の中には、固定残業代制度を合わせ含んでいる求人が、全体の約28％（69件中19件）存在していた。

固定残業代制だと、初めから一定時間分の残業代を固定で毎月支払うという仕組みだが、悪意をもって採用された裁量労働制は、今野［2016］で指摘されているように、ブラック企業が給料を見かけ上高く表示するために用いる常套手段である。

裁量労働制のメリットとして、労働者に裁量が与えられることで、仕事を早く切り上げることができ、ワークライフ・バランスを向上させるとよく言われている。

しかし、それだけのことなら、フレックスタイム制度で十分である。ブラック企業が裁量労働制を採用したがるのは、8時間以上働かせたにも関わらず、会社がその分の残業代を支払わなくてもよいようにしたいからであるというケースが多い[15]。

第2節　デジタル社会の浸透で失われる職場

1　米銀の大規模なリストラ

米銀大手「ウェルズ・ファーゴ」（Wells Fargo）のアナリスト、マイク・メイヨウ（Mike Mayo, 1963-）が『フィナンシャル・タイムズ』（*Financial Times*）のインタビューに応じて、次のように語った。

米銀全体の雇用者数はここ10年間、ほぼ横ばいの2百万人であったが、今後10年間で全従業員の10％に当たる20万人を削減する必要がある。それは、米銀史上、最大の人員削減である。人員削減の対象になるのは、支店やコール・センターの業務を担っている人々である。

銀行のみが担ってきた決済や融資の業務に、ＩＴ企業やノンバンクが食い込んでいる。これに抗するためにも、銀行はＩＴ化を進めて、行員の削減を加速する必要がある。金融市場に占める銀行のシェアは3分の1にまで下落するであろう。新型コロナのパンデミックで閉鎖された銀行支店の多くは、今後も再開されないだろう。銀行は、これからは、金融取引より顧客へのアドバイス業務に重点を移して、少人数で対応することになるだろう。事務管理部門も大幅に機械化されるであろう。

メイヨウが所属しているチームの規模は、20年前の半分の人員なのに、こなしている業務は、当時の2倍もあるとメイヨウは自慢げに語った。

そのうえで、メイヨウは言い切った、銀行は衰退産業になると[16]。

2　日本の銀行も人員削減を模索している

現在は、日本の銀行は人員削減計画を公にしなくなったが、２０１７~20年には、かなり激しい口調で削減計画を発表していた。とくに目立ったのは、大手金融機関の、「みずほフィナンシャル・グループ」（みずほＦＧ）と「三井住友フィナンシャル・グループ」（三井住友ＦＧ）の大幅な人員削減方針であった。

２０１７年10月には、みずほＦＧが今後10年の間に、国内外の行員１万９千人の削減を検討していることを明らかにした。この規模は、グループ全体の行員数の約３分の１に相当する。ＩＴ化で人員を減らし、収益力を高めるためであるとの説明がなされた。

２０２０年５月には、三井住友ＦＧがＩＴ化を進めて、４千人分に相当する従来業務を削減し、削減対象となる行員の半分程度を、資産運用の相談業務などの成長分野に充て、残りは新規採用の抑制や定年退職による自然減により、減らす方向で検討していると発表した。

２０２０年時点の三井住友ＦＧの人員は、７万７千人であった。つまり、削減される４千人は、全行員の約５％に相当する。さらに、同グループの本部の人員を、２０２２年度までに３割と大幅に減らす計画であるとの説明もあった。

米銀と同じく、業務の見直しで事務作業が減る分、店舗では資産運用などの相談ビジネスを業務の中核に据えるという。高齢化の進展と公的な年金制度に対する不安から、きめ細かな資産運用への相談件数は、今後、一段と高まると同グループは見込んでいる。

将来的には金融機関などの大手企業だけに限らず、どの企業でも事務などの単純作業のほとんどがＩＴに置き換えられる、つまり、事務職という職種はなくなる運命にあると想定せざるをえない[17]。

3　脱年功序列型賃金制度の広がり

２０２２年1月、日立製作所がジョブ型雇用を全社員に適用すると発表した。同社は、２０２１年には本社の管理部門にジョブ型雇用を導入している。

日立グループ全体の従業員は37万人いる。うち、21万人が海外で雇用されている。海外勢にはジョブ型雇用が一般的に適用されているが、日本国内ではそうではなかった。そこで、２０２２年以降は日本国内の従業員全員をこの制度に従わせるというのである。具体的には、年功序列型人事の壁を取り払い、臨機応変に各時点で必要になった人材を社内だけでなく、社外からも公募するという。逆に言えば、必要でなくなった従業員の給料は下げられるか、社外に追いやられる。まさに従来の日本型雇用体系を縮小させるという、社員にとって非常に厳しい方針が示されたのである。経営者側からは賛成の声が強いが、雇用は守られるのかという不安に従業員は駆られている。

富士通やＮＴＴは、すでに管理職をジョブ型雇用の適用対象にしている。ＫＤＤＩやＮＥＣは、一般社員にも新卒採用時点からジョブ型雇用にする方針である。その他の日本の大企業にも同じような動きをする気配がある。

ジョブ型と違う用語にメンバーシップ型というものがある。これは、用語が違うだけで、実質的には、これは日本版ジョブ型と言ってよい。

ジョブ型は「仕事に人を当てはめる」雇用形態であり、英米では普通の型である。これに対して、メンバーシップ型は「人に仕事を当てはめる」形態である。

株式会社ヴィベアータ代表取締役の新田龍は言う。「ジョブ型というワードは特段目新しい概念ではなく、各国の雇用システムを分類するための用語として以前から存在するものだ。対比される言葉として、わが国で主に見られる『メンバーシップ型』があるが、どちらがよい／悪いといった類のものではなく、時代や景況感によってフィットしている／していない程度の差異と考えればよいだろう」。

同氏は続ける。「ここで要となるのが『職務記述書』(job description, ジョブ・ディスクリプション：仕事内容、ＪＤ)」、ここには、担当職務や責務、求められるスキルや資格、支払われる賃金などが細かく書き込まれている、「グローバル企業ともなれば、1社の中で1千種類以上のＪＤが規定されていることも珍しくない」。「職務を特定して募集をかけ、求められる資質を持った人がその仕事に応募し、雇用契約に明記された職務を遂行すべく働く形をとる。仕事に人を当てはめる形態であり、報酬は年齢や勤続年数に関係なく、個別の仕事の難度や希少性に応じて決まるので、ジョブ型雇用と呼ばれる」。

ジョブ型ではない日本型は、「『白紙契約』のようなものだといえる。特にわが国の新卒採用において顕著だが、入社時点の職務は厳密に特定せずに人員を募集し、人柄や潜在能力を判断して選考を行い、まずはその企業の一員として迎えるかどうかを決める」。「その上で、入社後に適性を見極めて配属部署を決めたり、仕事の様子を見て異動させたりする『人に仕事を当てはめる』方式なのだ。主に重視されるのは職務遂行に必要なスキルや資格よりも、『前向きな意欲』『主体性』『周囲の人とうまくやっていける力』といった人柄に属する部分であり、『○○株式会社という共同体の一員（メンバー）となること』が雇用の本質であるが故に、メンバーシップ型と呼ばれるわけだ」。

新田龍の説明にもうしばらく依拠する。

怖いのは、ジョブ型では、「経営上の理由による整理解雇」が正当な解雇理由になっていることである。させる仕事がなくなったので、解雇するというのも、正当な経営上の理由になる。

これに対して、メンバーシップ型では、社員に任せていた仕事がなくなったら、社内の他の仕事に異動させる。職務に必要なスキルを持っていなければ、企業が教育する。経営が苦しくなっても、残業を減らして雇用は維持する。しかし、企業への忠誠心がなく、共同体のルールを守らない所業に対しては懲戒解雇が許されるという判例があり、メンバーシップ型の方がジョブ型よりも雇用が安定しているとは断定しがたい。

ジョブ型では、職務記述書に記載された仕事しかやらない。しかし、実際の業務には、記載されている業務以外にも付帯的で煩瑣な仕事も存在している。プロジェクトを円滑に進めるためには、メンバーシップ型の意識を共有する社員がどうしても必要になる。

現場に疎い高給取りの経営トップがプロジェクトの遂行を妨げてしまいかねない。ここが、ジョブ型の弱点である。とは言え、海外進出するためには、ジョブ型に慣れた外国人を雇用せざるを得ない。日本の企業は、「世界的に見てマイナーである、わが国のメンバーシップ型の方を変更する必要に迫られている[18]」。

その通りである。あれかこれかの次元の問題ではない。雇用を増やす社会的仕組みが重要なのである。

第３節　深刻なオーバー・ドクター問題

１　大学で増加傾向を示す任期付き教職員

日本では、３年課程の大学院博士課程（正しくは後期博士課程）で３年以上在籍して必要単位を取得して後期博士課程の学生ではなくなることが「修了」とか「卒業」と表現されることが多いが、その表現は正しくない。博士課程にかかわる用語には、正式には修了という表現はない（ただし、慣習として定着しているので、本章でも修了という表現を使う）。卒業という表現はある。しかし、正式には、卒業という用語は、博士号を取得したうえで、退学する人にのみ適用される。また、退学しても、退学後３年以内なら博士号の申請をして博士号を取得できることが多い。この場合の博士号は課程博士と呼ばれる。３年を超えても論文の審査申請は認められている。そこで授与される博士号は論文博士と名付けられている。後期博士課程を単位取得退学、あるいは卒業しても、安定した仕事に就けず、アルバイトをしながら職探しをしている一群の人たちは、日本では「オーバー・ドクター」と呼ばれている。オーバー・ドクターの数は年々増えている。これが日本の研究体制をいびつなものにしてしまっているのである。

博士の就職難が広く社会に知られるようになったのは、『ニューズ・ウィーク』日本語版（２００８年６月７日号）の記事「学歴難民クライシス」によってである。(19) それから15年以上経っているのに、博士の就職は依然として厳しい状況が続いている。

図２—６は、２０１８年の春に大学院の博士課程や修士課程の修了者（以下、単位取得退学と卒業を合わせた人を慣習的用語で呼ぶことにする）

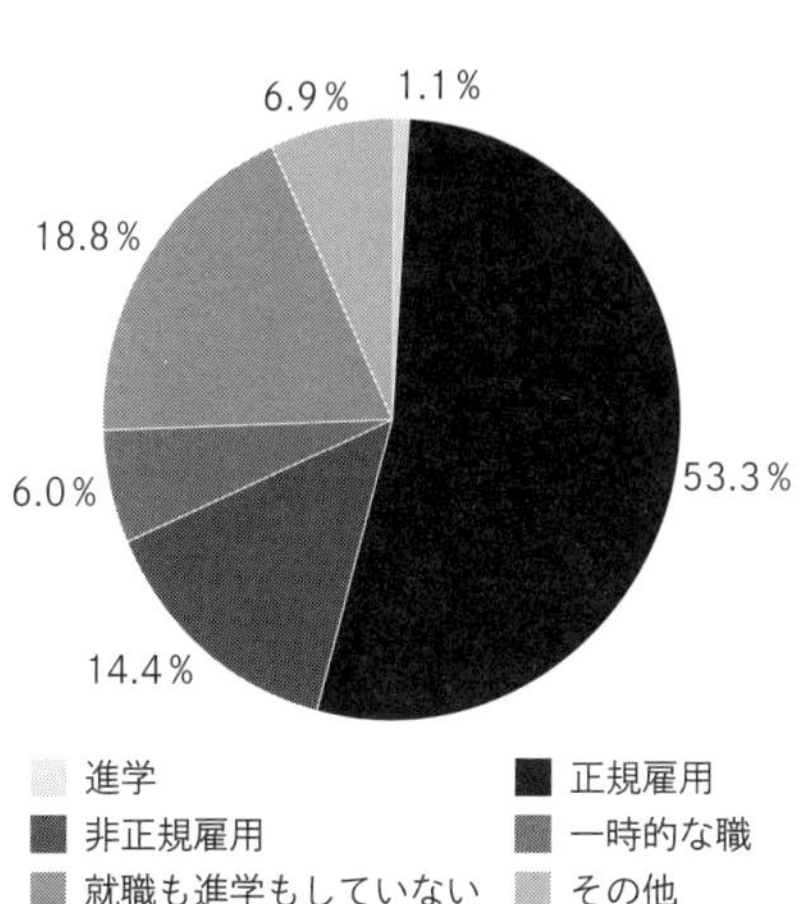

（出所）「学校基本調査（文部科学省）」（2017年度）（https://ten-navi.com/hacks/way-of-working-2-7167）の図を転載。

図 2-6　後期博士課程修了者の就職先

の進路を示した円グラフである。

それによると、正規雇用が53・３％、非正規雇用14・４％、一時的な職６・０％、就職も進学もしていない18・８％、その他６・９％、進学１・１％であった。

博士課程修了者のうち正規雇用の仕事に就くことができた人の割合は全体の約半分の53・３％でしかなかった。

２０１３年は労働者不足が意識され始めた頃であり、有効求人倍率は２０１３年11月以降、求人数と求職者数が一致する状況（１倍）を上回り続け、２０１７年３月には１・45倍と約26年ぶりの水準まで上昇している。２０１４年以降、数年間は経済は低迷状態を脱して、求人は増えて行った。

しかし、博士課程修了者の就職率は、低迷したままであった。

上記の「学校基本調査（文部科学省）」（２０１７年度）によると、正規雇用に就けた人の比率は、２０１４年が50・３％、15年51・４％、16年51・７％と、ほとんど横ばいで顕著な上昇率を示していない。

これは学部卒業者の就職率の伸びと比較すれば、歴然たる違いがある。学部卒業者の就職率は、２０１４年で65・９％、15年68・９％、16年71・３％、17年72・９％と、年率３％ずつ伸びたのである。それに比べて、博士課程修了者の就職率の伸びは、０・２〜０・３％程度に留まっている。

２０１７年度の博士課程修了者のうち、14・４％が仕事には就けたが非正規雇用であった。アルバイトなど一時的な仕事に就いた人も6・0％あった。博士課程修了者の20・4％が、非正規・アルバイトなど不安定な状態に置かれていた。

博士課程修了者の就職難は、博士課程修了者数を激増させる国の政策と、大学や民間の研究機関が、雇用数を増やすことに消極的であったことによる。事実、１９９０年代以降、博士課程への進学・修了者が急激に増えた。

１９９１年、当時の文部省（いまの文部科学省）は、２０００年までの10年間で大学院生を2倍に増やすという目標を打ち出した[20]。これがいわゆる「重点化」である。これを受けて、全国の大学は大学院の定員を大幅に拡充したのである。

しかし、増えた博士課程修了者を受け入れる場は、増えなかった。ポスト・ドクター問題が深刻になったのも当然である。

「学校基本調査（文部科学省）」（２０１７年度）によると、１９６５年度は入学者３５５１人、修了者２０６１人、在籍者１万１６８３人であったのに、90年代以降、一気に数が増え、２０００年度の入学者1万７０２３人、修了者1万２３７５人、在籍者6万２４３１人となった。２０１６年度は入学者1万４９７２人、修了者1万５７７３人、在籍者7万３８５１人。２０１７年は入学者1万４７６６人、修了者1万１６５８人、在籍者7万３９０９人であった。

図２―７から分かるように、博士課程修了者数の急増とは対照的に、大学が彼らを採用する数は増

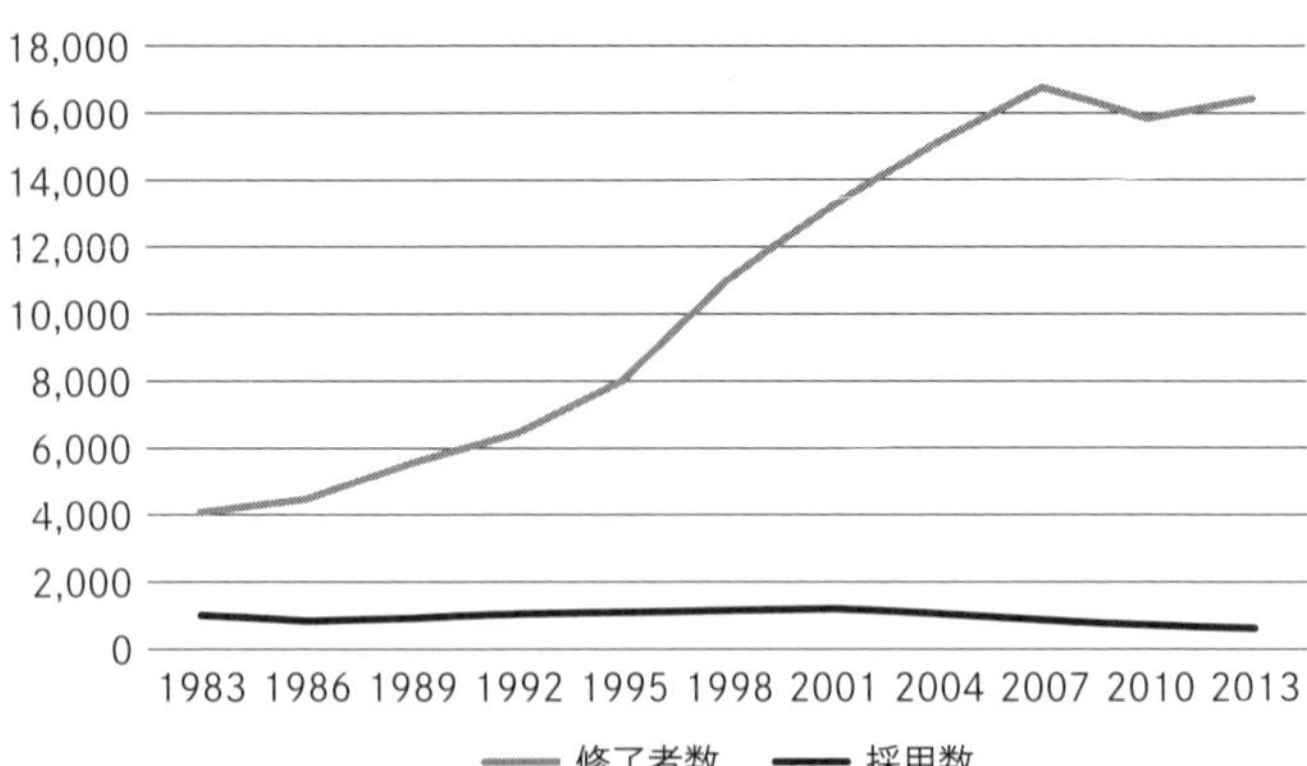

（出所）文部科学省「学校基本調査」,「学校教員統計調査」(https://ten-navi.com/hacks/way-of-working-2-7167) から転載。

図 2-7　博士課程修了者数と修了後に大学教員として採用された人数

えるどころか減少傾向を示したのである。

図２―８は、重点化が行われていなかった１９８９年度と、行われた後の２０１３年度とを比較したものである。博士課程修了者は１９８９年度の５５７６人から２０１３年度には１万６４４５人へと約３倍にも増えた。

しかし、新規修了者で大学の教員として採用された数は激減している。１９８９年度の１６２６人から２０１３年度には９９９人と半分近くにまで減少したのである。

採用率は、１９８９年度には29・２％あったのに、２０１３年度には６・１％とゼロに等しい低い水準であった。

大学教員に採用されたと言っても、その多くは正規雇用ではなく、雇用差し止めのできる任期付き雇用であった。

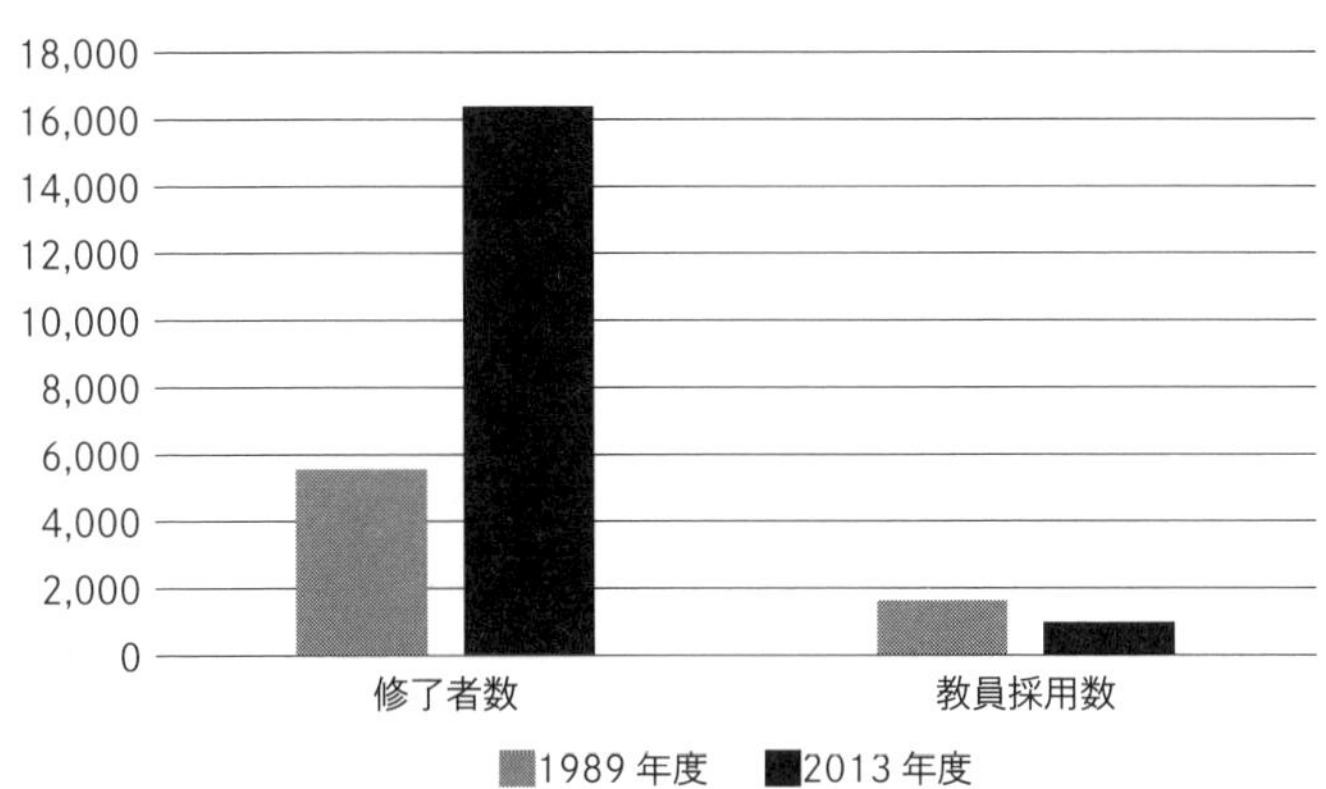

（出所）文科省『学校教員統計』,『学校基本調査』より作成。

図2-8　重点化以前と以後との比較

文部科学省の科学技術・学術政策研究所が行った「ポストドクターの正規職への移行に関する研究[21]」によると、大学の助教・助手になった人の56・6％、講師になった人の43・6％は任期付きのポストであった（2014年度）。

同研究所が2021年に公表した「ポストドクター等の雇用・進路に関する調査」（2018年度実績[22]）によると、国内の大学や公的研究機関に所属していたすべてのポスト・ドクターのうち、次年度が始まるまでに任期なしの職を得た割合は、わずか6・3％（男性7・0％、女性4・4％）であった。しかも、2018年度のポスト・ドクターの平均年齢は37・5歳（男性37・2歳、女性38・1歳）と高齢であった。2018年度では34・1％のポスト・ドクターが、所属機関の負担による社会保険を持っていなかった。

同研究所が2014年に発表した「ポストドクター等

の雇用・進路に関する調査」（2012年度実績[23]）によると、2012年11月に国内の大学や公的研究機関に在籍していたポスト・ドクターのうち77・6％が次年度も同じ不安定な位置に置かれていた。

2　「5年ルール」と任期付き大学教員

2013年に、労働契約法の改正があった。労働契約法とは、2009年に成立した比較的新しい労働法分野の法律である。2013年改正の条文の中で、大学教員の任期制に大きく関係するのが第18条である。有期労働契約から、無期労働契約への転換が謳われた、いわゆる「5年ルール」がそれである。

これまで、非正規雇用は、きちんとした労働契約書が交わされることなく、慣習的に継続されていた。雇い止めの不安があったものの、非正規社員は非正規のまま長年にわたって雇用され続けていた。しかし、2013年の法改正でこの曖昧さに歯止めがかけられたのである。

2013年度の改正で、非正規雇用が反復更新されて通算で5年を超えた時は、非正規雇用者を期間の定めのない無期労働契約へと転換できるルールが新しく作られた。ただし、無期雇用に転換しても、賃金や労働時間などの労働条件は元のままでよいとされた。しかし、この5年ルールを素直に受け入れて該当者を無期雇用にするというよりは、第18条の規定ができて以降、有期雇用期間を5年未満にした労働契約を交わすケースが増えてしまった。非正規で雇用される者にとって5年ルールは、雇用を安定化させるどころか、不安定にさせるという、逆の結果をもたらしたのである。

　これは、大学の教職員にも当てはまる。大学にも、使用者側の大学の本部と被雇用者側の教職員との間に労働契約法が適用されることに変わりがないからである。

　当然、5年ルールも大学は受け入れざるを得ない。1年契約が通常の非常勤講師にとっては、大学で非常勤講師を5年続けると、6年目からは、本人が「申し入れ」すると常勤になれるというメリットがあるはずであった。

　しかし、こうした無期雇用への自動的な移行を雇用者側の大学本部は嫌がる。むやみに常勤のポストを増やすことは、膨大な数のオーバー・ドクターが存在している現状では不可能だからである。大学側は5年ルールが生まれないように、非常勤の教職員の雇用期間を5年未満に圧縮してしまう。

　現実に、ほとんどの大学は、経費増を抑える安全弁として、非常勤講師を数多く雇用してきた。5年ルールの適用を避けるべく、大学側は、5年間にわたって雇ってきた非常勤講師の雇い止めをするか、新たに雇用する非常勤講師とは5年未満の雇用契約を交わすようになった。

　事実、東北大学は、２０１７年に、非正規職員の有期雇用契約を5年を越えて更新できないように就業規則を改めた。さらに、無期雇用の正規職員への転換を願う非正規の職員に対して試験を実施した。応募者は８百名以上いたが、１３０名ほどが不合格になったという[24]。

東京大学も同年、就業規則を改定した。有期雇用の期間が５年を超える翌年に「クーリング」という雇用中断期間を設けた[25]。クーリング期間が６か月を超えるとこれまでの通算雇用年数をすべて帳消しにするという過酷な内容である。ただし、これは、上述の労働契約法の18条に規定されたものであり、違法ではない。しかし、大学のこれまでの慣習からすればとんでもない就業規則と言える。

おわりに：広まろうとしている「協同労働」

２０２１年４月に発表された総務省「労働力調査」によれば、この月の１か月間で、あっという間に、非正規を中心に百万人もの雇用が減少した。コロナ禍での緊急事態宣言の中で経済活動が強制的に止められた時に起こったことなので、一時的な現象だと政府筋は受け取っていたが、事態はそう生やさしいものではないことが次第に判明しつつある。

緊急事態宣言中、個人向けのサービスの飲食、宿泊、娯楽関係のサービス分野で非正規の人が多くの職を失っている。年齢的には15～24歳と35～44歳の女性の非正規。そして、55歳以上の中高年の非正規労働者の減少幅が大きかった。一昔前だと、この層の非正規労働者は、生活のために働く人は少なかったのだが、この20年間で、明確に家計を支えるために非正規で働く人が増えている。

２０２１年４月の段階では、感染のリスクもあって、職探しを止めていたので、この人たちは、失業者として統計には現れなかった。

しかし、5月以降、徐々に経済が回復する中で、仕事を探す動きが出てきた。彼らが失業者として登録された結果、統計上の失業率は、一時的にわずかに上がった。

ただし、それ以降、失業率は低いまま今日まで続いている。

ここには、見過ごせない重大な事情がある。6月以降、就業者数は増え、雇用者数が減り続けているが、これは、自営業者が増えたからである。自営業といっても、週14時間未満の自営が増えただけのことである。職を探しても見つからないため、何かを始めるということである。実働時間は短く、半失業のような状態の人が増えたのである。数字上、失業率の数値は低いが、雇用情勢の実態は次第に厳しさが増している。

２０２１年4月段階の日銀短観によれば、この時期の人手不足感は非常に強かった。しかし、わずか半年後の12月の短観になると、全体では人手不足という状況ではあるものの、飲食、宿泊では一気に人が余剰ということになった。製造業の一部でもそういう状況が生まれている。

ジョブ型雇用という建て前の裏には、出向、派遣、副業という形が急速に増えている。しかし、これは、労働条件を悪化させやすい[26]。

市民や労働者が主導権を発揮できるコミュニティの構築が強く望まれている。

その意味で、いまこそ「協同労働」の理想を現実に具体化させることが必要になっている。「雇う」、「雇われる」という労働環境とは別の「働く場」が各地で作り出され、それぞれの「働く場」が強い絆で結びあう社会を生み出そうではないか。

「出資し」、「経営に参加し」、「主体的に働く」ことを目標とするのが「協同労働」の組織である。

日本にも、二つの活発で大きな組織が生まれていた。「日本労働者協同組合連合会」（ワーカーズコープ連合会）と「ワーカーズ・コレクティブネットワークジャパン」がそれである。

1971年兵庫県西宮市で産声を上げた高齢者事業団が、日本労働者協同組合連合会に発展した。2022年3月時点では、日本労働者協同組合連合会は、連合を組む全会員団体で働いている従業員数1万5千6百人、事業規模350億円もある。同連合会には、34の各種団体が会員となっている。うち、正会員が19団体、残りの15団体は準会員。

同連合会が直轄の組織として作り上げた「ワーカーズコープ・センター事業団」は、同連合会の中枢となっていて、連合会全体の事業規模の3分の2、就労者数において同じく、3分の2を占めている。この事業団は、全国に4百の事業所を抱える「労働者協同組合」を名乗る組織である。

連合会の会員には、「医療法人社団きょうどう」、「一般社団法人ソーシャルファームなかがわ」、「広島市『協同労働』プラットフォームらぼーろひろしま」、「ワーカーズコープちば・企業組合労協船橋事業団」、「UCI Lab・合同会社」等々、「協同労働」の原則で地域コミュニティの発展に貢献しようとしている熱心な組織がある。

もう一つの活発な協同労働の組織であるワーカーズ・コレクティブネットワークジャパンは、1995年に、各地に存在していた「ワーカーズ・コレクティブ」が集まって全国組織にしたもので、元々は、生活クラブ生活協同組合の組合員活動から生まれた協同労働の組織である。すべてが単体のワーカーズ・コレクティブの事業所である。単体の事業所の数は340団体、そこで働いている人たちは約7千人、年間の事業規模は、全団体を合わせて135億円、うち6割が法人格を取得している。

生活クラブ生活協同組合を中心に、環境問題や食の安全などといった社会問題に取り組む中で、1982年に「生活クラブ神奈川」でまず第1号ができた。生協活動から生まれた組織であることから、女性の比率が9割に上る。1人1票の平等な権利を持ちながら、地域社会への貢献につながる事業を約40年行ってきた。

ここまで、便宜上、「協同労働」という用語を使ってきたが、法的には2022年9月30日以前には正式な用語ではなかった。

「労働者協同組合法」の法制化に向けて、本格的な運動が行われるようになったのは、「日本労働者協同組合連合会」が、1998年に「労協法制定運動推進本部」を設立し、2000年に「『協同労働の協同組合』法制化をめざす市民会議」に発展させたことによるものだと言われている。この運動に、「ワーカーズ・コレクティブネットワークジャパン」が加わって成立したのが、2020年の労働者協同組合法である。そして、２０２２年10月1日から施行された。つまり、「協同労働」が法的に認可されるということである。[27]

注

（1）"secular" という英語単語は、英和辞典の『リーダーズ・プラス』では「現世の」と「長年にわたる」（百年ごとの）と二つの訳が記されている。定説があるわけではないが、有力な説として secular は古代ローマ帝国時代の戯曲の作家や歴史の叙述家たちによって使われていた（saeculum）を語源にしているというものがある。*Oxford Classical Dictionary* に掲載されているスーザン・ビリンスキー・ダニング（Susan Bilynskyj Dunning）の論文（Dunning［2017］）がそれである。古代ローマ人はユニークな時間概念を共有していた。「サエクルム」Saeculum はその典型であった。一つの時代が始まり、そして消滅するまでの期間がサエクルムとされたのである。ローマ帝国史における時代によって異なるが、1サエクルムは、百から110年の長さであった。神の国（天国）は永遠（timeless）に続くが、人間の国（俗世）では、長くてもせいぜい百年程度の有限であるという意味である。それゆえに、辞書には「現世の」と「長期にわたる」との二つの解釈が載せられているのであろう。

　ハンセンが、このような語源を意識して "secular stagnation" という用語を創ったのかどうかは不明である。しかし、一つの時代が終わったという歴史認識を示したかったのは確かである。

（2）https://www.jil.go.jp/kokunai/statistics/yougo/d03.htm

（3）https://www.nta.go.jp/taxes/shiraberu/taxanswer/gensen/2875.htm

（4）https://kotobank.jp/dictionary/britannica/

（5）https://www.nomura.co.jp/terms/japan/sa/A02416.html

（6）https://finance.yahoo.co.jp/brokers-hikaku/experts/questions/q11150174386

（7）https://www.boj.or.jp/announcements/education/oshiete/grossary/economy/e03.htm/

（8）https://www.smbcnikko.co.jp/terms/eng/g/E0043.html

（9）厚労省「非正規雇用の現状と課題」（２０２０年）、https://www.mhlw.go.jp/content/000830221.pdf

（10）https://www.nta.go.jp/information/release/kokuzeicho/2018/minkan/index.htm

(11) https://www.jtuc-rengo.or.jp/activity/roudou/seido/hatarakikata.html

(12) https://paradigm-shift.co.jp/column/150/detail

(13) 第１９６回国会は、２０１８年1月22日に召集された通常国会。会期は同年6月20日までの１５０日間の予定であったが32日間延長され、同年7月22日までの１８２日間であった（https://ja.wikipedia.org/wiki/第196回国会）。

(14) https://at-jinji.jp/blog/14457/

(15) https://news.yahoo.co.jp/byline/konnoharuki/20180307-00082449

(16) FT, 16 May, 2021. https://www.ft.com/content/4b6a5ab2-9f6d-4116-8d8f-9c09f7b3aef0

(17) https://prepare-job-hunting.com/column/article-049/

(18) https://www.itmedia.co.jp/business/articles/2201/21/news038.html

(19) https://ja.wikipedia.org/wiki/学歴難民

(20) 大学審議会は、１９９１年5月に「大学院の整備充実について」、同年11月に「大学院の量的整備について」と、相次いで答申を発表した。これに呼応して、それまで大学院が設置されていなかった私立大で、大学院が次々と新設され、小規模な大学院が増大した。さらに、旧帝大を中心として行われた「大学院部局化」、「大学院重点化」と呼ばれる動きも、大学院学生数の拡充を加速させた（https://www.keinet.ne.jp/magazine/guideline/backnumber/11/11/toku1_1111.pdf）。

大学院重点化とは、一般的には、大学の教育研究組織を従来の学部を基礎とした組織から大学院を中心とした組織に変更することを指す。当時の国立大学の予算である積算校費は学生数を基準に計算されていたが、同じ学生でも学部生と大学院生とでは一人当たりの積算校費に大きな差があり、大学院の方が学部よりも25%も高かった。１９９１年に東京大学大学院法学政治学研究科、１９９２年に京都大学大学院法学研究科、１９９３年に北海道大学理学研究科がそれぞれ重点化を行った。その後、多くの大学が大学院の定員増を伴って重点化した。結果的に大学院生が激増したのである（https://ja.wikipedia.org/wiki/大学院重点化）。

(21) https://www.nistep.go.jp/archives/16860

(22) https://www.nistep.go.jp/archives/46910

(23) https://www.nistep.go.jp/archives/19681

(24) 『朝日新聞』２０１７年11月29日付朝刊。

(25) 『産経新聞』２０１７年12月15日付朝刊。労働契約法の第18条には、クーリングオフの規定と計算方法の条文がある。厚生労働省は「有期労働契約とその次の有期労働契約の間に、契約がない期間が６か月以上あるときは、その空白期間より前の有期労働契約は通算契約期間に含めない」と説明している。つまり、過去の期間を帳消しにできるという意味である（https://www.mhlw.go.jp/seisakunitsuite/bunya/koyou_roudou/roudoukijun/keiyaku/kaisei/dl/pamphlet04.pdf）。

（26）　この「おわり」の部分は、山田久「パンデミックのインパクトと雇用再生への課題」に大きく依存している（https://www.rengo-soken.or.jp/info/山田久副理事長講演録.pdf）。

（27）　https://www.jri.co.jp/MediaLibrary/file/pdf/company/publicity/2022/0623_kojima1_kyodo.pdf；『労務事情』２０２２年５月15日、No. 1448。

参考文献

Dunning, Susan［2017］, "Saeculum," Oxford Classical Dictionary, Vol. 1.（https://doi.org/10.1093%2Facrefore%2F9780199381135.013.8233.）

Hansen, Alvin［1939］, "Economic Progress and Declining Population Growth," *The American Economic Review*, Vol. XXIV, No. 1, Part I, March.

Summers, Lawrence［2014］, "U.S. Economic Prospects: Secular Stagnation, Hysteresis and the Zero Lower Bound," *Business Economics*, National Association for Business Economics, Vol. 49, No. 2.

今野晴貴［２０１６］『求人詐欺　内定後の落とし穴』幻冬舎。

第3章　雇用不安と労働者協同組合の設立

はじめに

雇用不安に怯える人たちが、出資し合って事業を立ち上げ、経営方針を話し合って働く「協同労働」という形が、最近注目されるようになった。コロナ禍で職を失った人たちが、協同労働で職を作り、労働意欲を強めて将来への希望を手に入れている。いま、世界各地で、さまざまな職種で協同労働に取り組む動きが起きている。協同労働が、コロナ禍で閉塞した社会を切り開く大きな力となりつつある。

日本でも、2022年10月1日から「労働者協同組合法」が施行された。この法律は、労働者協同組合の基本原理・運営の原則等について定めたものである。協同組合は、働く人たち全員が出資し、事業の運営に携わるという仕組みに特徴がある(1)。

2020年1月20日に召集された第201回衆議院通常国会の終了（6月17日）間際の6月12日、

超党派の議員連盟が労働者協同組合法の議案を提出した。この時には採決されずに継続審議となったが、第２０３回臨時国会（２０２０年10月26日～12月５日）で、11月24日に衆議院、12月４日（国会終了の前日）に参議院で、いずれも全会一致で可決された。

労働者協同組合法案を制定する動きは、１９９０年代に始まった。推進団体（「日本労働者協同組合連合会[2]」）の要望を受けて、与野党が長い年月をかけて検討を重ね、全会派が一致して議員立法を成立させるところまで漕ぎ着けた。

国会で成立する法案は過去から政府提出法案が中心であった。２０１９年に成立した法案について見ると、政府提出法案71本に対し、議員立法は23本だけだった。協同労働法は１３７条からなる。百条を超える規模の法案が議員立法で成立したことは珍しい。この法が成立したことの意味は非常に大きい。

第１節　協同労働

１　協同労働の事例

２０２１年５月26日、ＮＨＫ・総合ＴＶの「クローズアップ現代」が「グローバル企業にも負けない!? 世界に広がる働き方『協同労働』」というテーマで、身近な協同労働の事例を報道した。[3] 分かりやすく興味を惹く映像だった。以下、要約的に紹介したい。

介護施設の送迎バスの運転手（25歳）の事例

コロナ禍で失業していたが、2020年10月にこの仕事を得た。彼の勤め先は協同労働で運営される団体。手掛ける事業は、介護施設の送迎バスの運行、ヘルパーの派遣、清掃など。220人が働き、年間およそ5億円の売り上げがある。

協同労働組合なので、働いている人たち全員で経営方針が話し合われる。経営会議は、月に一度開かれる。経営会議の重要な議題の一つに、ある病院内でこの組織が運営する売店を、閉鎖するか継続するかということがあった。この売店の経営は思わしくなく、2021年度の売り上げ予想は、前年度の半分という落ち込み方であった。激しい議論の結果、売店を存続させることに決まり、2021年度は、もう一度、経営改善策を模索するということになった。

この運転手さんは、以前、食品関係の会社で正社員として7年間働いていたが、体調を崩しても、休みを取らせてもらえなかったので、同社を退職した。その後は、非正規雇用の仕事を転々としていた。

彼の言。「(以前は、上から) 命令されて、物事をやらされているという感じだった。いまは、みんなで相談して、みんなで協力してやれる。ここで働けるようになって良かった」。

現場で掴んだ顧客のニーズをいち早く事業化できるのも、協同労働の特徴である。彼は客の要請に迅速に応えるために、送迎チームを拡大した。埋もれていたニーズに応えたことで、事業の収益は増加し、彼の給料は、かつて正社員であった時と同じくらいにまで増えた。彼は、仲間たちと新たな仕事を生み出せたことに、大きなやりがいを感じたと言う。

宮城県・亘理町（わたりまち）にある、福祉事業所の事例

この事業所は、年間3千万円近くあった経常赤字を、短期間で黒字に変えることができた協同労働組合である。２０１５年には、閉鎖もやむをえない状況に追い込まれていた。しかし、誰一人失業させないという思いで、組合員全員が力を合わせて頑張ったという。

真っ先に取り組んだのが無駄の削減。袋いっぱいまでゴミを詰めるようにして、それまで1日5枚使っていたゴミ袋を1日2袋に減らした。節約できたゴミ袋代は、1日4百円、月に換算すると1万円の節約。全員で無駄を見付け出し、次々と解消した結果、経費を3割方削減できた。

地域のニーズを拾うことによって、収入面も改善できた。手作りの弁当や、地元野菜の販売、障害者の就労を支援する事業を始めるなど、さまざまな取り組みを行った結果、赤字は2年で解消した。

こうした改革を短期間で達成できたのは、全員が出資者であり、経営者であるため、事業所のあり方を自分のことと捉え、経営について一から学び直したからであるというのが、組合員たちの実感で

ある。

愛媛県・西予市明浜町にある、年商約12億円の地域協同組合の事例

１２０人ほどの組合員から構成されているこの事業所には、特産のミカンの有機栽培、真珠などの養殖や加工、福祉施設の運営など、さまざまな部門がある。この組合の重要な取り組みは、県外からの移住者を促進することである。そのために、移住してきた現役世代が生活していくための仕事作りが、大きな課題になっている。ミカンの有機栽培だけでは、農閑期には収入がなくなってしまうからである。

そこで目を付けたのが、年間を通じて収穫できる野菜の栽培である。タマネギやニンジンなど、栽培する品種を10種類以上に増やしてきた。さらに、収穫した農産物の加工品にも力を入れ、安定的に収入を得られるようにした。

新たな特産品の開発にも着手した。真珠の養殖が不振になったため、高知大学と共同で高級ノリである「スジアオノリ」の養殖を開始した。

安心して仕事を続けるために、生活面の課題にも取り組んでいる。家族の介護が必要になった時に備え、老人ホームやデイ・サービスの事業を、協同労働で立ち上げた。

この組合の最大の功績は、短時間勤務や子どもを連れての勤務を可能にするなど、働きやすい環境

を整備したことにある。こうした環境整備によって、60人以上の雇用が生まれた。その結果、全国からおよそ30人の若者が移住してきた。

組合の専務理事は、「必要な仕事を自らの手で生み出すことが、持続可能な地域社会を作ると考えています」と語った。

協同労働を積極的に支援する広島市の事例

広島市は、60歳以上の人が協同労働事業を立ち上げる場合、百万円を上限に経費の半額まで補助し、専門のコーディネーターが事業の立ち上げや、運営について手厚くサポートするなど、２０１４年から市民の協同労働の支援を開始した。

その結果、自宅のガレージを使って、週1度開かれる有機野菜の朝市。庭木の剪定（せんてい）や、網戸の張り替えなどの家事の支援など、地域のニーズに根ざし、さまざまな仕事が生まれた。ほかにも元農協の役員などによる耕作放棄地対策や、参加料2百円で高齢者が集まるコーヒー付きのサロンの経営など、現在までに、合わせて25団体、およそ3百人が協同労働で新たな仕事を立ち上げた。(4)

2　労働者協同組合法について

これまでの日本での各種協同組合は、それぞれに設立根拠となる法律によって支えられてきた。たとえば、生協（コープ）は、「消費生活協同組合法」、農協は、「農業協同組合法」が根拠法となっている。

しかし、すでに組織として設立され、きちんとした運動を展開してきたのに、「日本労働者協同組合連合会」の「ワーカーズコープ・センター事業団」や「ワーカーズ・コレクティブネットワークジャパン」などの労協には、根拠となる法律がなかった。２０２０年の労協法は、ボランティア団体や社会貢献団体に法人格を取得させるようにした特定非営利活動促進法（ＮＰＯ法、１９９８年に施行）に匹敵する重要な法律である。

ＮＰＯは、認可される事業に制限があるが、労協組合には、労働者派遣事業だけはだめだが、福祉、小売、製造業、ＩＴ関連等々、進出できる事業分野に制限はない。

労協組合でも、協同組合なのだから、他の協同組合と同じく、組合員全員は出資しなければならない。組合員になると、組合の運営に参画し、組合が提供するサービスを利用することができる。ただし、他の協同組合では、参加者がサービスを「利用」するために出資するのであって、「働く」ために出資しているわけではない。これに対して、労協組合は「協同労働」として「働く」ために出資するのである。

3　労協法に盛り込まれた労協組合の基本的な権利

労協法は、出資した組合員が事業運営に主体的に参加し、自らも従業員として働くことを基本原理としている（第1条[5]）。

従業員の生活にほとんど関心を示さない株式会社などの外部の株主からの悪しき影響を遮断するために、労協組合は、参加者の出資によって自主性を守る。この点が、出資そのものを禁じられているNPOとの大きな違いである。NPOは、会費、寄付金、助成金などに頼らなければならないので、どうしても、助成してくれる外部の政治家たちの意見に従ってしまいがちになる。

主体性を強固にするために、組合員は各人が平等に1票の議決権と選挙権を持っていて、組合には、毎年の総会で各人の意見を集約し、そうした意見をどのように生かしてきたかを報告する義務がある。経営幹部が独断で事業運営をすることがないように、労協法では決められているのである[6]。労協組合は、NPOや他の協同組合と異なり、設立の認可が格段に速いという利点がある。

法人の設立にあたっては「準則主義」と「許可主義」という2種類の考え方がある。医療法人やNPO法人などが許可主義の対象であり、設立申請の手続きを始めてから認可を受けるまで、通常半年ほどかかる。許可主義というのは、行政機関の許認可が法人設立に必要という考え方である。

準則主義は、これと異なり、行政機関の裁量や許認可によらずに、法律の規定に則っていれば法人格が付与されるというものである。株式会社や一般社団法人などが、準則主義の対象である。公証人役場などで定款の認証を受けて法務局に持ち込めば、法人の設立が可能となる仕組みである。[7]

営利法人ではない労協組合では、組合員の給与は、事業に必要とされる経費として位置付けられている。労協法第3条第2項には、「剰余金の配当は、組合員が組合の事業に従事した程度に応じて行うこと」という規定がある。つまり、事業によって剰余金が出た場合に、事業に従事した割合（労働時間）に応じて組合員に返還するものとされている。

4　日本労働者協同組合連合会（日本労協連・ワーカーズコープ）の活動歴

協同総合研究所専務理事の利根川徳（あつし）が、デジタル情報誌『IMIDAS』に投稿した「新しい働き方が始まる！　『労働者協同組合法』成立で何が変わるのか？　協同労働が社会を変える」というタイトルで労働者協同組合法を解説する中で（この解説に本項も依拠している）、日本労協連・ワーカーズコープの活動歴を紹介している。[8]

日本労協連・ワーカーズコープは、2022年度にならなければ（法がまだ施行されていないので）法人格を取れないため、NPO法人や法人企業の組合などと連携させてもらって、1980年代から医療生協病院の清掃や生協の物流を手伝うなどのさまざまな仕事を担ってきた。ワーカーズコープは、こうして外部から委託された仕事をこなしながら、困難を抱える人たちと共に働く（協同労働）理念を降ろさなかった。

１９９７年に、高齢者を社会全体で支え合っていくことを目標とした「介護保険法」が成立し、２０００年4月から施行になった。

ワーカーズコープは、この法の成立直後から（施行されるようになる２０００年以前から）、ヘルパー資格を得る講座を全国に開設した。それだけでなく、その講座の中で、受講生たちに自分たちで福祉事業所を立ち上げるよう呼びかけた。これは、不況が長期化して、清掃や運搬などの委託事業が縮小ないしは打ち切られるようになるだろうとの判断に基づくものであった。その結果、自前の事業を起こすことを目指す地域福祉事業所が全国に3百箇所以上設立された。労働者による事業経営が実行に移されたのである。

２００３年、「官から民へ」をスローガンに掲げた小泉内閣の下で、「指定管理者制度」が導入された。地方公共団体が、期間を定めて公の施設の管理を委託する相手を「指定管理者」という。以前は、委託先の団体は、地方公共団体が出資する法人（公社・財団）や公共的団体（社会福祉法人など）に限定されていた。２００３年の指定管理者制度はその制限をなくして、委託先に民間の団体を加えてよいことにしたのである。[9]

ワーカーズコープは、指定管理者として名乗りをあげ、児童館、保育園、子育て事業、障害者福祉、就労支援事業などへの進出を図った。もちろん、公共サービスの民営化に際して、市場化・営利化ではなく、市民が協同して公共を担っていくべきであるとの理念を掲げての事業化であった。最近では、持続的な森林経営と環境保全をめざす小規模・環境保全型林業や、バイオ・ディーゼル燃料（ＢＤＦ）の製造を行う協同労働の事業化も進めている。

利根川徳は強調する。

日本労協連は、20年ほど前から労協法制定運動に取り組んできた。民主党政権時代に、もう少しで法案ができるところまで行ったが、民主党政権崩壊後は、停滞期に入った。それが一転、２０２０年になって、全会派一致で議員立法として提案され、年末に成立したのである。

これは、社会が深刻な状況に陥ったことの反映である。日本は少子高齢社会に加え、地方の衰退が急速に進んでいる。ただでさえ地域経済が縮小しているのに、地元の企業が東京に本社を持つ大企業に取って代わられ、地域の利益が中央に吸い上げられている。

地方の社会が、活気を取り戻すためには、東京の大企業の資本に頼るのではなく、地域の資源を活かし、地域で経済を循環させる仕組みを再構築する必要がある。それには、労協が役立つ。そう考える人たちが増えている。広島市の「協同労働プラットフォーム事業」のように、地方自治体にも労協の仕組みを活かそうとする動きもある。

同氏は、さらに強調する。「労協法の制定により、株式会社で行われているほとんど全ての事業を、非営利事業として協同組合形式で行うことができるようになります。株式会社ではなく労協で起業しようという流れが生まれることで、人間を使い捨て、地球環境に無頓着な現在の企業の在り方を問い直す契機になると思います」[10]。

第2節　バスクで定着している「モンドラゴン協同組合」

1　モンドラゴン協同組合を創設したホセ・マリーア・アリスメンディアリエタ・マダリアーガ

世界的に有名な労働者協同組合としては、スペイン・バスク州（País Vasco）の「モンドラゴン協同組合」（Corporación Mondragón）がある。金融・工業・小売など広範な領域をカバーしている組合で、現在８万人を超える就労者を抱えている[11]。

モンドラゴン協同組合の創設者が、ホセ・マリーア・アリスメンディアリエタ・マダリアーガ（José María Arizmendiarrieta Madariaga, 1915–1976：以下、アリスメンディと表記）である。アリスメンディは、スペイン・ビスカヤ県（Provincia de Vizcaya）出身のカトリック司祭である。ビスカヤ県は、スペイン・バスク州の北西部に位置する県で、大西洋のビスケー湾（Golfo de Viscaya）に面している。

アリスメンディは、１９１５年、ビスカヤ県東端にある平凡な農家の長男として生まれ、12歳の時に神学校に入学した[12]。

しかし、彼が22歳のとき、バスク州のゲルニカ（Guernica）が、フランコ（Francisco Franco Bahamonde, 1892–1975）を応援するナチスによって爆撃され、ゲルニカの町は徹底的に破壊された。1937年4月のことである。

画家ピカソはゲルニカ爆撃に憤慨して名作『ゲルニカ』を完成させた。本作は1937年の「パリ万国博覧会」（Paris World Fair）のスペイン共和国館に展示するために制作されたものだが、スペインが民主国家になるまでは返さないというピカソの信念により、1981年まで、「ニューヨーク近代美術館」（The Museum of Modern Art, New York）に委託保存されていた[13]。

スペイン内戦は、スペイン陸軍の将軍グループが、「スペイン第二共和国政府」（Segunda República Española）に対してクーデターを起こしたことにより始まったスペイン国内の抗争である。内戦は1936年7月17日から1939年4月1日まで続き、フランコ側の勝利で終わった。フランコは、独裁政治を行い、共和制のファシスト体制への転換を目指した。しかし、スペイン国土は荒廃した。

当時、バスク地方は自治政府を作っていた。保守的なカトリック教徒もフランコ流の反共和国運動に反感を示し、中央政府の共和国を支持していた。しかし、ゲルニカ爆撃以後、バスク地方を制圧したフランコ軍は、バスクの自治を奪い、バスク語を禁止した。カトリック教徒も共和国を支持する限り厳しい弾圧にあった[14]。

アリスメンディが通学した神学校は、バスク州の州都であり、アラバ県（Provincia de Álava）の県都でもあったビトリア（カスティーリャ語でVitoria, バスク語でガステイス、Gasteiz）にあった（正式名称は、この二つの名称をハイフンでつないだビトリア－ガステイス、Vitoria-Gasteiz）。学生であったアリスメンディは、フランコ軍と戦うバスク軍に入隊したかったが、子どもの頃の事故で片目の視力を失っていたために入隊できなかった。その代わりに従軍記者や、ビスカヤ県の県都ビルバオ（Bilbao）にあるバスク語紙『エギン』（*Egin*）の記者として働いた。バスク人の敗退後、彼は、内戦時の活動が原因で逮捕された。しかし、無罪となり、解放されて上記の神学校で学び直して、卒業後は聖職者となった。

彼は、神学校卒業後、ベルギーに留学したかったのだが、１９４１年2月に、故郷から48キロメートル離れたモンドラゴン教区への赴任を命じられ、26歳で補助司祭として叙階された。叙階とは、カトリック教会で聖職に就く者に権能を授け、恩寵を与える秘跡をいい、その儀式が叙階式〈ordinatio, ラテン語でordo〉である。１９７２年以降、廃止された。

彼が赴任した頃のモンドラゴンはまだ内戦の余波に苦しみ、失業率は深刻な高さであった。新米補助司祭の説教は評判が悪かったが、彼はめげずに協同組合によって町を復興させようと努力した。

モンドラゴンには、内戦で一時の勢いこそ失いはしたものの、あらゆる業務を展開していた「ウニオン・セルヘラ」（Union Cerrajera）という大きな企業があった。この企業は従業員に技術上の知識を教える養成学校を持っていた。アリスメンディはここで講師を勤め、生徒に協同労働の精神を叩き込んだ。

アリスメンディは、１９４３年にこの学校の生徒を20人ほど集めて「モンドラゴン工科学校」（現・モンドラゴン大学、Universidad de Mondragón）を開校した。１９４７年にこの工科学校を卒業したウニオン・セルヘラの社員の中から、アリスメンディは、11人を選抜して、「サラゴサ工科学校」（現・サラゴサ大学、Universidad de Zaragoza）に入学させた。彼らが、昼間はウニオン・セルヘラで働き、夜間はサラゴサ工科学校で学べるように、アリスメンディは取り計らった。これら11名は、１９５２年にサラゴサ工科学校を卒業してウニオン・セルヘラの職場に復帰し、会社の民主化に取り組んだ。さらに、アリスメンディは、11人の中の５人と、１９４２年に制定された「スペイン協同組合法」（Derecho Cooperativo）を検討した。いろいろと思案した末に、有限会社「ウルゴール」（Ulgor, その後ファゴル、Fagor に改称）を１９５６年に設立した。ストーブの製造をするこの会社は、小規模なので、出発は協同組合ではなく、有限会社の形を採り、日にちを掛けて協同組合にしていくというのがアリスメンディの計画であった。そして計画通りに、１９５９年にウルゴール社は近隣の小規模な協同組合と連携し、労働人民金庫を設立、同時に有限会社から協同組合に組織替えした。

１９６６年にはモンドラゴン工科学校内部に勤労学生協同組合を設立し、学生が学習から労働への移行を円滑にできるように計らった。この組合は初期には批判にさらされ、１９７１年までは赤字を計上していたが、実験用具などの市場販売で成功を収めて、きちんとした協同組合にまで成長した。アリスメンディは１９７６年にモンドラゴンで死去した。(15)

２　職業教育が優れているモンドラゴン協同組合企業体

ここまでは、「モンドラゴン協同組合」と書いてきたのに、この項で名称の後ろに「企業体」と付けたのは、この組合が協同組合だけから構成されていないことを示すためである。この組織は、労働協同組合と並んで、協同組合ではない財団や株式会社も擁する多様な「企業体」である。それゆえに、英語ではＭＣＣ（Mondragon Cooperative Corporation）と表記されている。まさに「モンドラゴン協同組合企業体」なのである。(16)

ＭＣＣは、傘下に多くの株式会社を抱えている。労賃の安い地域で部品を作り、それを自国で組み立てて高く売るという、多国籍企業のようなことまでやっていて、貪欲に株式会社化に突き進んでいるという現地調査報告すらある。(17)

そうした批判が出てくるのは、ＭＣＣの多様な運営形態のせいである。ＭＣＣには、協同組合を増やす、株式会社を協同組合化させる（ＳＡＬ）(18)という協同組合化の運営方針があるにもかかわらず、多くの子会社が株式会社のままである。なんと、せっかく作った協同組合を株式会社化するという運営もしている。

これでは、1884年に「フェビアン協会」(Fabian Society) の創設に加わったウェッブ夫妻 (Sidney Webb と Beatrice Webb) による協同組合への批判 (Porter & Webb [1891]) が妥当するではないかという見方も成り立つ。

日本では生協の出発点を形成したと理解されている「ロッチデール先駆者組合」(Rochdale Pioneers Co-operative) が、1844年に英国ランカシャー (Lancashire) のロッチデールで最初の店舗を開設し、他の協同組合との合併を繰り返し、事業を拡大させていった。しかし、より事業を発展させるために、1854年に設立した「ロッチデール製造協同組合」(Rochdale Manufacturing Society) によって、ロッチデール先駆者組合の理想は踏みにじられてしまったのである。

事業が拡張された。しかし、それに伴って、新たな出資者が必要になってきた。出資者の数は、設立当初は200人ほどであったのが、1860年には1400人にまで増加した。ところが、新参の出資者の多くは、労働者を単に賃金労働者としか見なかった。利益を労働者に分配してきた原則さえ、1862年の規約改革で廃止してしまった。つまり、協同組合を普通の株式会社に変えてしまったのである (Birchall [1994])。

この事実から、ウェッブ夫妻は、労働者協同組合が華々しい話題で出発しても、事業の拡大につれて必ず営利企業に堕落してしまう、労働者と衝突しても企業効率を求めるようになり、資本の論理に染まってしまう、つまり、労働者協同組合はいずれ株式会社になってしまうので、協同組合に限定すべきだと断じたのである。

ウェッブ夫妻がこのような断定をしたのは、経営権を握った労働者たちの経営能力と組織の統治能力への不信感を持っていたからである。

しかし、ロッチデール時代の協同組合とは異なって、ＭＣＣの主たる目標は、労働者の知識・技能の絶えざる向上化に置かれている。

石塚秀雄は、以下のようにＭＣＣを擁護した（石塚［２０１７］）。紹介する。

モンドラゴンはイノベーションを使命の一つにしている。技術開発と労働者教育がそれである。労働者が受講する教育時間は、実際に働いた労働時間として扱われる（報酬が支払われる）。

教育の責任を負うモンドラゴン大学の教育方法は個性的なものである。昔ながらの講義を削減し、労働現場に沿う実践に重きを置いた授業スタイルを採用している。

アリスメンディは、教会に着任した１９４１年から労働者協同組合のウルゴール（本節・第1項）を創設した１９５６年までの15年間、地域の教育文化運動に専念していたのである。学生になった労働者は、働きながら学び、スポーツもする。教師は、学生からも学ぶ姿勢をつねに持つ。そうした15年間の教育活動がなければ、ＭＣＣの発展はなかったであろう。以上が石塚の主張である。

教育組織としては、６つのスポーツ施設、バスク語で教える「イカストラ」（Ikastola）を中心とした46もの教育協同組合、技術開発研究所など、その規模の大きさ、多様さは半端なものではなかった（Thomas & Logan［1984］）。

アリスメンディは、非暴力主義の思想を堅持していた。反動勢力からの暴力に対する唯一の解決策は、暴力の行使を不必要にしてしまう社会変革であると言い切って、当時の左翼やナチスと闘っていたカトリック急進派から糾弾されていた。しかし、レーニン（Vladimir Lenin, 1870–1924）やローザ・ルクセンブルク（Rosa Luxemburg, 1871–1919）に依拠しつつ、左翼陣営の病的な空理・空論を批判し、労働こそが自然・社会・人間を変革する基本的要素であると主張し続けた。賃金労働は、奴隷や農奴の労働と同じく廃棄されるべき形態である。そうした忌まわしい形態の労働は「やがては自発的で熱心な喜びに満ちた仕事に従事する協同労働の前に掃滅すべき運命にある」とマルクス（Karl Marx, 1818–83）を思わせるような言辞と、「政治における多元性がなければ経済における民主主義はない」という多様性を重視する考え方を広言していた（石塚［１９９０］）。

「モンドラゴンの人々が築こうとしたもの」は、「自己完結した閉鎖的なユートピアではなかった」、「フランコ独裁体制に対抗して生まれたモンドラゴンの運動は」、「世界資本主義の変動に絶えずさらされ、その荒波を潜り続けてこなければならなかった」（山本［２００２］）。まったくその通り。

3　モンドラゴン協同組合企業体の「労働者のための信用金庫」

２００1年にモンドラゴン協同組合を訪問した玄幡真美（日本労協連）は、同協同組合の成功の要因を３つ挙げている。

1つは、周囲のヨーロッパ列強の脅迫に抗して、バスク人たちの連帯を保っていること。

2つは、独自の資金調達機構である「労働人民信用金庫」（Caja Laboral Popular：ＣＬＰ）の発展。

3つは、手厚い職業訓練と教育。

2つめの労働人民信用金庫を同氏はＣＡＪＡと表記されているが、これは誤りである。ＣＡＪＡは単に「金庫」という意味であって、労働人民信用金庫という重要な視点を盛り込む言葉ではない。これは、同氏だけでなく、日本の研究者たちの共通訳語になっているが、私にはこの訳は受け入れがたい。「労働人民」という訳語も日本語にはなじまない。むしろ、"Laboral Popular"は、単に「労働者」と訳す方が、日本語としてはこなれがよい。それ故、私はＣＡＪＡ（Laboral Popular）に「労働者のための信用金庫」という訳語を使いたい。ちなみに、ＣＡＪＡはカハと発音する。

同氏の叙述をそのまま引用させて頂く。

「第2の成功の鍵、それは独自の資本です。多くの地域経済の努力が実らない原因として、資本の欠落や不効率的な資本の使用があげられます。ドン・ホセ・マリアはこの問題を解決する方法として、新しい種類の独自な銀行を地域につくることを考案しました。それは、労働人民金庫（ＣＡＪＡ）と呼ばれています」。

「このＣＡＪＡは、北米にある他の銀行と異なっています。その活動は、地域の企業を育てモニターするというようにたいへん能動的です。システム全体の中枢を占めているＣＡＪＡにより、モンドラゴン協同企業における財政と事業部門は、密接な関連を保っているのです[19]」。

玄幡真美の感想は的を射ている。同氏の感想を生かすべく、「労働者のための信用金庫」（ＣＬＰ）のことを以下で少し詳しく説明したい。

ＣＬＰは、１９５９年に設立された。設立時から労働者協同組合を発展させるべく、資金を提供して、周囲の各種協同組合の連合化を図ってきた。ＣＬＰは、まず、「アラサテ」（Arrasate：機械工具）、「フンコル」（Funcor：機械工具）、「ウルゴール」（Ulgor：台所用品）、「サン・ノゼ」（San Jose：消費生活組合）など、モンドラゴン協同組合から育った先行の組合を関連企業体として参加させ、ＣＬＰのオリジナルの従業員との協同運営という形を採った。さらに金融の専門家をも組合員として採用した。金融事業のような新事業に乗り出すには、工場労働者だけの力量では難しいというのがアリスメンディの判断であった。

ＣＬＰの業務開始は１９６０年である。ＭＣＣに所属するすべての協同組合は、ＣＬＰからの融資を受け、毎年ＣＬＰの会計監査を受ける義務があるということが取り決められた。ＣＬＰからの融資を受けた協同組合は、ＣＬＰを中核として、相互に助け合うことも慣例化した。こうした枠組みによって、モンドラゴン企業体の連合は、危機を幾度も乗り越えたのである[20]。

ＣＬＰには、３つの事業本部が設置されていた。銀行事業部（Banking Division）、経営管理事業部（Managerial Division）、社会事業部（Social Division）である。

銀行事業部は、支店の設置や有価証券の売買など、市中の他の金融機関と同じ業務を行い、地元の貯蓄を自行に集め、協同組合に投資していたのである。

経営管理事業部は、経営相談を受けたり、新事業に乗り出す協同組合を支援する一方で、経営難に陥った組合への介入を業務の内容としていた。

１９６２年からＣＬＰは、新しい協同組合の結成に乗り出した。新しく作り出された協同組合は、相互に助け合うことを原則にしていた。相互に連携した、より高い次元に協同組合を発展させることが目標とされたのである。そのために、ＣＬＰの経営執行役員が新しい協同組合の役員を兼ねていた。そうした組合の議決権の20％をＣＬＰは握っていた。組合への支援活動費は組合から支払われ、剰余の５％を組合はＣＬＰに納める義務を負っていた。

そうして生み出された新しい協同組合は、1962年の「ラナ」(Lana)、63年の「ソラルセ」(Solaruche)、64年の「コプレシ」(Coprec)、同じく64年の「エデリアン」(Ederlan) であった。ラナは木工製品製造、ソラルセは機械製造、コプレシは部品製造、エデリアンは鋳物製品製造を主たる業務としていた。

そして、社会事業部。これは、組合員である労働者福祉事業を担っていた。人事管理、食料サービス、住宅管理と建設などの生活関連のサービスと並んで、都市整備の技術的支援とか実際の建物建設などを請け負っていた[21]。

これらの協同組合が設立されてからの10年間に、4211人もの雇用が作り出され、5・8億ペセタ (pesetas) の投資がなされた。

その後、1980年までのモンドラゴン協同組合のグループ(企業体連合)の躍進ぶりは目覚ましかった。数量、規模面で大きく数値を伸ばしたのである。組合員は、週休二日になった。役職に就かない一般組合員の給与は、協同組合でない企業のそれよりも10%ほど高かった[22]。

しかし、急速な規模の拡大は、経営陣と労働者との間に、齟齬(そご)を生じさせた。組合員の中のそうした不平等感が大きくならないようにすべく、組合員が60名を超す協同組合には「社会評議会」(Social Council) が設置されるべきだとの声が高くなった。協同組合は組合員数を5百人以下に限定すべきだという意見も結構多かった。そうした声に押されて、協同組合グループは、「協同組合グループ評議会」（Council of Groups）を設置した。しかし、利用されることはほとんどなかった[23]。

それでも組合員の数の上限を5百名にするべきだと主張する人には、ヘンク・トマス（Henk Thomas）などの自主管理論者たちがいる。彼らはモンドラゴン協同組合を労働者による自主管理のモデルになると絶賛していた。上限5百人説は、その著書（Thomas & Logn［1982］）で表明されている。以下、著書の当該個所を要約的に紹介する。

過去の経験から判断すれば、工場の労働者数は5百人を上限とするのが妥当である。大きな市場を確保できても、労働者を増やすのではなく、機械化などの科学技術の開発によって対処すべきである。

モンドラゴン・グループは、これまで通り、労働者向け生活必需品の生産に重点を置くべきである。それも工業製品に向かうべきである。確かに食料も生活必需品である。しかし、食料の多くは国際的な寡占体の支配下にある。自立的な協同体であろうとするモンドラゴンのような小規模の組織では寡占体に太刀打ちできるものではない。

同じことが大量生産をしてきた製造品にも言える。同グループの草分け的位置にあった「ウラルコ（Ularco）・グループ」の躍進は、大量生産活動の成功にあった。しかし、経済がグローバル化するにつけ、協同組合も多国籍企業と対峙しなければならなくなった。世界中で生産と物流をチェーン化している多国籍企業の安価な製品に打ち勝つことなど、ほぼ不可能である。生き残るために、協同組合は徹底的に地元のニーズに合った生活必需品に生産を絞る必要がある。そのためにも徹底的なエレクトロニクスの技術開発と教育体制を強化しなければならない。そうした点を考慮に入れると、組合員数の上限は5百人にならざるを得ない。

以上がトマスたちの見解である。

2013年、トマスたちが危惧していたことがグループ内で現実に発生した。「ウルゴール」の後継である「ファゴル」(Fagor, 1960年に名称変更)・グループの一角に亀裂が生じたのである。「ファゴル家電」(FAGOR Electrodomesticos, ファゴル・エレクトロドメスティコス)の経営が行き詰まった。最盛期であった2007年の同社の従業員は約4千4百人であった。うち4千人が正式の組合員であったが、残りの4百人は組合員ではない契約社員であった。同社は、冷蔵庫、洗濯機、食器洗浄機、電気コンロなどを生産していた。

2007年までは、毎月4千台の冷蔵庫を出荷していたが、08年には3千台、09年には2千台、2010年には1千8百台へと激減していった。販売額も07年の年間12億ユーロから破綻直前の12年には4億ユーロにまで落ち込んだ。インド、中国、韓国からの低価格の電化製品のヨーロッパへの流入が命取りとなった。

経営状態の悪化に対応するために、同社は組合員ではない契約社員全員を解雇したが、組合員は関連の協同組合に配置転換して失業させなかった(坂内[2017])。こうした残務処理に大きく介入したのがＣＬＰであった。

一時的にそうした亀裂があったにせよ、労働者協同組合とそれらを支える金融組合との連携が、金融的資産を増やすことに狂奔する経済に傾斜するいわゆる西側の社会や、ますます国家資本主義化に向かって突進する東側の社会を超えて、真の労働の喜びをもたらしてくれる第三の社会を生み出すであろうと、私は期待している。(24)

第3節　ルイス・ケルソの従業員持株制度論

1　従業員による勤務先企業の買い取り

経営危機に陥った企業は、外部の組織によって買収されるよりも、従業員たちに売却すべきであるというモンドラゴン協同組合の姿勢は、ルイス・ケルソ（Louis Kelso, 1913–1991）の「従業員持株制度」（Employee Stock Ownership：ＥＳＯ）論とぴったりと重なる。

法律家で経済学者、哲学者、でもあったケルソは、従業員も企業経営に参画するべきであるというピエール・プルードン（Pierre Proudhon, 1809–65）を想起させる考え方を持っていた。(25)

ケルソは、メキシコ・シティの「アメリカ大学」（University of the Americas）の卒業式で、祝辞を述べたことがある（１９９０年６月８日）。その時の祝辞が、彼の思想をもっとも端的に表している。その中で、彼は、自分が実践してきた従業員持株制度の現代的意味を説明した。その際、彼は、カール・マルクスを評価した。彼によれば、マルクスは、資本の巨大な生産力・技術革新力を認識していたからこそ、強大な資本が多数者を収奪し、人々や資本家たちから所有を奪い、そのことによって、社会は危機に陥れられているので、少数の資本家に集中している資本の私有権を奪い、労働者のものにしてしまえば、社会革命は成功すると考えた。

そして、その認識は正しいとケルソは言う。その意味では、マルクスの考え方は資本家的なもの(Capitalist)であったとケルソは表現した。しかし、実際に生まれてきたのは、忌まわしい国家所有であり、人民の抑圧体制の強化であった。必要なことは、私有制を維持し、そこに労働者も参加することで、市民を主体とした民主的社会を建設することである。そのためにも、従業員が自社株を持ち、企業経営に参加するという従業員持株制度が必要なのであると、ケルソは語った[26]。

ケルソは、1956年に、カリフォルニア州パロ・アルト(Palo Alto)市の「ペニンシュラ・ニューズペーパー」(Peninsula Newspapers Inc.)を従業員が経営者から買収する作業に協力した。この買収に当たってはLBO(leveraged buyout)の手法が使われた[27]。

この買収については、ケルソ自身の回想がある。1955年、彼が規模面でサンフランシスコ第3位の法律事務所の下位パートナーであった時、その事務所に新聞社を経営していた80歳の人が訪ねてきた。所有している新聞社を従業員に買い取ってもらえる良い方法がないかというのが相談内容であった。彼は言った。もう引退したい。自分が金持ちならば、これまでの従業員の貢献に報いるために、新聞社を従業員に無料で譲渡したいのだが、子供や孫にいくばくかの資産を残したいので、従業員に有料で買ってもらうにはどうすれば良いのかを教えてもらいたいと。

従業員のリーダーは、従業員仲間と新聞社を購入する気になっていた。そのリーダーは、たまたま、第二次大戦中、ケルソの海軍時代の上司で、ジーン・ビショップ（Gene Bishop）という名であった。事務所は従業員に銀行を紹介したが、その銀行は、新聞社を購入する資金の頭金の融資を断った。ビショップは、この買収が成功するかどうかは死活問題であると訴えた。もし、ハースト（William Randolph Hearst, 当時の新聞王で、オーソン・ウェルズ＝Orson Welles の映画「市民ケーン」＝Citizen Kane のモデルと言われている）にでも売却されることになったら、自分はこの新聞社に留まりたくないと言っていた。[28]

新聞社が総額25万ドルの信託を通じる利益分配計画を持っていたことが、社主の希望を叶える糸口になった。相談を受けた翌年の１９５６年に、それまであった「株式ボーナス計画」（stock bonus plan）[29]を変更する「内国歳入庁」（Internal Revenue Service）の通達が出た。このことをケルソは機敏に捕らえたのである。株式ボーナス計画とは、文字通り企業が従業員にボーナスとして自社株を譲渡するものであった。１９５６年以前は、自社株を購入するために資金を借りるという行為は禁止されていた。１９５６年になって、その禁止が解かれ、従業員は外部の銀行から借り入れて勤務先の新聞社の株式を購入することが可能になった。

ケルソは、この新聞社が従業員への利益分配として積み立てている25万ドルが、従業員による株式買収のための借金の頭金にできると判断し、再度銀行と交渉した。25万ドルを管理していた会社の信託（Trust）に銀行が融資し、その融資額で信託が、社主から株式を購入するというものである。事実、そうなった。ここに、株式の１００％従業員所有が実現したのである。これが、事実上の従業員持株制度（ＥＳＯ）第1号となった[30]。

１９５８年、ケルソは、カリフォルニア州中央渓谷（California's Central Valley）にある窒素肥料製造会社の「バレー・ニトロゲン・プロデューサーズ」（Valley Nitrogen Producers）を買収しようとしていた地元農民の手助けをした。農民はその会社の主要な顧客であった。ケルソはこの買収を「消費者株式所有制度」（Consumer Stock Ownership：ＣＳＯ）と呼んだ。肥料会社とその顧客である農民は、長い期間にわたって信頼関係を築いてきた。こうした関係は、公共事業、銀行、生命保険会社等々にも適用されるべき方式であると、ケルソは考えた。ＣＳＯは、消費者が生産者の株式を取得し、生産者に低利安定的な資金を融資するというものである。これによって、生産者はより安定的な生産活動に専念することができる。ケルソは、これがＥＳＯの補完になると見なした。

この年、ケルソは、マルクス＝エンゲルスの『共産党宣言』（*The Communist Manifesto*, 1848）をもじった『資本家宣言』（*The Capitalist Manifesto*）を共著で公刊した（Kelso & Adler［1958］）。そ

の中で、彼は、私有財産権と自由市場を基礎に置きながら、マルクスが非難した資本主義の欠陥を克服する処方箋は無階級社会の実現にあるとして、労働者を資本家に仕立て上げる必要性を訴えた。これはケルソの処女作であるが、フランス、スペイン、ギリシャ、日本で翻訳された。１９６１年、同じ共著者と『新しい資本家』（*The New Capitalist*）を出版した（Kelso & Adler〔1961〕）。これは、前著に、金融に関する主張を加えたものである。１９６８年には、妻との共著『２つの要素理論』（*Two-Factor Theory*）を発表した（Kelso & Kelso〔1968〕）。この本の最初のタイトルは『借入金によって８千万人の労働者を資本家にする方法』（*How to Turn 80 Million Workers Into Capitalists on Borrowed Money*）であった[31]。

１９７２年、プエルトリコ（Puerto Rico）[32]の知事（Governor）、ルイス・フェレ（Luis A. Ferre）が、「プエルトリコの進歩のための所有を促す基金」（Proprietary Fund for the Progress of Puerto Rico）を導入した。これは、ケルソが提唱していた「株式所有基金連合」（General Stock Ownership Plan：ＧＳＯＰ）の初めての実現である。ＧＳＯＰは、個々の企業努力を中央政府、地方自治体が法的な後押しをして国民全体の株式所有を増加させることを目標にしている。

そして、１９７４年、ＥＳＯは一大飛躍の年を迎える。この年、「従業員持ち株計画」（Employee Stock Ownership Plan：ＥＳＯＰ）が、連邦政府の認知と法的な整備を経て、国家的事業にまで昇格させられた。「上院金融委員会委員長」（Chairman of the Senate Finance Committee）のラッセル・ロング（Russell B. Long, 1918–2003）が紆余曲折を経てケルソの説得に応じたのである。(33)

２　ケルソの議会工作

当時、ＥＳＯＰの法的認知を受けるために大統領府と掛け合っていたケルソの協力者、ノーマン・カーランド（Norman G. Kurland）が、ＥＳＯＰの認知をめぐる秘話を紹介している。(34)１９７０年代初め、ケルソとカーランドは、ＥＳＯＰ法案を作ってもらうべく大統領府を説得する方策をいろいろと模索していた。その模索から、一つの動きが生じた。「全米海員組合」（National Maritime Union：ＮＭＵ）が、議会にケルソのＥＳＯＰ認知を求めたのである。それまで、海運振興を図って継続されてきた国庫助成が、１９７２年にカットされるということになり、会社側はそれを理由として50％の賃金カットを組合に申し入れてきた。これに抗議して、ＮＭＵはワシントンで5千人の街頭デモを組織した。

ケルソに相談し、ケルソから鼓舞されたＮＭＵは、１９７２年2月28日、上院の「海事問題委員会」（Senate Maritime Affairs Subcommittee）に訴え、ＮＭＵ委員長のジョー・カラン（Joe Curran）が証言台に立った。その証言の中で、カランは、会社側がＥＳＯＰを採用するなら、賃金カットに応じても良いと発言した。海事問題委員会のその時の委員長は、ラッセル・ロング。彼は、ルイジアナ（Louisiana）州選出で共和党の超大物上院議員であった。ロングは法律で決められた上院議員資格最下限年齢の30歳になった時に、上院議員に当選した経歴の持ち主である。しかし、ロングは、ＮＭＵの考え方が「すべての人民を王にする」(Every man a King) というスローガンを唱えた自分の父の夢と同じで、実現不可能であると一蹴した。

ロングの父のヒュイ・ロング (Huey Long, 1893-1935) は、セールスマンから身を起こし、ルイジアナ州選出の上院議員であった。ヒュイ・ロングは、カリスマ的なポピュリストで[35]、ルイジアナ州知事、連邦上院議員になり、フランクリン・ルーズベルト (Franklin Roosevelt, 1882-1945) の強敵としてワシントンで活躍した。つねに明確な攻撃目標を設定して、卑語、猥語などを含めた庶民的口調で民衆を煽動していた。ルイジアナでは、電信電話会社を攻撃、電話料金の払戻しに成功している。ルーズベルトに対しては、ニューディールが手ぬるいと攻撃していた。

自叙伝のタイトルになった「すべての人を王に」をスローガンにした「富の分配計画」(Share of Wealth Plan) により、個人資産は５００万ドル以下を原則とし、それを超える資産については、できる限り民衆に分散させようとする運動を展開した (Long [1933])[36]。

ルイジアナ州知事時代は、道路・病院建設で実績を挙げ、教科書の貧民への無償配布によって人気を博した。上院議員になってからは、ルーズベルトの対抗馬として有力な大統領候補であった。キング・フィッシュ (King Fish) というニック・ネームを州民から得ていた。しかし、１９３５年９月８日、バートン・ルージュ (Baton Rouge) にあるルイジアナ州議事堂前で医師により射殺された[37]。

41歳であった。

ラッセル・ロングがケルソ構想を一蹴したのは、崇高な夢を追いながら、悲劇的な結末を迎えた父親のことがトラウマとして蘇ったからであろう。いずれにせよ、ラッセル・ロングは、明確にノーの姿勢を示した。議会でESOP法案を作成・議決してもらいたいとしたケルソとカーランドの夢は、大物政治家の一蹴であえなく頓挫してしまった。

次のチャンスは、ミネアポリス（Minneapolis）州選出の共和党上院議員、チャーリィ・フィルズベリィ（Charlie Pillsbury）がもたらした。フィルズベリィが、話を聞かせて欲しいとカーランドに接触を求めてきたのである。フィルズベリィは、1972年の大統領選に敵方であるはずの民主党のジョージ・マクガバン（George McGovern, 1922–2012）を支持しようとしていた。フィルズベリィは、草の根運動家のエニス・フランシス・ハーレム（Ennis Francis Harlem）からESOPのことを聞き、ケルソの著作を読んで感動したという。ケルソとの面会でESOPの将来性に確信を抱いた彼は、父親のジョージ・フィルズベリィ（George Pillsbury）に協力を求めた。

父親もミネソタ州選出の上院議員を経験していて、同州の共和党幹部で、リチャード・ニクソン（Richard Nixon, 1913–94）を大統領候補に推していた。「フィルズベリィ・コーポレーション（Pillsbury Corporation）の会長であった父、ジョージはニクソンの選挙対策責任者でもあった。フィルズベリィ父子は、ケルソの思想を接着剤として、マクガバン陣営をニクソン陣営に吸収することができるのではないかと考えた。

ジョージは、ミネソタ州でＥＳＯＰを法制化し、同州の軍需産業を平和的な製造業に変えることを目指して、同州の立法委員会で証言するようにケルソに依頼した。１９７２年の大統領選が近づいていた時、ジョージは、３人の共和党議員をカーランドに紹介した。うち、２人は冷淡であったが、コロラド（Colorado）州選出の上院議員、ピーター・ドミニク（Peter Dominic）がＥＳＯＰ支持を表明した。ドミニクは、共和党広報活動委員会議長であった。ドミニクは、「上院金融委員会」（Senate Finance Committee）メンバーのアリゾナ（Arizona）州選出の上院議員、ポール・ファニン（Paul Fannin）との面会をアレンジした。

翌日、ファニンと面会した際、カーランドは米国の公開株が少数の投資家に集中して持たれていて、一般の人々にはほとんど保有されていないという事実を告げ、そのことが社会の反企業意識の背景となっている、ＥＳＯＰはそうした負の局面を打開するものであると訴えた。ファニンは、すぐに了解し、上院金融委員会の共和党議員団とケルソとの懇談会を設定した。懇談の結果、「資本形成促進法」（Accelerated Capital Formation Act）の法案作りがファニン議員を中心に行われることになった。しかし、金融委員会議長で共和党のラッセル・ロングはこの懇談会を欠席し、ケルソたちは、依然としてラッセル・ロングの堅いガードを崩すことができなかった。

１９７３年２月28日、ケルソとカーランドが東部鉄道システムの救済策を審議している委員会に証言者として呼ばれた。「東部鉄道」(Eastern US Freight Rail System) が、傘下の「ペン・セントラル鉄道」(Penn Central Railroad) の財政破綻で危機に瀕しており、審議は、国有化か、企業再編成に向けての金融的支援か、の二者択一の選択であった。ケルソとカーランドは第3の道があるとして、株式の１００%を従業員が持つＥＳＯＰに変えることを提案した。委員会の議長は、バンス・ハートク (Vance Hartke) であり、彼がケルソ案への賛意を表明したものの、共和党の主立った有力メンバーたちは、なおもケルソ案に冷淡であった。

１９７３年8月、オレゴン (Oregon) 州選出の上院議員、マーク・ハットフィールド (Mark Hatfield) の「米国のための6つの新機軸」(Six New Directions for America) というタイトルの投稿記事が『ワシントン・ポスト』(*Washington Post*) の「展望」(Outlook) 欄に掲載された。そこでは、ケルソの考え方が述べられていた。その記事を見て喜んだカーランドは直ちにハットフィールド議員の事務所に出向き、東部鉄道を百%従業員持株会社に編成替えするケルソ案を法案として議会に提出するという約束を彼から得た。

硬直していた状況の突破口は、ルイジアナ州のラッセル・ロングの有力支持者であるジョー・ビーズレイ (Joe Beasley) 博士がケルソの思想に共鳴したことから開かれた。ビーズレイは、「全米産児計画会議」(National Planned Parenthood of America) の議長であった。そのビーズレイを説得したのは、最初からのケルソの支持者であり、ケルソがＥＳＯＰのために設立した最初の投資銀行、「バンガート」(Bangert & Company) への出資者でもあるヘンリー・マッキンタイア (Henry McIntyre) であった。マッキンタイアはビーズレイの産児計画会議への有力な献金者でもあった。マッキンタイアから勧められてケルソ夫妻の共著 (Kelso & Kelso [1968]) を読んで、大いに感激したビーズレイは、ラッセル・ロング事務所のチーフ、ウェイン・テベノット (Wayne Thevenot) をケルソの元に派遣した。ケルソに面会したテベノットもケルソの考え方に同調し、１９６８年のケルソの著書と、最初の著書である『資本家宣言』を持ち帰り、ラッセル・ロングを説得した。

そして、１９７３年11月27日、ケルソとロングとの対談が実現した。夕食を取りながらの4時間という長時間にわたる会談であった。ロングのような大物政治家がこのような長時間を人との面会に費やすということは異例のことであったと、カーランドは述懐している。

ケルソの説明を聞いた後、ロングは父の博愛主義的ロビン・フッド (Robin Hood) の轍を踏みたくないとしながらも、従業員が資本家になること自体は良いことだとケルソに賛意を表明した。さらに誰がケルソの考え方に反対しているのかと質問した。ケルソは、伝統的な経済学者が反対者であると答え、とくに、ミルトン・フリードマン (Milton Friedman) とポール・サムエルソン (Paul Samuelson) の名前を挙げた。

さらに、カーランドが、共和党、民主党を問わず、多くの上院議員の賛意を得て、ハットフィールドを中心に鉄道会社の従業員による株式買収を法案化しようとしているが、議会審議のコースになかなか乗れないでいるのは、ラッセル・ロングもメンバーの一人である「通商委員会」(Commerce Committee)をクリアできないからであると説明した。ロングは了承し、翌日の通商委員会で、鉄道会社の国有化を避け、それを従業員持株会社に編成替えするべきであると命令口調で言明した。ロングの命令口調に、委員会議長のワシントン州選出の上院議員、ウォーレン・マグナソン(Warren Magnuson)が反発し、「陸上交通小委員会」(Surface Transportation Subcommittee)委員のリン・サトクリフ(Lynn Sutcliffe)などは、労組間の問題で解決しなければならないことが多すぎると批判した。

「米国労働総同盟・産業別組合会議」(American Federation of Labor and Congress of Industrial Organizations)に属する運輸関連の労組は16あったが、ケルソ案を支持していたのは、「鉄道航空乗務員組合」(Brotherhood of Railway and Airline Clerks)の1つだけであった。組織労働者たちは、ケルソ案を否定するようにサトクリフに陳情していたのである。しかし、ロングは、サトクリフに対しては問題の説明ではなく、解決策を示しなさいと一喝した。以後、サトクリフは黙った。

1974年1月1日、ニクソン大統領の署名でＥＳＯＰ法案、「従業員退職所得保障法」(Employee Retirement Income Security Act of 1974：ＥＲＩＳＡ)が成立した。ケルソとカーランドの議会工作はこうして成功した。しかし、肝心の「運輸省」(Department of Transportation)がＥＳＯＰ採用にまだ抵抗を示していた。同省は、従業員による株式所有は無意味であるとした内容の報告書を作成していたのである。執筆者は、投資銀行家のハットン（Hutton）、管理職報酬のあり方の研究をしていた会計専門家の、タワーズ（Towers）、ペリン（Perrin）、フォスター（Foster）、労働経済論のソウル・ゲラーマン（Saul Gellerman）といった面々であった。そうした内容の一つ一つにケルソは、１９７６年の「合同経済委員会」（Joint Economic Committee）の公聴会で反論の機会を与えられた。この公聴会は、上院議員のヒューバート・ハンフリー（Hubert Humphrey, jr., 1911–1978）が主催したもので、丸二日間にわたってＥＳＯＰに関する議論が交わされ、議会はケルソ支持に固まった。以降、ＥＳＯＰを促進させる法律は20を超えた[38]。

おわりに

ロバート・オーエン（Robert Owen, 1771–1858）の活動以来、協同組合運動は、資金調達面では挫折の繰り返しであった。労働者に限定される労働者協同組合となるとさらに資金調達に苦しむであろう。その点、モンドラゴン協同組合のＣＬＰの大成功は特筆すべきものがある。

しかし、巨大企業による寡占化が定着してしまった現在のデジタル社会では、ＣＬＰの成功例をそのまま踏襲することは不可能に近い。

それでも、「コープ・チャネル」（Coop Channel）やブロックチェーンの進展がそうした壁の乗り越えを可能にしていると私は思う。このことを検討するのが次章の課題である。

注

（1）https://ja.wikipedia.org/wiki/労働者協同組合法

（2）労働者協同組合（ワーカーズコープ）連合会のホームページにある説明を引用する。

「ワーカーズコープは、働く人びとや市民がみんなで出資し、経営にみんなで参加し民主的に事業を運営し、責任を分かち合って、人と地域に役立つ仕事を自分たちでつくる協同組合です。働く人たち、サービスを利用する利用者や家族、地域に住む人たちと『協同』しながら、みんなで事業を運営します。そして、意見を出し合い、話し合いをしながら、新しい仕事や地域活動に挑戦します。みんなで協同し、『ともに生き、ともに働く』社会をつくる『協同労働』を地域のみなさんに伝え、誰もが安心して暮らせるまちづくりを目指しています」（https://jwcu.coop/about/assoc_cooperative/）。

（3）https://www.nhk.or.jp/gendai/articles/4549/

（4）広島市は、協同労働支援事業の開始時からワーカーズコープ・センター事業団に業務の一部を委託した。そこで立ち上げられたのが、安佐南区の緑井駅近くに開設された協同労働プラットフォームの「らぼーろ」（イタリア語で労働の意）である。

事業の内容は、中学校区単位での学習会や懇談会などを通じ、協同労働を周知してもらうことや、地域で活動する団体や有志などと地域課題の検討を深めながら、事業の立ち上げ支援を行うもの。２０１４年5月の事業開始以来、市報での紹介や、社協の会合での説明、地域で活動する団体への周知の結果、多くの相談が寄せられている。相談内容は、地域活動団体事業の継続不安、障がいのある人の作業所作り、魚の養殖や花卉（かき）栽培の事業化、廃校活用など、様々あるという（https://workers-coop.com/広島市で「協同労働」プラットフォーム事業開始/）。

（5）「労協会への参加が必ずしも十分に確保されていない現状等を踏まえ、組合員が出資し、それぞれの意見を反映して組合の事業が行われ、及び組合員自らが事業に従事することを基本原理とする組織に関し、設立、管理その他必要な事項を定めること等により、多様な就労の機会を創出することを促進するとともに、当該組織を通じて地域における多様な需要に応じた事業が行われることを促進し、もって持続可能で活力ある地域社会の実現に資することを目的とすること」（第1条関係）（厚労省の解説、https://www.mhlw.go.jp/content/11909000/000704106.pdf）。

（6）「理事は、各事業年度に係る組合員の意見を反映させる方策の実施の状況及びその結果並びに就業規則の作成又は労使協定の締結等の内容を総会に報告しなければならない」（第66条関係、出所、注5と同じ）。

（7）http://www.officenms.co.jp/yokohama/251

（8）２０２１年4月12日付。https://imidas.jp/jijikaitai/f-40-222-21-04-g84

（9）https://ja.wikipedia.org/wiki/指定管理者

（10）https://imidas.jp/jijikaitai/f-40-222-21-04-g841

（11）https://ja.wikipedia.org/wiki/モンドラゴン協同組合企業

（12）https://ja.wikipedia.org/wiki/ホセ・マリーア・アリスメンディアリエタ

（13）https://ja.wikipedia.org/wiki/ゲルニカ_(絵画)

（14）https://kotobank.jp/スペイン内戦-543212

（15）https://www.works-i.com/project/10career/mutual/detail011.html

（16）https://www.hbs.edu/faculty/Pages/item.aspx?num=28346

（17）http://cws-osamu.cocolog-nifty.com/cws_private/2013/10/post-702e.html

（18）ＳＡＬ（de Sociedas Anonima Laborales）とは、労働者が主権をもって株式会社を乗っ取ることを意味するのでＥＳＯＰとほぼ同じものである（本山［２００３］）。
　ＳＡＬは、１９７０年代の経済危機に際し、オーナーが経営不振に陥った自分の企業を放棄しようとするのを、労働者が団結して買い取ったことに始まった。

　法制化されたのは、比較的遅く、１９８６年である。スペイン国王カルロス1世（１９３８年〜）の名で公布された。公布文の前書きは以下の通り。

　「産業界が直面している困難さにより多くの企業が閉鎖され、その結果、雇用が失われている。労働者は、この事態に対して積極的な回答を与える必要に直面している。スペイン政府は労働者株式会社の設立を通じて雇用を創出するという新しい方法を適用する」（http://e-kyodo.sakura.ne.jp/ishizuka/130612salhou.pdf）。

　その目的や理念は、「民主主義・参加・連帯」を謳っている点において、協同組合とほぼ同じであるが、もっとも大きな相違点は、出資と決定に関する権利である。協同組合は1人1票の原則であるが、ＳＡＬにおいては、出資のパーセンテージに応じて決定権がある。それでも、外部資本の割合を49％までに抑え、労働者が最低51％の資本を持つというのが原則である。1人の労働者が出資できるのは全体の25％までと決まっている（https://jicr.roukyou.gr.jp/oldsite/old/kaigai/kkckn/body37.html）。

(19) https://jicr.roukyou.gr.jp/oldsite/hakken/2001/03/105-mondragon2.pdf

(20) Clamp〔1999〕.

(21) Ormaechea〔1993〕.

(22) １９８2年7月のＣＬＰ資料による。CLP〔1982〕注20から転載。

(23) Whyte & Whyte〔1988〕.

(24) その意味において、Dobb〔1970〕とEllman〔1979〕の著作は、労働者協同組合の視点から読み直す価値がある。

(25) 最近刊行された的場昭弘のプルードン理解が面白い（的場〔２０２０〕）。２０２０年11月15日に放送されたＮＨＫラジオ第1の「著者からの手紙」の中で、氏は以下のように答えている。

「ソビエト的体制やマルクス主義だけでは、いまの私たちの未来の展望はできない」、ソビエトは、「権威主義的、国家主義的」であって、「私たちの自由を束縛し、何らかの計画に従って遂行していく」、「それを変えるには、プルードンのような、いわば国家権力のない、さらに労働者が自らの意見を堂々と言って自らの会社を動かしていける」（体制を創ることが重要である、本山が付け足した）。「『下からの』という意味も、こうした意味での社会主義の展望が待ち望まれている」、「『社会主義』という言葉を使うかどうかは別として、資本主義社会が陥っている今の問題も、基本的にソビエト社会の問題とあまり変わらない」、「同じように国家権力や大企業が支配することによって、極めて官僚的になり、極めて垂直的になってい」る、「国においては東京が中心で地方はそれに従属する、世界においてもトップクラスの国が中心になる、それを変えていくことによって、もっと新しい、未来が出てくる」。「人々が、成長というものではなく、人間の幸福・生き方というものを考える」、「働いていることの意味・活動していることの意味を探る。その意味の最大のポイントは、誰からも支配されず、自分たちの意見をしっかりと言えること。こうした共同参加型しかない」、「未来の資本主義を超える社会を考えるときに、プルードンの思っているような共同参加型、権威のない組織になっていくことは、一つの未来像として重要なことじゃないか」（https://www.nhk.or.jp/radio/magazine/article/my-asa/2p9skPq8K.html）。

(26) http://www.kelsoinstitute.org/lectures-nextstep2.html

(27) ＬＢＯとは、買収先の企業の資産や将来の利益などを担保にした借り入れやジャンク債を資金として買収を行う手法である。少ない資金で買収が行えるが、その分、リスクも高い。１９８０年代に石油会社や食品会社などが米国でＬＢＯの対象となった。ＬＢＯは買収後に再び、企業の株式を公開するなどして年利30％以上の利回りを得る点にメリットがある。日本では、１９９９年にゼネラル通信工業が銀行融資を受けて、自己資金ゼロで新日本通信をこの手法で買収したことが、経済界で大きな話題となった（http://www.asahi-net.or.jp/~te8h-sgw/old/keiei/keiei_trend2.htm）。

（28）　http://www.kelsoinstitute.org/lectures.html

（29）　これは利益分配制度（Profit Sharing Plan）に基づくものであった。これは、事業主が利益の一定額を従業員に配分しなければならないとする制度である。この制度を初めて作ったのがP&Gである。P&Gは、いまでも、従業員による自社株所有率が4分の1から3分の1を占めている。1800年代末、P&Gは、米国内外で利益分配制度を推進した。創立者の一人であるウィリアム・プロクター（William Procter, 1801-84）の発案によるとされている（Blasi & Kruse［1991］）。

（30）　http://www.aqp.com/esop/1ppf1.htm

（31）　「2つの要素理論」は、銀行システムに大幅な改革を提案する経済学の理論である。ルイス・ケルソは、中央銀行による無利子ローンを従業員所有の企業に融資するために広く使用することで、経済成長に資金を提供すると同時に、従業員が株式所有を拡大することができると主張した。

2つの要素とは、労働と資本である。彼は、新古典派経済学だけが自由で公正かつ効率的な自由市場を促進するという主張を拒否した。すべての個人が資本保有から独立した経済基盤を獲得でき、所有権の分配で「民主主義を深める」ことができる場合にのみ、自由が真に達成されると彼は信じた。

ケルソは、妻である政治学者のパトリシア・ケルソ（Patricia Kelso）と協力して、広く分散した資本所有がよりバランスの取れた経済を生み出すと考えた。ケルソ夫妻は、企業の純利益を投資家と従業員に分配し（研究、維持、減価償却を除く）、損失が発生した場合に株主を保護するための政府支援の保険制度の設立を主張した（https://www.asianprofile.wiki/wiki/Binary_economics）。

（32）　プエルトリコとは、スペイン語で豊かな港という意味である。初めはプエルトリコという語は首都名であった。いつのまにか首都名が島名として呼ばれるようになった。現在の首都名はサンファン。17世紀ごろからスペイン領であったが、1898年の米西戦争により米国領となった。1917年にはプエルトリコ人に米国市民権が与えられたが、知事は米大統領が直接任命することとしていた。1948年から知事の公選が始まり、1952年にはプエルトリコ憲法が制定され、米国の准州（internal self-government）となった。プエルトリコの正式英語名称は〝Commonwealth of Puerto Rico〟である（http://www.clair.nippon-net.ne.jp/HTML_J/）。

（33）　http://www.kelsoinstitute.org/

（34）　〝Dinner at the Madison: Louis Kelso Meets Russell Long by Norman G. Kurland, WINTER 1997,〟Center for Economic

Justice (https://www.cesj.org/wp-content/uploads/2012/05/DinnerAtTheMadison1.pdf).

(35) *Oxford American Dictionary*（1980）には、ポピュリストとは、１８９０年代の米国に実在していた人民党（Populist Party）のことを指すとある。それは、"a political party or movement claiming to represent the whole of the people"（すべての人民の利害を代弁すると主張する政党ないしは政治運動）である。「すべての人民」という表現にウェイトがあることは言うまでもない。こんなことはありえないので、どちらかというとこの言葉は、不可能なことを熱情的に語る人たちという否定的な意味で使われている（西村有史：http://www3.ocn.ne.jp/~pwaidgp/back36.html）。

人民党は、米国の南部・西部の貧しい農民を支持基盤にしていて、東部・北部の富裕層に反発をした政党であった。累進所得税、直接的な人民投票、上院の直接選挙を提案して、一時期多大の人気を獲得した。

特徴は、第1に、大衆の怨恨、嫉妬を刺激して、その支持に乗じて恵まれた階層を攻撃し、第2に、参加民主主義、草の根階層の声を政治に直接反映するという形式を取った点にあった。この形態が、ナチス、ファシスト、スターリニズムのように大衆の熱狂を利用した専制政治という１９３０年代の世界的な政治的環境を生み出した。

１９３０年代の米国のポピュリズムについては、ミロ・リーノ（Milo Reno）、「ドイツ系米人同盟」（German American Bund）を結成して反ユダヤ主義を掲げたフリッツ・クーン（Fritz Kuhn）、「シルバー・リージョン・オブ・アメリカ」（Silver Legion of America, Silver Shirts：銀シャツ連盟）のウイリアム・ペリー（William Pelley）などの活動が目立った存在であった（http://www.medianetjapan.com/2/book_newspaper/ityamada/da201c.htm）。

(36) ちなみに、"Every Man a King" という言葉は、マザーグースの歌、"All the King's Men" をもじったものである。人民すべてが王の奴隷であるという体制を転覆させ、全員を王にしようではないかというスローガンがヒュイ・ロングのプロパガンダであった（http://www2.netdoor.com/~takano/southern_film/kingsmen.html）。

(37) http://www10.plala.or.jp/shosuzki/chronology/usa/usa2.htm　ヒュイ・ロングの暗殺については、彼が、ルーズベルトに対抗できる有力な大統領候補であったことから、J・F・ケネディ（John Fitzgerald Kennedy, 1917-63）暗殺に匹敵する政治的ミステリーとしていまも語り継がれている（http://www.nakamanman.f2g.net/hueylong.html）。

(38) 本章第3節第2項は、Kurland［1997］に大きく依存している（https:www.cesj.org/thirdway/history3rd/kelsomeetslong.htm）。

参考文献

Birchall, Johnston [1994], *Co-Op: The People's Business*, Manchester University Press.（中川雄一郎・杉本貴志訳［１９９７］『コープ：ピープルズ・ビジネス』大月書店）。

Blasi, Joseph & Douglas Krure [1991], *The New Owner*, HarperCollins.

Caja Laboral Popular [1982], "RemuneraciÓn de directivos en el grupo cooperativo asociado," July.

Clamp, Christina [1999], "The Evolution of Management in the Mondragon Cooperatives," presented at the congress, Mapping Co-operatives Studies in the New Millennium, Southern New HampshireUniversity（https://community-wealth.org/sites/clone.community-wealth.org/files/downloads/paper-clamp.pdf）.

Dobb, Maurice [1970], *Socialist Planninng: Some Problems*, Lawrence Wishart.

Ellman, Michael [1979], *Socialist Planninng*, Cambridge University Press.

Kelso, Louis & Mortimer Adler [1958], *The Capitalist Manifesto*, Random House.

Kelso, Louis & Mortimer Adler [1961], *The New Capitalists: A Proposal to Free Economic Growth from the Slavery of Savings*, Random House.

Kelso, Louis & Patricia Kelso [1968], *Two-Factor Theory: The Economics of Reality*, Random House.

Kurland, Norman [1997], "Dinner at the Madison: Louis Kelso Meets Russell Long," *CESJ*.

Long, Huey [1933], *Every Man a KING: The Autobiography of Heuy P. Long*, National Book Co.

Ormaechea, Jose [1993], *The Mondragon Cooperative Experience*, Mondragon Coroperacion Cooperativa.

Porter, Beatrice & Sidney Webb [1891], *The Co-operative Movement in Great Britain*, Swan Sonnennshain.

Thomas, Henk & Chris Logan [1982], *Mondragon: An Economic Analysis 1982*, Allen and Unwin.（佐藤誠訳［１９８６］『モンドラゴン―現代生産協同組合の新展開』御茶の水書房）。

Whyte, William & Kathleen, Whyte [1988], *Making Mondragon*, ILR Press（Cornell University）.

石塚秀雄［１９９０］『アリスメンディアリエタの協同組合哲学―スペイン・モンドラゴン協同組合の創設思想』みんけん出版。

石塚秀雄［２０１７］「モンドラゴンの現在と研究の到達点」『大原社会問題雑誌』№７、２０１７年12月号。

坂内久［２０１７］「スペイン・モンドラゴン協同組合グループの動向―『ＦＡＧＯＲの破綻』の実態と対応―」『農林金融』第67巻第７号・通巻８２１号、２０１７年７月号。

的場昭弘［２０２０］『未来のプルードン―資本主義もマルクス主義も超えて』亜紀書房。

本山美彦［２００３］『ＥＳＯＰ―株価資本主義の克服』シュプリンガーフェアラーク東京。

山本晋司［２００２］「モンドラゴン協同組合企業体―アリスメンディアリエタの思想を中心に―」(http://www.ritsumei.ac.jp/~yamai/8kisei/yamamoto.pdf)。

第4章　労働者協同組合を支える金融機関を設立する選択肢

はじめに

ロシアに対して声高に金融制裁を叫ぶが、現実には、英米の金融支配力は確実に弱くなっている。米国が自国に対立する国に金融制裁を科してきた歴史は古い。しかし、制裁を科すたびに、その効果は確実に低下してきた。

2022年2月末、米国はもっとも厳しい制裁措置であると言われているSWIFT（国際銀行間通信協会：Society for Worldwide Interbank Financial Telecommunication，スイフト、詳しくは後述）からのロシアの金融機関の追放をG7で合意したとの声明を出したが、ヨーロッパ各国の足並みが揃うまで金融制裁の発動を躊躇（ちゅうちょ）していた。これは、米国の金融支配力の低下を如実に示すものである。

NHKは、2022年2月27日、BS1のニュースで次のように報じた。

「アメリカとヨーロッパ各国などは、26日、共同声明を発表した。ＳＷＩＦＴと呼ばれる国際的な決済ネットワークからロシアの特定の銀行を締め出す措置を実行することで合意したという」。

「アメリカやヨーロッパ、日本などは、ロシアに対して金融やハイテク分野の経済制裁を決めている」。しかし、「もっとも厳しい措置の一つとされるＳＷＩＦＴからの排除をめぐっては、ロシアからエネルギーを輸入するヨーロッパなどへの影響や、世界的なエネルギー価格の上昇への懸念から、一部の国は慎重な姿勢を示していた」。

また、「今回の制裁を受けて、市場関係者の間では、株式市場をはじめとする金融市場の混乱につながるのではないかという警戒感が強まっている」。

「制裁を受けて資源国のロシアから、天然ガスや原油の供給が滞れば、すでに高止まりしている価格がさらに上昇するおそれがあり、その結果、欧米で物価が一段と上昇する可能性もある」。

「すでにインフレ対応で金融引き締めを急いでいる欧米の金融政策に影響を与える可能性も指摘されている」。

それでも、「これまで慎重だったドイツも、26日、各国に歩調を合わせる姿勢を示した」。

「イタリアとハンガリーも賛同する姿勢に転じた[1]」。

そうだろうか？　そもそも、ＳＷＩＦＴが「もっとも厳しい措置の一つ」という英米の主張を鵜呑みにすることはできない。これまで、長期間にわたって制裁を受け続けてきた諸国は、生き延びるために、今日まで懸命に脱ＳＷＩＦＴシステムを築き上げようとしてきたのである。事実、英米に対立してきた諸国は、このシステムへの抵抗力を身に付けてきている。

第１節　影響力を減退させているＳＷＩＦＴ

１　ＳＷＩＦＴの実績

ＳＷＩＦＴは、これまで、経済制裁の主力として、米国によって多用されてきた。

米国が、経済制裁を増加させたのは、１９９０年代に入ってからである。それ以降、米国は経済制裁を急増させてきた。第一次世界大戦以降に米国が発動した１７０件に上る経済制裁のうち、50件は90年代に実施されたものである（Baldwin［2000］）。

その制裁内容も、国連などとの共同歩調ではなく、米国単独で発動するケースが多かった。アンゴラ、アフガニスタン、イラン、インド、カンボジア、北朝鮮、キューバ、シリア、スーダン、ナイジェリア、ミャンマー、パキスタン、リビアなどを対象に発動した制裁がそうであった。

つまり建て前としては、ＳＷＩＦＴは如何なる国の権力にも屈しないという独立したシステムである。しかし、実態は、米国に従属したものである。

このことを示す事例が、２０１８年11月５日に見られた。この日、トランプ政権が、イランに経済制裁を科すとの声明を出した。その同じ日に、ＳＷＩＦＴ本部も、同日、イランの銀行をＳＷＩＦＴの国際送金網から遮断すると発表した。つまり、ＳＷＩＦＴは、事前に米国の要請を受けて、米国政権の意向に忠実に従ったとしか思われない。

それ以前にも、ムニューシン（Steven Mnuchin, 1962–）米財務長官は、イランへの資金の「抜け道」を防ぎ、ミサイル開発やテロ支援の資金を断つイラン制裁の効果を高めるため、ＳＷＩＦＴにイランの金融機関を送金網から排除するよう要求していた(2)。

ただし、米国内には、経済制裁に反対する声もある。米国による一方的な経済制裁は、ほとんど効果なく、米国経済に多大の損害を与えているだけだと、議会でロビー活動をする「米国エンゲージ」(USA Engage）という組織（参加メンバーは６５０団体を超える）は言っている。一方的な経済制裁は、米国がさまざまな分野で関与（engage）することによって得られるはずの利益を台なしにしてしまう。制裁が、貿易、投資、雇用機会を喪失させるうえに、制裁対象国の市場が、他国の企業に奪われる、というのが彼らの主張である。(3)

実際的にも、これまでのＳＷＩＦＴのシステムには、脆弱なものがあった。国際送金に時間がかかり過ぎるうえに、銀行間の通信も正確さに欠けていた。国際決済資金量の激増によって、資金の流れを正確・迅速にモニタリングすることが困難になったからである。２０１８年、世界の決済市場規模は、一日当たり、約１・４兆ドルであった。この時期の拡大テンポからすれば、２０２８年になっても、２・５兆ドル程度に収まるであろうと予想されていた。(4)しかし、その予測は甘かった。すでに、２０２１年では、世界の１万１千以上の金融機関間の決済額は、一日当たり５兆ドルにも上ったのである。(5)

２　制裁を受ける諸国が進める、ＳＷＩＦＴに対抗する新たな国際決済網

ＳＷＩＦＴは、国際送金や決済を実行する世界の銀行に、正確な情報と安全なネットワークを提供するという目標を掲げている非営利法人で、本部をベルギーのラ・ユルプ（La Hulp）に置いている。１万を超える世界中の金融機関が、ＳＷＩＦＴの標準化された通信フォーマットを利用して日々大量の決済業務等を行っていると言われてきた（野村證券・証券用語解説集）。しかし、制裁を受けている諸国は、これに対抗する国際決済網を創り出そうと努力してきた。この点は、とくに注視され

なければならない。

２０１４年3月17日、ロシアは、国際的にウクライナ領土と認められていたクリミア半島（クリミア自治共和国）を軍事介入によってロシア領に併合した。

例によって、米国とＥＵが、ロシアへの経済制裁に踏み切った。ロシアはこれに対抗して、ＳＷＩＦＴから分離するＳＰＦＳ（Financial Communications Transfer System：金融通信システム）の開発に乗り出した（『イズベスチャ』*Izvestia*, 2018.05.04）。そこでは、ブロックチェーン（blockchain）の技術が基本に置かれている。『イズベスチャ』紙の報道があった直前の２０１８年4月下旬、東京で行われたＩＳＯ（International Organization for Standardization：国際標準化機構）のコンファレンスで、「ロシア連邦保安庁」（Federal Security Service of the Russian Federation：ＦＳＢ）関係者が、「今後のブロックチェーン開発は我々が主導することになるであろう」と発言している。

２０１９年10月4日、「ロシア連邦財務省」（Ministry of Finance of the Russian Federation：ＭＦＲ）は、トルコとの間でＳＰＦＳ利用の取り決めが締結されたと発表した。

ロシア主導の「ロシア及びユーラシア経済連合」（ＥＡＥＵ、前身はユーラシア経済共同体：ＥＳＵ）が、２０１５年1月1日に創設された。ロシア、カザフスタン、ベラルーシ、アルメニア、キルギスがＳＰＦＳの中核となっている。しかし、現在のところ、ＳＰＦＳはまだ機能していないと判断せざるを得ない。

それに対して、中国の「ＣＩＰＳ」（Cross-Border Interbank Payment System：国際銀行間決済システム、シップス）の動きは、ロシアよりもはるかに活発である。

中国が「一帯一路」構想を打ち出し、それを外交交渉の中心的なものに位置付けているのは、ＳＷＩＦＴとは別のものを構築するためである。

ＣＩＰＳは、国際送金の手続きを英語で行っている。システムに口座を持つ「直接参加行」と、直接参加行を介してつながる「間接参加行」で構成され、いずれかと取り引きすれば、中国企業の口座に簡単に資金を移せるという仕組みである。

２０１９年4月時点では、８６５行がこのシステムに参加している。２０１８年12月に「モスクワ信用銀行」（Credit Bank of Moscow：ＣＢＭ）がこれに加盟し、全体では23行が名を連ねた。トルコも11行が加わった。２０１８年11月にＳＷＩＦＴへの接続を遮断されたイランも、いずれＣＩＰＳに参加することになるだろう。事実、イランと中国は２０２１年3月27日、経済や安全保障における協力を強化する25か年の協定を締結した（ＪＥＴＲＯ「ビジネス短信」同年3月29日付）。

ただし、人民元が基軸通貨にまで地位を高める可能性は低い。ＣＩＰＳの規模はまだ豆粒程度でしかない（『日本経済新聞』２０１９年5月19日、電子版）。しかし、中国は、２０２０年10月、広東省深圳市で市民5万人を参加させて、「デジタル人民元」（Digital Currency Electronic Payment：ＤＣＥＰ）の実用化実験を成功させている（本節第4項で詳述）。この点を見ても、中国が、米国に対抗する新興国の中核になるであろうことは疑い得ない。

危機意識に駆られたＳＷＩＦＴが新しく取り組んでいるのが、「国際送金のイノベーション」（Global Payments Innovation：ＧＰＩ）の開発である。ＧＰＩは、２０１９年1月30日に、ブロックチェーン企業の「Ｒ３」[6]が提供する企業向けプラットフォームの「Corda」（コルダ）と「SWIFT GPI」とを統合させる実験を開始した。このシステムは「GPI Link」と呼ばれ、複数の取引プラットフォームをシームレスに接続しながら、ＧＰＩによる支払いと、クレジットの確認を可能なものにしようとするものである。

それでも、技術面において、ＧＰＩは、中国のＤＣＥＰの域に達していない（「ヘッジガイド・ニュース」２０１９年2月14日付）。ブロックチェーン技術だけでなく、多くのＩＴ分野での欧米のレベルは、中国よりもはるかに遅れている。技術の世界はブランド力だけでは通用しないのである。

３　２０２２年２～３月にかけて採用されたＳＷＩＦＴによる対ロ制裁

２０２２年2月26日、米国とヨーロッパの主要国が、ＳＷＩＦＴからロシアの3百の銀行を排除すると決定した。ただ、ほぼ3百はある制裁対象外の銀行との取り引きは禁じていないために、実質的には制裁は抜け穴だらけである。ロシアの金融機関は、相変わらず、世界で一日当たり約４６０億ドル相当の為替取引を手掛けている。[7]

ロシアの外貨準備高は、２０２１年年末で６３０Ｃ億ドルであった。クリミアを併合した２０１４年の時よりも１・６倍の増加である。この額は、過去最大の規模である。外貨準備の中でもっとも多いのはユーロで、全体の32％を占める。次いで、金が22％、ドルが16％と続く。かつては、ドルの比率が40％強あったものの、米国の経済制裁を背景に脱ドル依存を進めた結果、20年に初めて金と逆転した。[8]もし、２０１４年に採られた対ロシア制裁が有効であったなら、短期間でこれだけの外貨準備をロシアが蓄えることなどできなかっただろう。米国が声高に叫ぶ割には、制裁の効果は大きくないということを、この数値は示している。しかも、経済制裁の最終兵器と呼ばれるＳＷＩＦＴを使うことで、米国は大きな代償に見舞われている。米情報当局の監視の目から、ロシアの国際金融取引が見えなくなり、安全保障に不可欠な情報収集能力が低下するという問題が生まれている。

国際取引の全データは、「米中央情報局」（Central Intelligence Agency：ＣＩＡ）が管理するデータ・センターに流れ込み、ＣＩＡの『ワールド・ファクトブック』（*World Factbook*）に記録されているという現実がある。センターはワシントン近郊のバーニジア（Virginia）州に置かれている。

米国の『ニューヨーク・タイムズ』紙は、２００６年６月、テロ対策でＣＩＡがＳＷＩＦＴの情報を利用していたと報じた。ドイツの『デア・シュピーゲル』（*Der Spiegel*）誌も、２０１３年９月に「米国家安全保障局」（National Security Agency：ＮＳＡ）が、国際金融決済を監視していると伝えた。

ロシアへの金融制裁は、ロシアを米国の目が届かない「SWIFTの外側の領域」に走らせるのは間違いない。ロシアの選択肢の一つは、中国の人民元を介した決済である。世界最大の外貨保有国は中国である。2位の日本の準備額の2・5倍もある。ドル換算で3・35兆ドルである。ドルと交換できる人民元は、ロシアにとって国際金融市場につながる逃げ道となる。一方、中国にとっては人民元を国際通貨に育てる可能性が膨らむことになる。[9]

4　デジタル人民元

世界の投資や貿易に伴う資金決済の通貨として、中国の人民元が、2021年12月、日本円を抜いて世界4位になったことがSWIFTの調査で明らかになった。12月の通貨別決済シェアで人民元は2・70％であった。2・58％の日本円を逆転した。人民元のシェアは、ドル（40・51％）、ユーロ（36・655％）、英ポンド（5・89％）に次ぐ大きさである。[10]

デジタル通貨が国際間の決済通貨として使われるようになれば、SWIFTの支配力は大きく減退することになる。

先述の深圳市での実験に戻る。実験が行われた場所は、同市の羅湖区である。この地区は、香港に隣接する重要な位置にある。実験に参加を希望した市民の中から抽選で5万人が選ばれ、1人2百元（約3千6百円）が供与された。これらのデジタル通貨は2020年10月12日から18日までの6日間で、同地区の３３８９店舗で使われた。その後も、他の都市で実験は繰り返された。

中国人民銀行の発表によれば、２０２１年10月８日時点で、試験運用場所は３５０万個所を超え、累計１・23億の個人用「ウォレット」[11]が開設され、取引金額は５６０億元（１兆80億円）に達した。２０２１年年６月末時点では、試験運用場所１３２万個所、個人用ウォレット２０８７万個、取引金額３４５億元（６２１０億円）であったことからすれば、わずか３か月で60％も増加したのである。

この成功を背景に、中国政府は、市民への補助金にデジタル人民元を使うようになった。深圳市では、新型コロナウイルス感染症との戦いで貢献度の高かった５千人の医療・介護従事者に対し、ボーナスをデジタル人民元で渡した。

デジタル人民元は、中央銀行が発行する法定通貨である。つまり、現金と同じように、どのような災害があっても、使えなければならない。そのためにも、通信障害がないようにしなければならない。デジタル人民元の決済用の情報端末には、近距離無線通信（Near Field Communication：ＮＦＣ）機能が搭載されている。[12] 通信状況に左右されることなく決済できることが、デジタル人民元の強みである。[13]

中国政府は、２０２２年の北京冬季五輪の関連施設で、デジタル通貨の実証実験の模様を世界に発信して、この大会をデジタル人民元の「ショーケース」と位置付けた。

五輪の取材拠点となる「メイン・メディア・センター」（ＭＭＣ）には、レストランや喫茶店、土産物店などが出店した。主な支払い手段は大会スポンサーの一つのＶＩＳＡカードであったが、デジタル人民元もｅ－ＣＮＹという名称で使用された。

ただし、デジタル人民元を入手するアプリは、中国国内で契約したスマートフォンでしか機能しない。

この大会では、新型コロナウイルス対策で、五輪関係者が外部と一切接触できないようにする厳格な「バブル方式」が採られた。外国の報道記者向けには、バブルの外に出られず、使う機会のない現金とパスポートを主催者側が預かり、大会公式マスコットが描かれたｅ－ＣＮＹカードを交付していた。

ＩＣカードなどと同様、端末にかざせばすぐに支払いが終わるが、残高が記入されたレシートは発行されない。

デジタル人民元の実験は、中国の銀行口座やスマホを持たない外国人にも、まずプリペイド式カードを使ってもらって存在を知らせる。将来、観光客の利用に役立てる狙いなのであろう[14]。

第2節　急増する暗号資産

1　ブロックチェーンの安全弁

労働者協同組合を立ち上げても、早晩、資金繰りで苦しくなることは目に見えている。政府や自治体、あるいは特定の慈善団体の下請けにならずに、自主独立性を維持することは非常に難しい。しかし、そうした資金繰りの隘路を打破できる可能性を大きく持っているのが、ブロックチェーンの原理を応用した「暗号通貨」(crypto currency)とそれに依拠する「暗号資産」(crypto assets)である。

ブロックチェーンは情報を記録・管理するための技術である。複数の情報をひとまとめにし、それを次から次へと鎖のようにつないでいく構造を持つことから付けられた名である。日本語では「分散型台帳技術」とも呼ばれている。カネの流れを記録した「台帳」を、あちこちに「分散」して保管しておくことが、最重要の約束事である。

台帳は、暗号通貨を取り扱う参加者全員が共有し、保存・管理している。分散型台帳によって、参加者全員が、誰が、いつ、どのような情報を台帳に書き込んだのかを明確に知ることができるので、ブロックチェーンは、偽造できないような形で管理できる技術となる。

ブロックチェーンには、大きく分けて四つの安全弁がある。

第１の安全弁は、Ｐ２Ｐ（Peer to Peer, ピア・ツー・ピア）である。ピア（peer）とは、同等の人、仲間という意味である。[15]

従来の情報管理システムには、サーバーが故障すると、システム全体が停止してしまうという問題があった。しかし、Ｐ２Ｐシステムでは、複数のコンピュータがデータを分散して管理しているため、サーバーの一つが故障しても、システム全体は機能するという利点がある。

一つのコンピュータにおいて、データ・ファイルが失われても、他のサーバーにデータが保管されているので、再び復元することが可能である。リスクも分散される。この点が、これまでの中央集権型のシステムとは異なっている。

２番目の安全弁は、暗号技術である。

ブロックチェーンは、公開された鍵（公開鍵）と公開されていない鍵（秘密鍵）の二つを利用してデータのやり取りをする。公開鍵と秘密鍵がセットになっていて（これを暗号化という）、この二つが正確でないとデータは複号できない。[16]暗号通貨の安全性はここでも保たれている。

３番目の安全弁は、データ全体の閲覧に用いられる「ハッシュ値」(hash value) である。システムの中で誰と誰が取り引きし、その内容はどのようなものなのかをチェックしたい時、これまでは、メールやＩＣ（集積回路：Integrated Circuit）カードなどがよく使われていた。

ＩＣカードとは、単純な磁気カードにＩＣチップを搭載したカードである。ＩＣカードは、磁気カードに比べて偽造が困難であり、本人確認のためのサインの替わりに暗証番号を用いることにより、不正使用の防止効果が高まるというのが謳い文句である。

しかし、その一方で、暗唱番号などを使ってアクセスするのは、ハッキングされてしまう危険性がある。そこでブロックチェーンの世界では、システムに接近する際に定められた特定の数値を入力すれば、個人用の取引番号を知らされる。これがハッシュ値である。このハッシュ値がデータにアクセスできる証明番号になる。もちろんこの数値は、他人には分からない。

４番目の安全弁は、「スマート・コントラクト」(smart contract) である。スマート・コントラクトとは、人の手を介さずに契約内容を自動で実行してくれる仕組みのことである。第三者を介さずに契約プロセスを自動化できるので、取引期間の短縮化が可能になる。(17)

２　ロシア侵攻でウクライナに集まった暗号通貨

ロシアからの軍事的な侵攻に対抗するために、ウクライナ政府は、２０２２年2月末、戦費調達のため、「ビットコイン」(Bitcoin)、「イーサリアム」(Ethereum)、「テザー」(Tether) からなる暗号資産の寄付を世界中から受け入れるとの声明をSNS上で発した。これは、暗号通貨が、すでに国際間の決済手段として日常的に使われていることを意味する。

デジタル・リテラシー教育の向上事業を行っているブリタニー・カイザー (Brittany Kaiser,

1987–）によると、この声明に呼応して、合計約1億6百万ドルの暗号資産の寄付が、ウクライナに殺到したという。同氏は、かつて、大量のデータが米大統領選に悪用された英国の「ケンブリッジ・アナリティカ」（Cambridge Analytica）を内部告発した人である。[18] 同氏は、ウクライナのフョードロフ（Mykhailo Fedorov）副首相兼デジタル転換相が組織するハイテク人材ネットワークに積極的に参加し、ウクライナへの募金活動を支援している。

「ウクライナ国立銀行」（National Bank of Ukraine：NBU）は、いろいろな種類の暗号資産を取り込もうとしている。例えば、従来の仮想通貨とは違うNFT（Non-Fungible Token：非代替性疑似通貨）[19]も含まれている。

イーサリアム共同創業者のギャビン・ウッド（Gavin Wood, 1980–）は、自身が開発した「ポルカドット」（Polkadot）がウクライナで受け入れられれば「個人として5百万ドル寄付する」とツイートした。

ウクライナに殺到する暗号資産による寄付は、暗号資産の世界大的な普及を一層加速させるかもしれない。

米シリコンバレーのハイテク企業「スティール・パーロット」（Steel Perlot）のミシェル・リッター（Michell Ritter）最高経営責任者（CEO）は次のように発言している。

「ＳＮＳは２０１１年が転機だった。リビアやエジプト、イエメン、シリア、バーレーンからの動画、ツイートなどが『アラブの春』に火をつけた（中略）。いまは（暗号資産によって）似たような転換点を迎えている」。

調査会社の「チェイナリシス」（Chainalysis）の試算によれば、ウクライナは、人口当たりの暗号資産の使用レベルにおいて、２０２１年には世界第４位であった。しかし、その前年の２０２０年には世界トップであった。[20]

3　ＩＴ技術先進国のウクライナ

ウクライナには、約30万人のＩＴ技術者がいて、近年、海外企業の開発委託先として注目されていた。そうした企業群がロシアの侵攻に抵抗するいろいろな最新技術を開発・実施している。

ウクライナのキーウ（キエフ）に本社を置くソフトウェア開発会社の「マックポー」（MacPaw）は、世界中で1千7百万件のダウンロードを数えるＭａｃ向けメンテナンス・ソフト「クリーンマイマック」（CleanMyMac）を制作・販売している。クリーンマイマックは、２００８年の発売以来、11年にわたりメンテナンス・ソフトとして成長してきた。このソフトは、Ｍａｃのクリーンアップ、各種メンテナンス機能、ウイルス・スキャン、最適化のすべての機能を、ワン・クリックで簡単に使用できるというのが売りである。２０１９年には、クリーンマイマックの最新バージョン（CleanMyMac-X）が、日本市場にも進出してきた（https://macpaw.com/news/cleanmymac-if-design-award）。

マックポーは、創業者のオレクサンドル・コソヴァン（Oleksandr Kosovan）の下で、多くの技術者をロシアへの抵抗運動に参加させている。

コソヴァンは、『日本経済新聞』の取材に応じて、「すべての行動が大きな違いを生む。技術の専門家や企業に行動を起こしてもらう必要がある」と述べたという。

同社の技術者たちは、どのアプリがロシアとつながっているか確認できる「監視防止」のソフトを作成した。避難時に充電が難しいことに対応して、アイフォンの電池消費を抑えるソフトも作った。戦況をネットで受信・共有できるよう無料のＶＰＮ（Virtual Private Network：仮想私設網）機能[21]も開発した。

『日本経済新聞』によれば、同社は、２億人のユーザーを抱える自社の顔加工アプリを使用して、ロシア人利用者に、プーチン政権に抗議を呼びかけるようにプッシュ通知で送信し、ウクライナの実際の映像を使った動画を駆使して反戦を呼びかけた。アプリ内では戦争の現状や寄付などを促すべく、オリジナル動画を作成して、ユーザーに拡散を依頼した。この呼びかけに応じて、15万人が寄付をクリックしたという。プッシュ通知とはスマートフォンで音声や情報をユーザーに自動的に送る機能である。

ウクライナには、ＡＩを使って言語処理のサービスを提供している「グラマリー」（Grammarly）というユニコーン企業がある。[22] この企業が、ネット上でのロシア侵攻批判文書を書いてもらうべく、市民をネットの関連サイトに誘導して、資金面での支援を要請している。

１９９１年に旧ソ連から独立したウクライナは、ソフトウェア産業を強化してきた。「ウクライナ投資庁」（Ukrainian Investment Agency）によると、ＩＴ企業の数はロシアの侵攻前で5千社強。「ＩＴウクライナ協会」（IT Ukraine Association）によれば、コンピュータ関連サービスの２０２１年の輸出額は、68億ドルと、２０１８年から2倍以上に拡大した。ＩＴ部門の収益はＧＤＰの４％以上を占めていた。[23]

４　ウクライナで生まれたアンチェーン（鎖を断ち切る）運動

２０２２年1月、ウクライナに、戦時の市民を救うための「アンチェーン」（Unchain）という組織が立ち上げられた。これは戦争の連鎖を断ち切りたいという願いが込められた名称である。創設者は、何種類もの暗号通貨を交換するブロックチェーン開発企業の「アピスワップ・ファンデーション」（Apyswap Foundation）を創業したアンドリィ・ヴェリキィ（Andry Veriky）とアレクセイ・ボボク（Alexey Bobok）の２人である。

アンチェーンは、ウクライナ市民を避難させ、市民に配る食料、衣料品を購入し、軍隊向けに武器以外のあらゆる支援を行うための資金を集める基金である。武器援助だけは絶対にしない、というのがこの基金の最大の特徴である。

アンチェーンは、イーサリアム[24]、「バイナンス・スマート・チェーン」（Binance Smart Chain：BSC）[25]、「ポリゴン」（Polygon）[26]、「アヴァランチ」（Avalanche）[27]、「ニア」（Near）[28]、「セロ」（Celo）[29]の各ネットワーク上の「マルチシグウォレット」（Multisig Wallet）[30]で寄付を受け付けている。

アンチェーンのウォレットの署名人には、オープン・ソース支援を手がける「ギットコイン」（Gitcoin）の共同創業者スコット・ムーア（Scott Moore）、ニアの共同創業者のイリア・ポロスキン（Illia Polosukhin）、「メタカルテル」（MetaCartel）のコミュニティ責任者であるピーター・パン（Peter Pan）、「ハーモニー・ワン」（Harmony ONE）のコミュニティ・マネジャーのニック・ヴァシリク（Nick Vasilich）などが加わっている。

ニアの創業者ポロスキンは、アンチェーンが武器購入のために寄付を集めていない唯一の基金なので、支援することにしたと語っている。

アンチェーンに寄せられた寄付は、分散化されているからこそ安全である。

「ブロックチェーン・テクノロジーを利用して透明性を持って集められた寄付が、（公共性を保ち、武器購入には使われないという）私たちが主張する通りに使われること」が重要なのであると、アンチェーンの共同創業者であるボボックは説明している。

暗号資産の取り引きで結びついているウクライナのコミュニティでは、アンチェーンをはじめとして、資金調達のための取り組みがいくつか生まれている。

例えば、「ウクライナＤＡＯ」（UkraineDAO：ＤＡＯとは分散型自律組織のこと、後述）。これは、ロシアの反体制的なフェミニストの面々からなるロック・バンドの「プッシー・ライオット」（Pussy Riot）も結成に関わった組織である。

ウクライナ軍を支援するＮＧＯの「カムバック・アライブ」（Come Back Alive）もある。

ロシア語系暗号資産メディアである「フォークログ」（Forklog）の推計によると、ウクライナのために暗号資産を集めている様々な組織には、２０２２年2月末から3月5日までの6日間で5千8百万ドルを超える寄付が集まったという。

フォークログの創業者であるアナトリー・カプラン（Anatoly Kaplan）は以下のように語った。「フォークログのスタッフの半数（約20人）が、ウクライナに留まっている。ほんの数名の女性スタッフだけがウクライナから脱出したが、男性の社員たちは、ロシア軍と戦う決意を固めている。「男性たちは、必要となれば銃を持って戦争に加われるように、ウクライナに留まることを決意した」。スタッフの一人は、原発が集中しているザポリージャ（Zaporizhia）の防衛隊のメンバーとなっていると付け加えた。「キーウでは、一時、武器の数よりも、戦うことを志願した民間人の数の方が多かったほどだ」。

ウクライナは、国際的なブロックチェーンと暗号資産業界にとって、重要なテック地域となっており、ウクライナ出身の開発者や「バリデーター」(validator)[31]は多数に上る。例えば、ニアでも、開発者とバリデーターの多くが、ウクライナ在住である。[32]

5　暗号資産を公認したウクライナ政府

「ウクライナ最高議会」(Supreme Council of Ukraine)は、ロシアによって軍事侵攻される1か月前の2022年2月17日に暗号資産を合法化するという法案を可決していた。同月末には、暗号資産による寄付を受け入れ始めており、さらに3月14日、「アンティグア・バーブーダ」(Antigua and Barbuda)[33]を拠点に欧米で展開している暗号資産取引所の「FTX」[34]と提携し、寄付サイトの「ウクライナ支援」(Aid For Ukraine)を立ち上げた。3月17日時点で約5千6百万ドルの寄付が集まった。最終目標額は2億ドルである。FTXは、寄付された暗号資産を米ドルに換金し、ウクライナ国立銀行に送金する手はずになっている。[35]

そして、ロシアが侵攻する直前の2022年3月16日、ボロディミル・ゼレンスキー(Volodymyr Zelenskyy, 1978-)大統領が、この合法化法案に加えて、暗号資産を監督する法案に署名した。それは、ウクライナで暗号資産の合法的な市場を創出するための条件整備を目的としたものである。これによって、ウクライナ国内で、内外の暗号資産を合法的に取り引きできるようになるほか、暗号資産交換業者は、ウクライナの銀行に口座を開設することも可能となった。

ミハイロ・フェドロフ（Mykhailo Fedorov）副首相兼デジタル変革相は、ＳＮＳのサイトである「テレグラム」（Telegram）[36]への投稿で「戦争の開始とともに、暗号資産はウクライナ軍支援のための強力なツールになった」と述べた[37]。

また、『ニューヨーク・タイムズ』紙は、２０２１年末、ウクライナにおける銀行間取引では、暗号資産での一日当たりの取引数が自国の法定通貨を上回っていると報道した。それによれば、一日当たり約1億5千万ドル相当の暗号資産が取り引きされ、年間約80億ドル相当の暗号資産が同国を出入りした[38]。

第３節　労働者協同組合を支える暗号通貨

１　民間の暗号資産への規制を強める米国

「国際決済銀行」（Bank for International Settlements：ＢＩＳ）に、「イノベーション・サミット」（Innovation Summit）という会議体がある。これは、グローバルな政策の立案者、金融界の要職者、アカデミズム界の面々が一堂に会し、テクノロジーとイノベーションを議論する場である。

２０２２年3月22～23日にオンライン形式で開催されたこの会議では、暗号資産についてのやり取りがあったという。

「ヨーロッパ中央銀行」(European Central Bank：ＥＣＢ）のラガルド（Lagarde）総裁（President）は、ロシアでは、個人も企業も、手持ちのルーブル（rubles）を暗号資産に換えている。暗号資産が西側陣営による経済制裁からの抜け穴として使われているとして、暗号資産の取引業者を制裁回避の「共犯者」(accomplice）であると強い表現で非難した。

「米国連邦準備制度」(Federal Reserve System：Ｆｅｄ、フェッド)(39)のパウエル（Powell）議長（Chairperson）は、デジタル通貨が金融規制の枠の外にあることは、規制を受ける既存の金融機関に不利に働く。そうさせないためにも、今後は、デジタル金融活動にも規制の網を被せるべきであると語ったという。これは、裏返せば、フェッドは「中央銀行デジタル通貨」(Central Bank Digital Currency：ＣＢＤＣ）発行の検討を早急にしたいとの本音を吐露したとも受け取れる。

米国は、これまで、ＣＢＤＣの発行に及び腰であった。ところが、バイデン政権は、２０２２年３月９日、デジタル資産分野で初めて国家戦略をまとめ、ＣＢＤＣの検証を加速するとの姿勢を表明した。

世界ではバハマやナイジェリアなど、９か国がすでにＣＢＤＣを導入している。デジタル資産の時価総額も3兆ドルを突破した。デジタル化は低コストのサービスにつながるが、金融システムの不安定化などのリスクも抱える。そのためにも、ＣＢＤＣを通じて、米国が、民間の暗号資産への監視を強めてくることは必至である。パウエルも、現在が「(デジタル・イノベーションという）旅路の始まり」であると指摘した[40]。

２　プラットフォーム協同組合

政府の金融管理当局が暗号通貨に規制の網を被せようと画策しても、暗号通貨を基礎とするＤＡＯ（Decentralized Autonomous Organization：分散型自律組織）は、ますます技術力を高め、経済社会の隅々にまで行きわたり、確実に地歩を固めるようになるだろう。

ＳＤＧｓ（Sustainable Development Goals：持続可能な開発目標）には17項目からなる達成目標があり、その８番目に「働きがいのある人間らしい仕事と経済成長：すべての人に仕事を生みだす」（Decent Work and Economic Growth: Creating Jobs for all）という項目がある。この働き方を実現するための１つの解決策として、「プラットフォーム協同組合」（Platform Cooperative）が世界的に注目されるようになった。これは、ＤＡＯと、労働者協同組合による労働者主導の事業運営とを融合させようとする取り組みである。この種の融合によって、「ギグ・エコノミー」（gig economy）や「シェアリング・エコノミー」（sharing economy）などの「プラットフォーム・エコノミー」（platoform economy）[41]の弊害を克服しようとするのがプラットフォーム協同組合の狙いである。

プラットフォーム協同組合の提唱者であり、実践家でもあるトレバー・ショルツ（Trebor Scholz）がＮＨＫ・ＴＶのインタビューに答えて、次のような内容の話をした（ＮＨＫ「クローズアップ現代」２０２１年5月25日放送、https://www.NHK.jp>general>blog）。

ギグ労働者たちの多くが労働法の保護を受けられずに搾取されている。にもかかわらず、産業界は、プラットフォーム・エコノミーこそが次世代の希望である、と大きく喧伝している。

株主価値の最大化を至上命令とするこうした風潮に対抗すべく、労働者協同組合は、利益を目標とするのではなく、協同労働によって雇用を守ることを主要な目的にしている。この組合は、仕事を外国に外注せず、組合員の生活を守るべく、組合員仲間と仕事を融通し合う。そのこともあって、組合員の離職率や欠勤率は、協同組合でない企業に比べて低い。これはリーマン・ショックで確かめられた事実である。

米国では、社会的に疎外された人たちが、協同労働組合に頼っている。米国の協同労働の多くは、インターネットを基盤としているので、実際の店舗を展開するよりもコストが掛からないし、事業を拡大しやすい。働き方も自由であることが多い。組合員は、出勤時間を自分の生活スタイルに合わせて自由に選択できる。

協同労働が広がっているのは、介護・ホームクリーニング・輸送・農業などの分野である。２０２１年時点で、プラットフォーム協同組合は47か国にまたがって5百個あった。

このような運動に携わっている人たちは、ＧＡＦＡ（ガーファ、Google：グーグル、Apple：アップル、Facebook：フェイスブック、Amazon：アマゾン）とは違う方向を目指す協同労働が、多数のプラットフォームを用いて連携する「コモン・ウェルス」（Common Wealth）[42]の創出を夢見ている。

以上が、トレバー・ショルツがＮＨＫ・ＴＶのインタビューに答えた内容である。

ブルックリン（Brooklyne）を拠点とする全米最大の食品協同組合、「パーク・スロプ・フード・コープ」（Park Slope Food Coop：ＰＳＦＣ）での20年以上の勤務経験があるショルツは、インタビューの中で、プラットフォーム協同組合の事例としてニューヨークのホームクリーニング・サービスの「アップ・アンド・ゴー」（UP&GO）とヨーロッパの独立演奏家たちが組織した「スマートコープ」（Smartcoop）を激賞した。これら三つの協同組合を次項で紹介する。

3　代表的なプラットフォーム協同組合

パーク・スロープ・フード・コープの名称の先頭部分、パーク・スロープはニューヨーク州ブルッキングにある地区名である。創立は１９７３年。２０２１年時点で組合員は1万7千人ほどいる。組合員は、食料品を市場価格より20～40％も安い価格でＰＳＦＣの店で購入できる。そうした破格の恩恵を受けるためには、組合員は4週間に2時間45分以上働かなければならない。この点が普通の協同組合と大きく異なる。普通の協同組合は、世界最大の組合員数を誇る「コープ・こうべ」ですら、出資という名の登録費を払えば、組合員となって買い物ができるという組織である。普通の協同組合でも、組合員しか協同組合店での買い物はできない。この点はPSFCと同じである。しかし、組合で働く義務はない。圧倒的多数の組合員は事業経営に関与していない。それに対して、PSFCを含むプラットフォーム協同組合は、組合員が経営権を持ち、経営に責任を負う。この違いは重要である。

PSFCは、地元の有機栽培農産物、有機栽培で、かつ配合飼料ではない牧草で飼育された牛肉、放し飼いで育った鶏肉（ブロイラーの若鶏ではない）、略奪的漁法ではない節度ある養殖の魚肉、先進国ではなく途上国を主体とするフェア・トレードによる輸入食品、化学薬品を使用しない自然な農・水産物、等々を地元民に提供するという高い理念を掲げている。(43)

PSFCには、長いボイコット運動の経験がある。アパルトヘイト体制の間、南アフリカ連邦からの商品をボイコットした。ピノチェット（Augusto Pinochet, 1915–2006）政権下のチリのワインも禁止した。「ネスレ」（Nestlé Ltd.）が、母乳育児をしなくてすむ乳児用調製粉乳を宣伝していた時には、同社の製品もボイコットの対象になった。

2008年以降、PSFCの小売店では、缶入りの飲料水の販売を中止した。レジ袋の提供も停止した。リサイクルが難しいプラスチック袋を回収している。ヨーグルトの容器を集めて、歯ブラシなどを作るといったリサイクル事業も始めている。

２０１８年には、自分たち独自の協同組合を結成しないかと、ＰＳＦＣ以外の食料品店の従業員に呼び掛けた。以後、これらの食料品店との連携に注力している。随意雇用（長期雇用ではない非正規雇用）を廃止して、雇用の安定を図る運動にも取り組んでいる。人種差別など、職場での不平等な扱いにも抗議している。他の協同組合や外国の協同組合と積極的に連携している。外部からの批判も隔週で発刊されている機関紙である『ガゼット』（*Gazzette*）に掲載し、真摯な自己批判も公表している。自己批判には、建前論ではない実質的な組合員の平等と民主主義を浸透させることの難しさと苦しみを、素直に吐露したものが多い[44]。

次にショルツによって激賞されたアップ・アンド・ゴーの紹介に移りたい。

アップ・アンド・ゴーは、個人事業主ではあるが、実際には不安定で報酬もかなり低いハウスクリーニングに携わる人たちを、オンラインで連携させるプラットフォーム協同組合である。ニューヨークに拠点を置いている。

アップ・アンド・ゴーは、ニューヨーク・ブルックリンのサンセット・パーク（Sunset Park）にある「家族生活センター」（Center for Family Life：ＣＦＬ）を起源にしている[45]。

このセンターは、ブルックリン地区の住民組織であり、さまざまな問題を抱える家族に対して、助言を与えたり、支援をしている。ブルックリン地区の住民の半数以上が非白人である[46]。こうした環境もあって、アップ・アンド・ゴーの組合員の多くは、ヒスパニックの女性である。創業者もそうである。

家族生活センター（ＣＦＬ）は、２００６年から地元企業による協同組合の設立を支援してきた。この支援を受けて２０１７年にアップ・アンド・ゴーも誕生したのである。設立資金は、「ロビンフッド財団」(Robin Hood Foundation)[47]や「バークレイズ」(Barclays)[48]、ＣＦＬなどから提供された。サービス料金の95％は仕事をした組合員に与えられ、プラットフォームの維持に使われるのはわずか５％である。料金は、組合員の合意で決められる。プラットフォームは、さまざまな協同組合のメンバーによるアイデア、知識を交換する場でもある[49]。

最後に、ヨーロッパで組織されたスマートコープを紹介する。これは、フリーランス（特定の楽団に所属していない）の演奏家たちが組織したプラットフォーム協同組合である。組合員は、ベルギー、フランス、ドイツ、イタリア、スペイン、ハンガリー、オランダ、スウェーデンの40以上の都市にまたがり、２０２１年時点で３万５千人いる。組合が設立される以前の演奏家たちは、出演料の受け取りが滞りがちであった。フリーランサーとしての立場が弱かったからである。

組合が出演料受け取りの窓口を一本化し、支払いルールを整備してイベント主催者と交渉した結果、出演料の支払いは１週間で行われるようになり、出演料も上がった。失業手当も設けられるようになった。組合員たちは相互に啓発しあい、連帯の絆を強くしているという[50]。

第４節　ＤＡＯなどが目指していたはずの理念

改めて説明するが、「ＤＡＯ」とは分散型自律組織のことである。ブロックチェーンが切り開いた世界は、中央管理者を必要としないで（むしろ排除して）、参加者全員が取り引きの内容を知ることができるという画期的なものであった。ブロックチェーンは、取引記録を取りまとめて（ブロックして）、新しい記録につなぐ（チェーン）という取引形態を表す名称に止まらず、「分散型台帳」(Distributed Ledger：ＤＬ）と呼ばれるようになったのである。

「ビットコイン」(Bitcoin：ＢＣ）は、特定の組織に管理されることなく、参加者全員にオープン（公開）にされるものである。しかも狭い地域に限定されずに、広い世界に分散するという理念を実現するために、暗号を用いるという工夫がこらされている。このように、ビットコインは、単に絶好の投機対象となる暗号通貨を創造することを目的としたものではない。しかし、いまではビットコインは、人々の脳裏には一攫千金の夢を持たしてくれる便利な投機対象としか映らなくなっている。

ビットコインに続く「イーサリアム」(Ethereum：ＥＴＨ）を使った「ディーファイ」（分散型金融：ＤｅＦｉ）も、表現こそ異なるが同じ意味内容の「中心なき」(Decentralized)「金融」(Finance) という名前が付けられている。ディーファイは、２０２０年に大化けした暗号資産になった。ビットコインは現在のところ、2千1百枚しか発行できないという制約があるのに、イーサリアムには発行枚数に制限はない。

平均10分もかかるビットコインのブロック生成時間に対して、イーサリアムは約15秒で生成できる。手数料も安く、金利も付く。(51)

現在、ディーファイの取り引きは、まさにバブル真っ盛りである。そこには、公平、透明、公開を原則とする分散型台帳を使って参加者が相互に同格である社会を創るという理念は、建て前だけのものになりはててている。

２０２１年にブームとなった「ＮＦＴ」(Non-Fungible Token) も、てっとり速い金儲け手段として使われている。

「トークン」とは一般的には、象徴、印という意味で、ブロックチェーン技術を使った暗号資産取引における暗号通貨のことである。

"Non-Fungible" は「非代替性」、つまり「替えが効かない、唯一無二の」という意味である。ピカソが描いた絵の「原画」、著者の直筆サイン入りの「本」、などがそれに当たる。つまり、ＮＦＴとは、「替えが効かない唯一無二であること」が「ブロックチェーン技術で証明」された暗号通貨ということになる。

これが目をむくような高値で売買されている。

２０２１年年3月、米国のデジタル・アーティスト、ビープル（Beeple）のＮＦＴアートである“Everydays: The First 5000 Days”が約75億円で落札されたというニュースに人々が興奮し、一挙にＮＦＴブームが起こった。

ＮＦＴ取り引きが始まった２０１７年当時の市場規模は、約3千万ドル程度だったのに、大きな盛り上がりを見せた２０２１年には約7億1千万ドルと20倍以上にもなった。[52] それは、貧困者の雇用を生み出したのではなく、超富裕者の金融資産を増やしただけである。

ブームに伴い、多くのＮＦＴ取引業者が輩出している。口々に、自社と取り引きすればいかに簡単に儲けられるか、を喧伝するだけの業者が多すぎる。しかし、こうした風潮を尻目に高尚な理念の実現に邁進する業者も少数だが中にはいる。

くどいようだが、ＤＡＯは、分散型自律組織と訳されて、株主、経営陣、役員などの管理者がいなくても、参加者たちが自律的に価値を創造し、事業を推し進める組織である。

ＤＡＯが、ビットコインの分散型台帳と違うのは、参加者を株主に位置付け、中核になる設計をした開発者（コントリビューター）を中心メンバーに置き、開発者が提案する事案を参加者たちが投票で決めるという手法を採っている点である。[53] その一点で、労働者が経営権を持つという協同組合の理念からすれば、ＤＡＯは、プラットフォーム協同組合と対立するものとして受け取られかねない。

それでも、プラットフォーム協同組合と対立するのではなく、協同組合を資金的に支援するために組織されたDAOもある。

サンフランシスコに拠点を置いて、2013年に設立された「パトレオン」(Patreon) がその一つである。このDAOは、画像のコンテンツ制作者や、音楽家、ウェブコミック制作者向けの「クラウドファンディング・プラットフォーム」(Crowdfunding Platform) を運営している。ファンや支援者たちから定期的に寄付金を集めたり、制作者のNFTを販売したりして、資金を調達している。サービス開始から18か月で12万5千人以上の支援者が登録した。2014年末には、サイトに登録している製作者に、月総額百万ドル以上が寄付されるようになった。パトレオンが徴収する手数料（ガス代と呼ばれている）は5%である[54]。

2018年、ニューヨークに設立された「アンプルド」(Ampled) も協同組合をモデルにしたオンライン・ミュージック・プラットフォームである。これも音楽家を支援するために組織されたDAOである。登録された音楽家、支援者、アンプルドの職員の3つのグループからそれぞれ3人の役員が選ばれ、これら9人の合議制によって運営されている。アンプルドは、2020年、ニューヨーク州におけるコロナ禍による外出禁止令が出されたために、仕事の場を失った音楽家たちに、収益のすべてを寄付した[55]。

コミュニティを強化するために活動している協同組合を支援する「シード・クラブ」(Seed Club) というDAOも活躍している。世界の30を超える協同組合に資金援助をしている[56]。

おわりに

アンプルドの協同創設者に、音楽家にして社会活動家でもあるオースティン・ロビィ（Austin Robey）という人がいる。彼は、新古典学派を乗り越える経済学を模索しつつ、従来のオンライン経済よりも、もっと民主的で平等かつ幅の広い組織作りに励んでいる。ニュー・ミュージックを育成する「ニュー社」（New INC）のメンバーでもある。この組織は、「エクィタブル・プラットフォーム」（Equitable Platform）の一員でもある。彼は、「インターネット・オブ・オーナーシップ」（Internet of Ownership）の作戦会議の評議員もしている。[57]

このように多彩な活動をしているオースティン・ロビィの発言を以下に引用しよう。

「プラットフォーム協同主義とＤＡＯの両方に身を置いていることで、両者のそれぞれを知る自らの啓蒙度を高めてきたと私は信じている」。

「これら二つを融合させることこそ、実りの多い収穫をもたらす」。

「協同組合は、労働者と顧客との共同所有であり、組合員たちは、1人1票の平等の権利を持っている。こうした所有形態が協同組合の基盤ではある。しかし、農業協同組合や、デジタル技術を駆使するプラットフォームなど、一口に協同組合と言っても、協同組合には様々な形態がある」。

「協同組合もDAOも、ともに集団所有であり全員による決定方式を採用しているが、両者には基本的な違いがある。原則として、協同組合は、1人1票のガバナンスの下、金銭的に平等であり、一人一人が他の組合員よりも報酬を増やそうとはしない。DAOは、外見的にはそうしたガバナンスとは異なっているように見える。しかし、そうではない。ブロックチェーンの領域で確立した、自らを証明しなければならないとするDAOのガバナンスは、1人1票的な協同組合のガバナンスを補完し得るものである」。

「二つの領域に身を置いた経験を通して、集団所有形態をもっと大きくするには、DAOの方がむいていることに私は気付かされた」。

「協同組合は、活動資金を獲得する面で必ずしも成功してこなかった。協同組合には資本家的リアリズムへの嫌悪がある」。

「しかし、両者は相手の経験から学ぶべきである」。

以上の主張をした後、ロビィは、ジェシカ・ゴードン・ネンバード（Jessica Gordon=Nembhard）の著書（Gordon=Nembhard［2014］）に依拠して、米国に移民してきた人たちが差別と戦いながら如何に集団で資金を工面してきたか、また、大恐慌以降に貧困者や黒人、ヒスパニックたちが、資金の相互融通組織を如何に作り上げてきたかの経緯を紹介している(58)。

日本にも旧くから協同で資金を集めた講の組織がある。戦前には賀川豊彦たちが、神戸市の貧民街で頼母子講を大いに利用した。その思想を継いで、いまでも賀川記念館を拠点に貧民救済事業が行われている。

労働者協同組合を苦労して立ち上げても、早晩資金的に行き詰まることは必至である。労働者協同組合はクラウドファンディングやＤＡＯを組織化しつつ、日本の土壌に合った資金調達方法を検討していく必要がある。

注

（1）https://www3.nhk.or.jp/news/html/20220227/k10013503441000.html

（2）『日本経済新聞』2018年11月6日付朝刊。

（3）http://www.usaengage.org/?id=1　事実、経済制裁の効果は疑わしいという研究も、近年増えてきている（http://207.238.152.36/HOTOPICS/SANCTION/execsum.htm）。経済制裁の効果が皆無に近いことは、米国の為政者には知られている事実である。それでも、米国政府が、一方的な経済制裁を乱発しているのは、国内のナショナリスティックなポピュリストたちからの受けを狙った政治的なパーフォーマンスなのだろう（星野敏也「アメリカの経済制裁とビジネス」https://ci.nii.ac.jp/author?q=count=&sortorder）。

（4）https://www.bcg.com/ja-jp/press/19december2019-global-payments-tapping-into-pockets-of-growth

（5）注1と同じ。

（6）R３は、分散台帳技術を開発する「コンソーシアム」（Consortium：共同事業体）である。金融システムにおける分散台帳の研究と開発において、世界の大手の金融機関70社以上が参加している。本社をニューヨーク市に置き、デービッド・ラター（David Rutter）によって２０１４年に設立された（https://ja.wikipedia.org/wiki/）。R３は、２０１６年4月、金融業務への分散台帳技術の適用を加速させるために、マイクロソフト社と提携したと発表した（http://www.fina-sol.com/news/89190.html）。

（7）『日本経済新聞』２０２２年2月27日付朝刊。

（8）『日本経済新聞』２０２２年2月28日付朝刊。

（9）『日本経済新聞』２０２２年3月8日付朝刊。

（10）『日本経済新聞』２０２２年1月29日付朝刊。

（11）ウォレットは、財布を意味する英語の語源通り、スマートフォン内に金額をチャージし、その金額を外出先で使用できる機能である。決済方法には、読み取り機にスマートフォンをかざすだけのタッチ式と、バーコードやQRコードを使うコード読み取り式がある（https://www.weblio.jp/ウォレットとは）。

（12）電波や光などを使ってデータをやり取りする無線通信のうち、通信距離が数十メートル内のものが、「近距離無線通信」（Near Field Communication：NFC）である。NFCには、電波を送信する免許などが不要で、誰でも市販の機器を使って自由に通信できるという便利さがある（https://ja.wikipedia.org/wiki/近距離無線通信）。

（13）西村友作「『デジタル人民元』は中国社会に広まるのか?」『日経ビジネス』２０２２年1月12日号（電子版）。

（14）『日本経済新聞』２０２２年2月3日付夕刊。

（15）「対等のもの、同等のもの」という意味のピアを基礎に置くP2Pシステムでは、データの配信、蓄積、検索といったサービスを提供するサーバーと、そうした情報を受け取るクライアントという概念だけの用語が使われる。P２Pでは、サービスを提供する側と、受ける側、という役割は固定されていない。システムを構成している参加者（ピア）たちは、データを提供することもあれば、受け手になることもある。各ピアは固定的ではなく、サーバーの役目もクライアントの役目も両方果たす。このことから、それらを組み合わせた「サーバント」(servant)という用語も使われている。ブロックチェーンには、ピアと同じ意味内容で使われる「ノード」(node)という用語もある。ノードは交点や節を表す言葉である。各ピアはネットワーク上で交点に位置しているため、そう呼ばれる(http://www.ariel-networks.com/news/2005/02/p2p-27.html)。

(16) データや信号などが盗聴されるのを防ぐための暗号化を「符号化」(encode)という。元の状態から変換された符号列から、符号化とは逆方向の変換処理を行い、元のデータに復元する処理や工程が「復号」(decryption, decode)である。暗号を用いずに元の情報を復元することは、「解読」(decipher)という(https://e-words.jp/w/復号.html)。

(17) http://www.ariel-networks.com/news/2005/02/p2p-27.html

(18) ケンブリッジ・アナリティカは、選挙に関するデータ・マイニング(データを収集すること)とデータ分析を行うコンサルティング会社であった。同社は、英米両国に拠点を置いていた。この会社は、２０１６年６月の英国のＥＵ離脱の是非を問うた国民投票や、２０１６年11月の米国の大統領選挙において、離脱賛成派、トランプ派が有利になるようにデータを意図的に操作したとして、疑惑の世論が高まった。結局、この会社は２０１８年５月にすべての業務を停止した(https://ja.wikipedia.org/wiki/ケンブリッジ・アナリティカ)。ブリタニー・カイザーは14年12月から18年１月までこの会社に在籍していた。Kaiser [2019] を出版し、現在は非営利団体「データ基盤を持とう」(Own Your Data Foundation)を立ち上げて、デジタル・リテラシーの教育向上などを手がけている(https://globe.asahi.com/article/13365005)。

(19) バス料金の支払いとして発行された引換券は、特定のバスの料金支払いにしか使えない。つまり、バス料金引換券は代替不可能な疑似通貨である。レブロン・ジェームズ(Lebron James)のアイテムは超人気である。彼の20秒ほどのプレー動画のＮＦＴに、約２２７０万円の価値が付けられた。しかし、この特定化されたＮＦＴは他のスポーツ観戦には使えない(https://nft-now.jp/difference-btw-nft-crypto/)。『ウォール・ストリート・ジャーナル』紙(２０２１年12月19日、電子版)は、「ナイキ」(Nike)が自社の特定のスニーカーを対象としたＮＦＴを発行する方向で動いていると報じた(https://www.wsj.com/articles/nike-buys-into-nfts-eyeing-real-money-from-virtual-sneakers-11639926005?mod=tech_lead_pos6)。

(20) ２０２２年３月11日付『フィナンシャル・タイムズ』の記事。『日本経済新聞』２０２２年３月16日付朝刊より転載。

(21) ＶＰＮとは、公衆回線などを用いて、公共に提供されているネットワークを、あたかも自社内で構築した専用線であるかのように扱うネットワーク構築手法のことである。ＶＰＮは、すでに整備されたインフラを利用するので、専用の回線を新規に導入するよりも大幅にコストが抑えられるメリットがある。ただ、開かれたネットワーク上を通るために、盗聴される危険性が増すなど、セキュリティ面での脆弱性はどうしても増す（https://www.weblio.jp/content/仮想私設網）。

(22) グラマリーは、文法訂正、剽窃検知、言い回しの変更などを行う英文の文章作成を支援するソフト開発で有名。全世界のユーザー数は2千万人を超える。設立は２００９年。いまでは、ウクライナで2番目のユニコーン企業。創業者の3人は、ウクライナ人であるが、登記上は米国のシリコンバレーの企業。ウクライナのＩＴ企業は、ウクライナ色を極力排除して世界展開をしている（https://note.com/hiroshishibata/n/n193e7c97f2a5）。ユニコーン企業は、評価額が10億ドル以上の未上場の新規企業。「創業10年以内」、「評価額10億ドル以上」、「未上場」、「テクノロジー企業」といった4つの条件を兼ね備えた企業を指す。上場を果たすなどして、この4条件から外れればユニコーン企業でなくなる（https://www.bing.com/ユニコーン企業/）。

(23)『日本経済新聞』２０２２年3月16日付朝刊。

(24) イーサリアムは、分散型アプリケーション（DApps）やスマート・コントラクトを構築するためのブロックチェーン・プラットフォームの名称である。イーサリアムを利用するのに必要な通貨（内部通貨）として「イーサ」（Ether）が用いられる（https://ja.wikipedia.org/wiki/イーサリアム）。

(25) ＢＳＣは取引所のバイナンスが主導となって開発したネットワークのこと。ＢＳＣのネットワークの名称はＢＥＰ20と書く（https://3mikan.com/archives/316）。

(26) ポリゴンは、イーサリアムが抱えるスケーラビリティ問題（ユーザー過多による処理遅延や手数料高騰）を解決するために作られたプロジェクト。２０１７年に開発がスタートし、当初は「マティック」（Matic）と呼ばれていたが、２０２１年、ポリゴンに名称変更した。ポリゴンが発行している独自トークン（通貨）の名称は変わらず、マティックのままである（https://www.fisco.co.jp/media/crypto/ポリゴン）。

(27) アヴァランチは、２０２０年に着手（ローンチ）された処理速度に優れるブロックチェーンである。スケーラビリティ問題を解決するプロジェクトとして、２０２１年から注目されてきた。イーサリアムとの互換性、需要と供給のバランスをシステムで操作する「バーン」（焼却、burn）という仕組みも多用している（https://www.fisco.co.jp/media/crypto/avax-about/）。バーンとは、秘密鍵の暗号を知らないはずの人のアドレス宛に仮想通貨を送ることで、送った通貨を出し入れ不可にし、事実上消滅させることをいう。バーンは、紙幣を燃やすことになぞらえている。バーンを実施するのは、暗号通貨の運営元や発行元で、株式の世界における自社株買いと同じ効果がある。バーンをすることで流通する通貨の一枚当たりの価値を高めることができる（https://coinchoice.net/what-is-cryptocurrency-burn/）。

(28) 正式には「ニア・プロトコル」(NEAR Protocol) という。コミュニティ主体の分散型アプリケーション開発プラットフォームで、誰でも簡単にアプリケーションの構築とか、暗号資産の発行ができるようにするためのプロトコル（通信規約）である (https://kicchoeng.com/near/)。

(29) セロは、暗号通貨を誰でも使えるようにした仕組みで、スマートフォンを使って送金できる。電話番号をパブリックキー（送金用のアドレス）に使える。電話番号だけで送金できるシステムは、銀行口座を持たない発展途上国の人々を含む、世界中のスマホ・ユーザーをターゲット（顧客）にできた (https://mastand.com/transaction/altcoin/celo-exchang/#Celo)。

(30) マルチシグとは、「マルチシグネチャー」(Multisignature) の略称で、トランザクション（取り引き）の署名に複数の秘密鍵を必要とする技術のこと。一つの秘密鍵で署名を行う通常のシングルシグに比べて、セキュリティが高い、秘密鍵紛失時に対応しやすいなどのメリットがあり、取引所やマルチシグ「ウォレット」などで採用されている。二つ以上の公開鍵が登録されていて、それに対応する秘密鍵による署名により、はじめて取り引きができる (https://coinotaku.com/posts/2307)。

(31) バリデータとは、バリデーション (validation：検証、実証、認可、妥当性の意味) を行う機能またはソフトウェアのことで、入力されたデータが仕様に沿って適切に記述されているかを判断し、不適切な個所があった場合にはエラーとして通知する。暗号通貨におけるバリデータは、「トランザクションを承認する人」といった意味合いで利用されることが多い (https://crypto-nature.com/2019/01/03/仮想通貨『バリデータ』とは？用語集/)。

(32) https://finance.yahoo.co.jp/news/detail/20220305-00161341-coindesk-bus_all

(33) アンティグア・バーブーダは、カリブ海東部の小アンティル諸島 (Lesser Antilles) に位置するアンティグア島 (Antigua)、バーブーダ島 (Barbuda)、レドンダ島 (Redonda) からなる国家である。首都はアンティグア島にあるセントジョンズ (St. John's)。２０００年にＯＥＣＤが公表したタックス・ヘイブン（租税逃避地）の一つである。同国は、「英連邦加盟国」(Commonwealth of Nations) であり、「英連邦王国」(Commonwealth Realm) の一つである。英連邦とは、旧大英帝国のほぼ全ての旧領土であった54の加盟国から構成される経済同盟。そのうちの英連邦王国とは英国の王を元首とする国のことで、２０２１年の時点で15か国が存在する (https://ja.wikipedia.org/wiki/アンティグア・バーブーダ)。

(34) ＦＴＸは、世界でもっともアクティブな暗号通貨取引プラットフォームの一つである。わずか半年の間に3回も資金調達を行い、新たに4億ドルを調達したことを２０２２年1月に発表した。同社の評価額は３２０億ドルという驚異的な規模に膨らんだ。ＦＴＸのこの月の調達ラウンドには、シンガポール政府が経営する「テマセク」(Temasek) や暗号資産のベンチャー・キャピタルである「パラダイム」(Paradigm)、カナダの年金基金、「オンタリオ州教職員年金基金」(Ontario Teachers'

Pension Plan Board）などが参加した。
「コインマーケットカップ」（CoinMarketCap）のデータによると、ＦＴＸは、取引ボリュームでつねにトップ10に入っている（https://forbesjapan.com/articles/detail/45621）。

（35）　https://media.dglab.com/2022/03/15-afp-02/

（36）　テレグラムは、ロシア人技術者が２０１３年に開発し、現在は「テレグラム・メッセンジャー」（Telegram Messenger LLP）が運営しているインスタント・メッセージ・アプリケーションである。スマートフォンのモバイル・アプリケーションとして無料で利用できる。メッセージは、暗号化されることでプライバシーを担保し、一定の時間が経つと消える機能もあるために、秘匿性が高い。いまはベルリンに拠点を置く独立系非営利企業であり、ロシア政府との直接的な関係はない。２０２０年時点で、世界で約４億人、ロシア国内では約３千万人が利用している。「ロシア連邦通信・情報技術・マスコミ分野監督庁」（Federal Service for Supervision of Communications, Information Technology and Mass Media, 略称、ロスコムナゾール、Roskomnadzor）は、２０１８年４月に、テレグラムの使用を禁止し、それに抗議するデモがモスクワで起きた。当局によるＩＰアドレスの遮断などの封じ込めに対して、テレグラムは、さまざまな技術的対抗手段を講じてロシア向けサービスを継続し、ロシア政府のネット検閲に抵抗する象徴的存在と見なされ、ロシア国民の人気を集めていた。結局、ロシア政府は、２０２０年６月、テレグラムが薬物犯罪やテロリズムとの闘いに協力するようになったことを理由に、規制解除を発表した（https://ja.wikipedia.org/wiki/Telegram）。

（37）　https://www.jetro.go.jp/biznews/2022/03/90718ddfe602d89a.html

（38）　https://vc.morningstar.co.jp/010363.html

（39）　Ｆｅｄは、「連邦準備制度理事会」（Federal Reserve Board：ＦＲＢ）、「連邦公開市場委員会」（Federal Open Market Committee：ＦＯＭＣ）、全米12地区の「連邦準備銀行」（Federal Reserve Banks：ＦＲＢｓ）から構成される。ＦＲＢは、Ｆｅｄの最高機関として米国の金融政策を策定・実施するとともに、各地区の連邦準備銀行を総括する。ＦＯＭＣは、ＦＲＢが定期的に開く会合で、「ＦＦレート」（Federal Fund Rate, フェデラル・ファンド・レート：米国の政策金利）の誘導目標など、公開市場操作の方針を決定する。ＦＲＢｓは、ＦＲＢの下に置かれ、決定された金融政策の実施や、米ドル紙幣（連邦準備券）の発行などを行う（https://www.nomura.co.jp/terms/english/f/frs.html）。

（40）　『日本経済新聞』２０２２年３月25日付朝刊。

（41）　ギグ・エコノミーとは、インターネットを通じた単発の仕事でお金を稼ぐといった働き方を基本に置く経済のことをいう。ギグとは、元々は、ライブハウスなどでギタリストやサックスの演奏者が、ゲストとして一度限りの演奏をすることを意味していた（https://jinjibu.jp/keyword/detl/ギグ・エコノミー）。シェアリング・エコノミーとは、インターネットを介して個人と個人・企業等の間でモノ・場所・技能などを売買・貸し借りするなどの経済モデルである。モノ、スペース、スキル、時間などあらゆる資産を共有する、つまりシェアすることを基本とした経済を指す（https://sharing-economy.jp/ja/）。プラットフォーム・エコノミーは、商取引がますますデジタル・プラットフォーム・ビジネスモデルに移行し、それを支持する傾向を指す言葉である。プラットフォームは、消費者、起業家、企業、および一般の人々が接続、リソースの共有、または製品の販売を可能にするサービスを管理・提供できる基盤となるコンピュータ・システムのことである（https://www.google.com/search?q=Platform+economy&oq=Platform+economy&aqs=chrome..69i57j0i30l9.12098j0j15&sourceid=chrome&ie=UTF-8）。米国では、実質的な雇用の増加を伴わないプラットフォーム・エコノミーに対抗する「プラットフォーム・コオペラティヴ」（Platform Cooperative）という考え方が強くなっている（https://xtech.nikkei.com/dm/atcl/column/15/425482/111100052/）。

(42) コモンウェルスとは、公益を目的として組織された政治的コミュニティーを意味する用語。「共通善」（common good）が原義。共和制ローマ期の思想家であるマルクス・トゥッリウス・キケロー（Marcus Tullius Cicero, BC106–BC43）は、著作『国家論』（キケロー［１９９９］）において「公共体（res publica）は公衆の財産である」と論じた。アリストテレスも『政治学』（アリストテレス［１９６１］）で国家を「善なる目標を共有する団体」（http://www.geocities.co.jp/hgonzaemon/politics.html）と見なした（https://ja.wikipedia.org/wiki/コモンウェルス）。

(43) https://www.ncg.coop/partners-find/ny/park-slope-food-coop

(44) https://www.foodcoop.com/

(45) https://participedia.net/method/6661

(46) https://ja.wikipedia.org/wiki/ブルックリン区

(47) ロビンフッド財団は、ニューヨーク市で最大の貧困撲滅を目指す組織。30年以上にわたり、ニューヨーク市に30億ドル以上を投資して、低所得世帯が経済的に自立できるように仕事などを斡旋している。２０２１年には、ニューヨーク市の９百以上の非営利団体に１億７２００万ドルを支援した。これには、ＣＯＶＩＤ－19救済のための８千万ドル強が含まれている（https://www.robinhood.org/）。

(48) バークレイズは、ロンドンに本社を置く英国の多国籍ユニバーサルバンク。１６９０年にロンドンで設立された金細工職人銀行事業にその起源を持つ。バークレイズは55か国に４７５０強の支店を持ち、そのうち約１千６百は英国にある。また、英国の郵便局の支店を通じていくつかの個人向け銀行サービスも提供している（https://en.wikipedia.org/wiki/Barclays)。

（49）　https://coops4dev.coop/en/c4dev_resources/aroundtheworldcoop/ny

（50）　https://smart.coop/

（51）　https://www.bridge-salon.jp/toushi/defi/

（52）　https://minkabu.co.jp/choice/cc-what-is-nft/

（53）　https://note.com/shinkinjo/n/nbdcc0f6f3acb

（54）　https://ja.wikipedia.org/wiki/Patreon

（55）　https://www.ampled.com/

（56）　https://seedclub.xyz/

（57）　https://ncbaclusa.coop/austin-robey/

（58）　https://www.linkedin.com/posts/austin-robey-6074b967_what-co-ops-and-daos-can-learn-from-each-activity-6889060801827614720-dQRF

参考文献

Baldwin, David [2000], "The Sanction Debate and the Logic of Choice," *International Security*, Vol. 24, No. 3.

Gordon=Nembhard, Jessica [2014], *Collective Courage: A History of African American Cooperative Economic Thought and Practice*, Penn State University Press.

Kaiser, Brittany [2019], *Targeted*, Harper Collins.（染田屋茂・道本美穂・小谷力・小金輝彦訳［２０１９］『告発―フェイスブックを揺るがした巨大スキャンダル』ハーパー・コリンズ・ジャパン）。

Xu, Wenhong [2020], "The SWIFT System: A Focus on the U.S.-Russia Financial Confrontation," February 3. (https://russiancouncil.ru/en/analytics-and-commentsanalytics/the-swift-system-a-focus-on-the-u-s-russia-financial-confrontation/).

Xu, Wenhong [2017], "The Impact of the Financial Sanction against Russia by the West And some considerations," *Academic Journal of Russian Studies*, Vol. 5.

アリストテレス著／山本光雄訳［1961］『政治学』岩波文庫。

キケロー著／岡道男編集［1999］『キケロー選集〈8〉哲学I——国家について、法律について』岩波書店。

第5章　ロシアによるウクライナ侵攻から学ぶべき課題

はじめに

2022年2月24日に始まったロシア連邦（Russian Federation）[1]のウクライナ侵攻に対して、私も世界中の良心的な市民と同じく、心の底からの怒りを込めて、ロシアの権力者に抗議したい。しかし、悪者のロシアに対して米国は自由を護る正義の国であるという単純な色分けには与(くみ)したくない。

ウクライナの市民たちが、ロシア軍の砲撃の前で逃げ惑う戦乱の状況が、カメラに収められ、世界中にその映像が流されたことの意味は大きい。悲惨な戦争の現場が、世界に流されたのは、1960年代のベトナム戦争以来のことである。当時、ベトナムの戦地に乗り込み、米軍の残虐さを世界中に知らせた勇気あるカメラマンたちの行動が、世界中にベトナム戦争反対運動を広めた。米国政府は、その苦い思いから、以降、戦火で死傷する民衆の悲惨な状況の映像を、カメラマンたちが、世界に流すことを禁止してきた。

映像は禁止されたが、米軍は世界の至る所で軍事介入を続けてきた。

21世紀は、米軍によるアフガニスタン介入から幕を開けた。

２００１年から２０２１年にわたって、アフガニスタンで起きた紛争は、米軍を中心とする連合軍とターリバーン（Taliban）との19年10か月に及ぶ戦闘の後、ターリバーンが政権を回復することで終結した。この紛争は、第一次インドシナ戦争（First Indochina War, 1946–1954）はもとより、それまで最長であったベトナム戦争（１９５５～75年）を約5か月上回り、米国史上最長の戦争となった。

そしてイラク戦争。これは、米軍が主体となって、２００３年3月20日から始めた戦争である。この時は、英国、オーストラリア、ポーランド等が加わる有志連合が結成された。イラクが大量破壊兵器を保持しているとの虚偽の情報を根拠に、イラクへの軍事介入が強行されたのである。正規軍同士の戦闘は２００３年中に終了し、同年5月にジョージ・W・ブッシュ（George Walker Bush, 1946–）米大統領は「大規模戦闘終結宣言」を出した。しかし、イラク国内の治安悪化が深刻になり、大量破壊兵器の発見がないまま、戦闘は続行された。２０１０年8月31日になって、ようやく、バラク・オバマ（Barack Obama, 1961–）米大統領が「イラク軍事使命終結宣言」（End to Combat Mission in Iraq）と「イラク自由作戦」（Operation Iraqi Freedom）の終了を宣言した。それでも、米軍は、イラクから撤収せず、翌日から米軍撤退後のイラク単独での治安維持に向けた「新しい夜明け作戦」（New Dawn Strategy）が始まった。米軍の完全撤収は、２０１１年12月14日になってからである。

ソマリア内戦（Somali Civil War）への米軍の第二次介入（第一次介入は１９９３年）は、２００７年から現在まで続いている。

２０１１年のリビア内戦（Libyan Civil War）にも米軍は介入した。この内戦は、リビアにおいて２０１１年に起こった政治社会的要求を掲げた大規模な反政府デモを発端とする武装闘争である。アラブ圏に於いては「２月17日革命」（17 February Revolution）と呼ばれている。２０１１年２月15日に開始され、同年8月に首都トリポリ（Tripoli）が「北大西洋条約機構」（North Atlantic Treaty Organization：ＮＡＴＯ）軍の支援を受けた反体制派の「リビア国民評議会」（Libyan National Transitional Council）の攻勢によって陥落し、事実上の最高権力者として40年以上政権の座にあったムアンマル・アル＝カダフィ（Muammar Al Qaddafi：以下、カダフィ大佐）革命指導者が率いる「大リビア・アラブ社会主義人民ジャマーヒリーヤ国」（Great Socialist People's Libyan Arab Jamahiriya）は、事実上崩壊した。その後も、カダフィ大佐は抗戦を続けたが、同年10月20日に最後の拠点スルト（Sirte）で身柄を拘束され、その際に受けた傷がもとで死亡した。10月23日、リビア国民評議会により、リビア全土の解放が唱えられ、内戦終結が宣言されたが、その後、親カダフィ勢力である「イスラム国」（Islamic State）の台頭を招き、内戦は現在まで継続している。

２０１０年の「チュニジア革命」（Tunisian Revolution; Jasmine Revolution, ジャスミン革命）に始まる「アラブの春」（Arab Spring）の余波を受け、シリアではバッシャール・アサド（Bashar al-Assad, 1965-）大統領が率いる政府軍と、主として米国が支援している反政府系武装組織との間で、内戦が続いている。政府軍は、反政府系組織の攻勢を受けて、シリアのいくつかの都市の実効支配を失ったが、反政府系の組織も、アルカイダ（Al-Qaeda）系のイスラム過激組織（Islamic extremist organization）に介入されたこともあって、内部分裂を繰り返している。国連と「アラブ連盟」（League of Arab States）は、アナン（Kofi Atta Annan, 1938-2018）前国連事務総長（Former UN Secretary-General）に仲介させて、シリア政府に和平を促すことに努めた。反体制派組織も、米国の支援の下で、「シリア国民連合」（National Coalition for Syria）を結成して、シリア政府との交渉の準備を進めたが、すべて不調に終わり、いまでは、シリア情勢は収拾がつかない状況になっている。

２０１３年、英国議会は、英国による軍事的介入を否決した。フランスでも、単独での軍事的介入が否定された(2)。

「米国防総省」（US Department of Defence, 総省としているのは日本での通称）は、２０２１年２月25日、米軍がシリア東部の親イランの武装組織の関連施設を空爆したと発表した。これは、２月中旬、イラクの米軍駐留施設付近であったロケット砲攻撃への対抗措置であると見られる。ジョセフ・

バイデン（Joseph Biden Jr., 1942–）政権下で、親イランの武装組織に対する軍事作戦は初めてであった。米国防総省は、「バイデン大統領の指示で、米軍は、今夜、シリア東部でイランの支援を受ける武装組織が使う施設への空爆を行った」、「大統領は、米国人と有志連合の要員を守るという明確なメッセージを送っている」との声明を出した。

イラク北部の「クルド人自治区」（Kurdistan Autonomous Region）のアルビル（Erbil）で、２０２１年2月15日、国際空港と、それに隣接する米軍駐留施設の付近に対して、複数のロケット砲攻撃があった。親イランの武装組織が、米関連施設や米大使館などを狙った攻撃を繰り返したので、ドナルド・トランプ（Donald Trump, 1946–）政権下で、米軍は、報復空爆を実施していた。(3)

しかし、米軍によるこのような相次ぐ軍事介入の映像は、世界に詳しくは流されなかった。にもかかわらず、今回のロシアによるウクライナ侵攻は、西側報道陣によって、詳しく世界に伝えられた。結果的に、多くの市民たちが、「悪のロシア」対「善の米国」、というイメージを植え付けられたのである。

第１節　ロシア革命の衝撃

１９１７年のロシア革命（Russian Revolution）が、20世紀を代表する大事件であったことは否定できない。過去百年の間、ロシア革命とは何であったのか、が論じられてきたのも当然である。

この革命によって誕生したソ連では、11月7日の十月革命記念日は、国家的祝典の特別な日であった。しかも、10年ごとに大きな歴史的変化を、ソ連は経験してきた。例えば、1957年の記念日は、スターリン批判の翌年であった。1987年の記念日は、まさに、ペレストロイカ（Perestroika）という、歴史の見直しが行われた年であった（塩川［2018］）。

1　ロシア革命を契機に誕生した日本初の大学経済学部

昔から今日に至るまで、弱小国は、つねに大国の脅威にさらされてきた。ウクライナ戦争も、その一例であり、世界史的に見て特異な現象ではない。しかし、いまのような善悪的視点から紛争を理解してしまえば、ロシア革命はもとより、世界史に登場したすべての革命を戯画化してしまうことになりかねない。歴史認識が一面化されてしまう危険性を、いまの報道ぶりは、はらんでいる。

1917年以降の数年間は、歴史的な大転換期であった。1917年ロシア革命、1918年第一次世界大戦終結後のドイツ革命（German Revolution）、ハンガリー革命（Hungarian Revolution）、1919年朝鮮三・一運動、中国五・四運動、コミンテルン（Comintern）結成と続いた。

日本では、ストライキが、件数でも参加人員の点でも、急増した。1915年までは、ストライキは、年間50件前後でしかなかったし、参加人員も8千人に満たなかった。ところが、1917年になると、一挙に398件、5万7千人にまで増えた。以後、ストライキは増え続けた。とくに造船所、製鉄所、軍工廠、大鉱山など、日本の製造業の根幹をなす大企業で争議が頻発した。各地で労働組合が結成された。

1918年には、米騒動が日本全土に広がった。それを鎮圧するために、軍隊が、約2か月間、107市町村に出動した。[4]

日本の為政者は、こうした権力側にとって困った事態の背景には、1917年に勃発したロシア革命の強い影響があると判断したのであろう。[5]国は、経済的抗争をめぐる階層社会の歴史的な研究、とくに社会主義に関する正確な分析の必要性に気付き、1919年に、東京帝大と京都帝大に、日本初の経済学部を設置した。この年、旧来の帝大の基礎であった分科大学を廃して学部を置くこととする帝国大学令の改正が行われた。東大も京大も、各学部を設置し、それまで法科大学の下に置かれていた経済学科を独立させて経済学部を新設した。同年施行の大学令によって大学に昇格することになった私立大学のうち、1920年に昇格した慶應義塾、中央、法政の各大学、ならびに22年に昇格した専修大学も、昇格時に経済学部を置いた。早稲田大学もこの年に大学に昇格して、政治経済学部を設置した。[6]

後の京大経済学部における経済原論[7]に決定的な影響を与えることになる河上肇（かわかみはじめ）（1879～1946年）は、1908年に法科大学の講師を委嘱されている（細川［1979］）。河上は東京帝大法科大学を卒業後、同大学の農科大学をはじめ、専修大学や拓殖大学の講師を務めながら、『読売新聞』紙上で、「社会主義評論」をペンネームで執筆中に、すべての教職を辞して「無我苑」(8)に入って修行したものの挫折。その後、雑誌『日本経済新誌』を創刊していた。京都帝大に着任時、後に河上の友人となる河田嗣郎（１８８３～１９４２年）も一緒に着任している（岡田［２０１９］）。

河上を京都帝大に誘ったのは、戸田海市（１８７１～１９２４年）であったと言われている(9)。ただし、上記の岡田知弘論文によると、当時の法科大学教授会において、経済学の人事を進めるためには、田島錦治（１８６７～１９３４年）の同意を得るのが大前提であった。しかし、悪いことに、河上は、『読売新聞』の「社会主義評論」のコラムで、田島を痛烈に批判した一文を書いていた。誰もが、この人事はつぶれると思っていた。しかし、田島はこの人事に同意した。河上を迎えた時、法科大学の行政法担当の助教授で、後、河上の大いなる理解者となる佐々木惣一（１８７８～１９６５年）は、「田島先生は、曾て自分を罵倒したことのある河上君を快く迎えたのである」、「当時私は、心中敬服した」と記している（佐々木［１９６５］）。

２　旧ソ連で祝日に設定されていたロシア革命記念日が廃止された

一般にロシア革命と呼ばれている十月革命（昔のユリウス歴では１９１７年10月25日、現在のグレゴリオ暦では11月７日）は、旧ロシア帝国の首都ペトログラード（Petrograd, 後のレニングラード、

Leningrad：現在のサンクトペテルブルク、St. Petersburg）で起きた労働者や兵士らによる武装蜂起を発端として始まった一連の革命の総称である。

十月革命は、社会主義左派勢力であった「ボルシェビキ」（Bolsheviks）により引き起こされた。「立憲民主党」（Constitutional Democratic Party; Kadet Party）主導の臨時政府を成立させた「二月革命」（February Revolution）に次ぐ第二段階に当たる。

ボルシェビキは、結成当初（実質的には１９１２年）から、暴力による革命が不可避であると主張しており、１９１７年10月12日に、影響下にあった「ペトログラード軍事革命委員会」（Petrograd Military Revolutionary Committee）を使って武装蜂起の準備を進めていた。軍事革命委員会の指令下にあるボルシェビキの軍隊「赤衛隊」（Red Guard）が、10月24日にペトログラードの政府施設の占拠を開始し、10月25日、軍事革命委員会が、「臨時政府は打倒され軍事革命委員会に権力が移った」とする宣言を発表した。そして、ボルシェビキ主導の「ソビエト」（Soviet：労働者・農民・兵士の評議会）へ権力が集中された。そして、ロシア内戦（Russian Civil War, 1917–22）を経て、１９２２年に「ソビエト社会主義共和国連邦」（Union of Soviet Socialist Republics; Soviet Union：ＵＳＳＲ、ソ連）が成立したのである。[10]

旧ソ連では６つの祝日が定められていた。１月１日の新年の祝日、３月８日の国際婦人デー、５月１～２日のメーデー、５月９日の戦勝記念日（ナチス軍撃退）、10月７日のソ連憲法記念日、11月７

～8日の十月革命記念日がそれである。[11]

１９８５年にソ連共産党書記長となったミハイル・ゴルバチョフ（Mikhail Gorbachev, 1931–2022）は、87年頃からペレストロイカ（改革）を本格化させた。ソ連の影響下にあった東欧諸国に対して、内政不干渉の方針が打ち出され、１９８９年にはこれらの国々が次々と社会主義体制から転換した。

このプロセスは、ソ連を構成する各共和国の不安の高まりから始まり、中央政府との政治的・立法的対立が絶え間なく続いた。１９８８年11月16日、ソ連で初めて国家主権を宣言したのは「エストニア」（Estonia）である。１９９０年3月11日、「リトアニア」（Lithuania）がソ連からの独立を宣言した。１９９１年9月、「バルト三国」（Baltic States）の分離独立が認められた。12月8日、ロシアのボリス・エリツィン（Boris Yeltsin, 1931–2007）大統領、ウクライナのクラフチュク（Leonid Kravchuk, 1934–2022）大統領、「ベラルーシ」（Belarus）のシュシケヴィチ（Stanislav Shushkevich, 1934–2022）最高人民会議議長（Chairman of the Supreme Soviet of the Republic of Belarus）らによって、互いの独立を認め、ソ連に代わる独立国家共同体（Commonwealth of Independent States：ＣＩＳ）を創設することにした。12月16日には「カザフスタン」（Kazakhstan）が独立を宣言し、ソ連邦から脱退した最後の国となった。12月21日、「ジョージア」（Georgia）とバルト三国を除く旧ソ連邦諸国がＣＩＳに加盟した。12月25日、ゴルバチョフは辞任し、「核兵器の発射コード」（Nuclear Weapon Launch Code）を含めた大統領権限をエリツィンが持つようになり、エリツィンが新設の「ロシア連邦」（Russian Federation）の初代大統領となった。その日の夜、「クレムリン」（Kremlin）からソ連国旗が降ろされ、ロシアの三色旗に切り替わった。翌日、「ソ連最高会議」（Supreme Soviet of the USSR）の「幹部会」（Soviet Supreme Council Executive Committee）がソ連邦を正式に解散した。[12]

２０１７年、ロシア革命百周年のロシアでは、政府主催の行事は開かれなかった。プーチン（Vladimir Putin, 1952–）大統領も、ロシア革命のことを一言も語らなかった。

１９９６年、すでにロシアでは、11月７日の、これまでの十月革命記念日を、「合意と和解の日」（Day of accord and reconciliation）に名称変更していた。

２００５年には、11月７日そのものを祝日でないとした。その上で、11月３日を「国民統一の日」（National Unity Day）という祝日として、新たに設定した。11月３日は、もともと帝政時代の「ロシア正教会」（Russian Orthodox Church）の祭日（Working Day：労働日）であった。１６１２年のこの日、ポーランド軍に占拠されていたモスクワのキタイゴーロド（Kitay-gorod, ボリショイ劇場がある）をロシア軍が解放した。この時掲げられていた「カザンの聖母のイコン」（Icon of Our Lady of Kazan）にちなみ、「カザンの聖母のイコンの日」（Day of the Icon of Our Lady of Kazan）と呼ばれていた。[13]

旧ソ連の構成国で、11月7日をいまもなお革命記念日の祝日として残しているのは、ベラルーシだけである。

鈴木［２０２０］に引用された資料「私たちの国（ロシア）にとってもっとも意義があると言える20世紀の出来事はどれですか？」という質問（複数回答）に「１９１７年の十月革命」を選択したのは、１９８９年には62％であったが、２０１７年には36％にまで減少した。いまや、ロシア革命に対する関心はロシア本国ですら薄れつつある。

『日本経済新聞』（２０２２年5月30日付朝刊）か、「国家存亡」、「侵攻の野心」、「沈む大国」、「焦るプーチン」という派手な見出しの記事を掲載した。プーチンは、人口減少を食い止めるべく、各国に散らばっているロシア系民族をロシアに編入するために侵攻しているが、それが、国家としてのロシアの義務だとの意識に駆られている、というのがこの記事の結論である。

ロシア第2の都市サンクトペテルブルク（旧レニングラード）は、第二次世界大戦中、１９４１～44年、ナチス・ドイツ軍による「レニングラード包囲戦」で当時人口３２０万人の同市で、推定60～１５０万人が死亡した。大半が餓死だったという。

かつて、プーチン大統領は、インタビューで、志願兵だった父はレニングラード包囲戦を生き延びたと語り、その教訓として「勝利を考え続けなければならない」のが国家だ、と断言した。

第二次大戦での旧ソ連の人的被害は、世界でもっとも大きかった。２６６０万人が死亡し、旧ソ連諸国を含む人口2億人弱（当時）の1割以上を失ったとされる。こうした経緯からか、プーチンは、人口拡大に執着してきた。現在のロシアの人口は、1億4千万人強。２０２０年の年次教書演説で、プーチンは、「ロシアの運命は子供が何人生まれるかにかかっている」と主張した。

体制崩壊直後の１９９２年、ロシアでは、出生数が急落し、大国としての地位は年々低下し、国内総生産（ＧＤＰ）で見る経済規模も、すでにイタリアや韓国を下回ってしまった。

「人口減は国家存亡の危機」として、プーチンは、２０００年の大統領就任以降、人口増を国家目標に掲げてきた。ウクライナへ侵攻したプーチンの最終目標が透けて見えるのが、２０２１年7月に発表したプーチンの論文「ロシア人とウクライナ人の歴史的な一体性」である。「ロシア人、ウクライナ人、ベラルーシ人はすべてルーシの子孫だ」。「ルーシ」とは9世紀に建国された「キエフ大公国」（Kievan Rus）を指す。

ソ連崩壊後、減り続けていた人口が一時的に持ち直したのは、２０１４年のウクライナ南部のクリミア半島の併合を宣言し、統計上の人口を約２６０万人増やした時である。ロシアの２０１９年の入移民数は、１１６４万人と世界4位で、２０２５年までに最大1千万人の入移民を招く目標を掲げている。その手段が「在外同胞」（Overseas Compatriots）と呼ぶ旧ソ連諸国住民の移住である。ＡＰ通信によると、ウクライナ東部地域で人口の約18%に当たる72万人以上がロシア国籍を取得した。

１９５０年に世界4位だったロシアの人口は、現在は9位に転落した。しかし、旧ソ連諸国を合わせれば7位となり、4位の米国と同じく3億人を超す規模に達する。

以上が『日本経済新聞』の記事内容である。

ロシア革命は、「階級闘争」を貫徹するために、強力な国家を打ち立てた。しかし、そうした強権は、無辜（むこ）の人民を殺戮（さつりく）した。こうした悪行の累積によって、旧ソ連は崩壊した。ソ連崩壊後も、新生ロシアは、武力の裏付けを持つ国家を縮小するどころか、反って強化し、各国に存在している同一民族の自国への強制編入をする武力国家への途を突き進んでいる。ロシア革命の大義はどこかに消え去ってしまった。

ここで、賀川［1911］の感動的な文章を紹介しよう。

「剣に立つものは剣にて亡びる。宗教真理の宣伝に剣を以てすることがすでに誤って居るに係わらず、強力を以て他人にその信仰を強ひるとするならば、それにどれだけの真理があるにしても、決して自由の信仰と云ふことは出来ない。それと同じように社会戦争に於いても同様である」、「社会主義を宣伝せん為に、必ず強力を用ひねばならぬものだとすれば、その社会は既に必然の世界から遠い脅迫の世界に這入つて居るのではないか！」（同書、第3章）。

賀川豊彦は、革命後のロシア政府が使っていた「戦時社会主義」（正しくは戦時共産主義：War

Communism）というスローガンにも噛み付いている（賀川［1927］）。

「如何なる民族国家に於いても、たとひ社会主義国家であつても、国と国とが闘争的地位に出やうと思ふものは、軍隊的に独裁官を置かなければならなくなる」。「ロシアの独裁官は裁判なくして人を殺すことが出来た位である。それは戦闘体系である。之をロシアでは戦時社会主義と云つた。成程よく云つたことである。いつも戦争をしてゐるやうな気持ちで社会主義を説いて居れば、そこに非常な無理が出来る。そして平和になるとこの体系で通して行くことが出来なくなる」。

戦時社会主義という統制経済体制下のロシアの村は、中央政府によって食糧を徴収されたが、代金を払ってもらえなかった。そこで、村は生産をさぼり出した。そのために、ロシアではますます食糧難となった。いきおい、ロシアでも消費組合的な「新経済政策」（New Economic Policy，ネップ）を採用しなければならなくなった。革命にも経済的刺激が必要になったのである。

「要するに社会改造の**経済的革命運動は算盤的改造運動でなければならない**（強調は本山が付加した）。一方政治的に大いにやると共に、また経済的に大いに努力して、金持ちに威張らさない為には、我々自らの家庭内工場内で自分で働いて自分で買って生活する。そして自分の社会をよくする為に、皆が一致して努力しなければならないと私は思ふのである」。

私（本山）が付加した強調部分の一文は、まさに渋沢［1927］を彷彿とさせるものである。[14]

3　賀川豊彦の提唱——協同組合的世界経済同盟による世界平和工作——

協同組合こそが世界平和を導く鍵であると、賀川豊彦は自費で、日米同時出版をした（賀川豊彦［1935b］）。

その冒頭で、賀川は、「今日までの世界会議は、少数国が自国の利益のために世界を引きずらんとする傾向があつた。その方法としては、世界の代表を一ヶ所に集めて、凡ゆる問題を短時間に議決せんとした、大きな誤謬を敢えてしたために、混乱をのみ呼び起こして全く失敗に帰したのである」と述べている。興味深いのは、1935年という早い時点ですでにユーロを基軸に置いたヨーロッパ中央銀行の世界大阪構想を、賀川が、持っていたことである。「なし得べくは世界列強が此際、国際信用組合中央銀行を営利を目的とせざる信用組合制度に準じ、列国が約一億ドルずつ投資して万国共通の国際組合銀行制度を設け」、この銀行に「事務を取扱はしめ、世界の通貨を統一し、為替の煩雑から来る投機的混雑を避けるようにする必要があると思ふ」。「かくすることによって金中心の貨幣制度より新しき経済組織に進み得ると思ふ」（同書、第4節）。当時としてはまったく新しい驚くべき斬新な歴史観である。以下、協同組合に関する賀川の文章のいくつかに目を通して行きたい。

第2節　革命の三大要因：敗戦・飢餓・貧困

「戦争の敗北と食糧の不足と政治の貧困の三つが揃えば、どこの国に於いても革命が起こる」（賀川［1948］、第1章）。

とくに、第一次世界大戦後は、ヨーロッパ各地で革命が生じた。ロシア革命は、第一次世界大戦で困窮したロシア民衆が、旧暦1917年2月23日（新暦3月8日）、ペテルブルクで「パンよこせデモ」を行ったことに対して、「ツアーリ」（Tsar）であるニコライ2世（Nicholas II）政府が、武力で弾圧したことがきっかけであった。

1918年11月には、「ドイツ革命」（German Revolutions）が起こった。第一次世界大戦末期の1918年11月3日のキール（Kiel）軍港の水兵の反乱に端を発した大衆的蜂起と、その帰結としてドイツ皇帝ヴィルヘルム2世（Wilhelm II）が廃位され、「帝政ドイツ」（Empire Germany）が打倒された革命である（https://ja.wikipedia.org/wiki//ドイツ革命）。

1789年7月14日のフランスの第一次革命も飢饉が原因であった。フランスは凶作続きで食糧の欠乏が著しかった。これが民衆の暴動を引き起こした。皇帝ルイ16世（Louis XVI）夫妻は殺された。賀川は言う。「革命の心理を研究してみると、最も近い原因は食糧の不足と戦争の敗北とである」。

１　今後の世界を覆うであろう深刻な食料危機

２０２２年5月4日、国連機関やＥＵなどで構成される「食料危機に対するグローバルネットワーク」（Global Network against Food Crisis）と「食料安全保障情報ネットワーク」（Food Security Information Network）が共同で、『２０２２年食料危機グローバル報告書』（*The 2022 Global Report on Food Crises：GRFC 2022*）を公表した。

報告書は、２０２１年、53か国・地域における1億9千3百万人もの人々が、差し迫った食料安全保障危機に直面したとの数値を発表した。これは、過去最大であった前年の２０２０年比で、約25%、3千8百万人という劇的な増加であった。

過去、この種の報告書のいずれもが検証した39か国・地域に限定して言えば、ＩＰＣ[15]のフェーズ3～5に当たる食料不安に直面している人の数は、２０１６年から２０２１年にかけてほぼ2倍になっている。

食料不安を引き起こす要因は、さまざまであるが、中でも紛争が最大の要因になっている。とすれば、２０２２年2月24日に開始されたロシアによるウクライナ侵攻以後のことは含まれていないので、2022年の食料不安は激甚なものになるのが確実である。

事実、報告書は懸念を表明している。ウクライナ戦争によって、ウクライナの農地は戦場になってしまって、穀物生産が減少した上に、港がロシアによって封鎖されたために、輸出も困難になっている。そのために、すでに深刻な食料危機に悩んでいる諸国は、ウクライナからの食料輸入に頼れなくて、もっと深刻な事態を迎えざるを得ないだろうと。

「国連世界食糧計画」（UN World Food Programme：WFP）が検証している81か国では、ウクライナ紛争が収束しないかぎり、急性飢餓に陥る人数は、2021年よりも4千7百万人ほど増加すると予想される。

これら諸国では、2021年に2億7千6百万人が急性飢餓に見舞われていた。この数値は、パンデミック前に比べて1億2千6百万人も激増していたのである。そして、2022年はもっと深刻な年になるだろう。

報告書は、事態を少しでも緩和するために、「小規模農業」への途を優先しなければならなくなるだろうとの提言で結んでいる[16]。

2　強制移動させられた人々が1億人を超えた

「国連難民高等弁務官事務所」（Office of the United Nations High Commissioner for Refugees：U

NHCR)[17]が、2022年5月3日、「ウクライナ、世界各地の紛争により、強制移動の数が史上初の1億人超え」という見出しの文書を公表した。

「紛争、暴力、人権侵害、迫害により故郷を追われた人の数が、史上初めて1億人を超えました。この驚異的な数は、ウクライナ、その他の地域で起こっている残酷な紛争の影響によるものです」。

世界の避難民の数は、2021年末には9千万人弱であった。これは、エチオピア(Ethiopia)、ブルキナファソ(Burkina Faso)[18]、ミャンマー(Myanmar)、ナイジェリア(Nigeria)、アフガニスタン(Afghanistan)、コンゴ民主共和国(Democratic Republic of the Congo)などの国々での長期化する紛争の影響を受けたためである。

これに加えて、2022年のウクライナでの紛争によって、国内では8百万人が故郷を追われ、6百万人以上が国境を越えて避難したという数値を足せば、避難民は1億人を超える。1億人という数は、世界の人口の1%強になり、世界で14番目に人口の多い国の規模になるほどの驚愕の数値である。

国連難民高等弁務官事務所(UNHCR)は、2022年6月16日、年間統計報告書『グローバル・トレンズ・レポート２０２２』（Global Trend Report 2022）を発表し、２０２１年末時点の強制移動に関する世界全体、地域、国別データとともに、２０２２年４月までの情報更新と解決策に関する詳細を公開すると発表した[19]。

２０１４年のクリミア半島をめぐるウクライナ紛争時（２０１４年7月時点）のウクライナにおける「国内避難民」（Internally Displaced Person：ＩＤＰ）の数は、クリミアから1万2千人強、２０２２年の攻防の焦点となった東部からは4万2千人強あった、とＵＮＨＣＲが報告した。

実際の数は、公表された数値よりもはるかに多いはずである。東部から避難してきた多くの人は、ロシアに占領された場合の、ロシアからの報復を恐れて、身分証明書を提示しないからである。

国外に避難を申請したウクライナ人の数は、２０１４年はじめから同年7月までで約1万４千人であった。希望する行き先は、ロシア、ポーランド、ベラルーシ、チェコ（Czech）、ルーマニア（Romania）等々であった[20]。

第3節　賀川豊彦の「立体農業」論

食料危機をもたらす直接的な原因は、農地の土壌の荒廃である。米国には、「ダスト・ボウル」（Dust Bowl）という固有名詞がある。これは、１９３１年から１９３９年にかけて、米国中西部の

「グレート・プレインズ」（Great Plains：大平原地帯）で、断続的に発生した砂嵐のことを指す。

この地域の大平原地帯は、白人の入植以前は一面の大草原であった。大平原にやってきた白人農民は、作物を植えるために表土を抑えていた草を「すき込み」（肥料や堆肥、緑肥などを加えながら耕すこと）によってはぎ取り、地表を露出させた。地表は直射日光にさらされ、乾燥して土埃（つちぼこり）となり、強い風が吹くと空中に舞い上がり、土埃の巨大な黒雲となった。吹き飛ばされた大量の表土が、大西洋へ吹き流され、平原の土が失われた。

世界恐慌に加えてこの災害の被害を受けたことで、テキサス（Texas）州、アーカンソー（Arkansas）州、オクラホマ（Oklahoma）州などのグレート・プレインズでは、農業が崩壊し、農家は離農を余儀なくされた。３５０万人が移住し、多くは職を探しにカリフォルニア（California）州などの西部へ移住した。

オクラホマ州では、人口の15％（30～40万人）が移住した。彼らは「オーキー」（Okie）という蔑称で呼ばれていた。

フランクリン・ルーズベルト（Franklin Roosevelt, 1882–1945）が大統領に就任した年（１９３３年）に、土壌状態を改善すべく「土壌保全局」（Soil Conservation Center：ＳＣＣ）を設立した。ＳＣＣは後の１９９４年に「自然資源保全局」（Natural Resources Conservation Service：ＮＲＣＳ）として改組された[21]。

カリフォルニアを目指すオクラホマの移住者たちの苦難の旅は、ジョン・スタインベックの小説『怒りの葡萄』（Steinbeck［1939］）でリアルに描かれている。小説の題名の「葡萄」とは、神の怒りによって「踏み潰される人間」のことを意味すると一般に解釈されている[22]。

1　ジョン・ラッセル・スミスの「永続できる農業」論

「土壌流出」（Soil Erosion）という言葉が人々に知られるようになる前に、この災害の到来に警鐘を鳴らしていたのが、農学者のジョン・ラッセル・スミスである（Smith［1929］）。

この著書の中で、スミスは主張していた。穀物を作るために鋤（すき）で耕された大地は、裸にされ、土は徐々に雨に流され、風で吹き飛ばされるという「土壌流失」と呼ばれる現象が生じる。大地は、表土を失い不毛の地と化す。過去から現在まで、中国で、シリアやギリシャで、農耕による土壌流出は世界中で引き起こされてきたと。

スミスは言う。「田園流失、殊にアメリカに於いては、それが凡ゆる荒廃の原因の中で最大のものである。それは文明の根底を揺るがし、生命そのものの基礎を危くする。…流失してしまった田園は永久に帰ってこない。さればこそ旧大陸では『人間の後には沙漠あり』という諺がある」と。

こうしてスミスが提案したのが、傾斜地における鋤耕（じょこう）農業の廃止と、樹木作物（crops）、とくに、実のなる木（穀樹（こくじゅ））を栽培する「樹木農業」の振興である。著書では、穀樹として、クリ、カシ、クルミ、ペカンなどが挙げられている。

スミスによると、樹木農業は以下の点において優れている。

①　穀樹の堅果（けんか）は、穀物と比較して栄養的に遜色ないどころか、それを凌ぐ（しの）。

②　堅果の収穫量は高い。

③　鋤耕の必要がなく、土壌流失の心配がない。

④　急な勾配、岩石が多いなど穀類にとって耕作に不適当な場所に適合している。

⑤　穀物、牧草、馬鈴薯などを台無しにしてしまう程の旱魃でも、さして害は出ない。

⑥　接木（つぎき）や芽接（めつぎ）の方法で、優良な性質を持った個体を簡単に増殖させ得る。

スミスはさらに、「二階農業」を提案する。二階農業とは、樹木の下に一年生作物を植え付けることである。このことで一階農業から得られるよりも、はるかに大きな収穫が得られる。

「畑の中に何処でも冬青樹（あおじゅ）が芽を出すと、大切にしてそのまま其処に成長させる。その木の周囲や下には、小麦と豆、大麦と牧草等が、之も機械の力を借りずに、自然のまま播付（はり）けてある。此の木と草との合作は実に美しい公園のやうな光景を現出している。穀物を作ることが樫樹（かしじゅ）をして団栗（どんぐり）を多量に実らせる結果を生じ、また穀物を収穫した跡へは豚が代りに入れられて団栗を拾ひ集める」と、スミスは二階農業を称揚した。

2　創世記の記述から啓示を受けた賀川豊彦

翻訳者の賀川豊彦が惹き付けられたのは、この「二階農業」の発想なのだろう。スミスの原著を『立体農業の研究』という表題に変えて翻訳したばかりか、翻訳書の本文の前に、普通では訳者による紹介として「前書き」的な短文を置くべきところ、賀川は何と、「序論　日本における立体農業」として、自分の論文を原著の本文に一体化させてしまっている。原著の発行年に翻訳書を同時発行した事情もあったにせよ、これは原著者に対してきわめて無礼な行為ではなかろうか。

おそらく、賀川は聖書の創世記の第2章と第3章の記述が念頭にあって、スミスの「樹木作物」と「土壌流出」という言葉に、神からの啓示に匹敵するものを感じたのであろう。創世記の該当個所には次のようなことが記されている。神は、自身が創った「人」を「エデンの園」に「置き」、「知恵の木」以外の木の実については、何を食べても良いと「人」に告げた。しかし、「知恵の木の実」を食べてしまうと死なねばならない、と警告していた。それなのに、蛇の誘惑に負けて、禁断の木の実を食べてしまった「人」の妻（人から創られた）は、「人」にも食べさせてしまった。このことによって、神の逆鱗(げきりん)に触れた2人は、エデンの園から追放された。周知の内容であるが、賀川の解釈はかなり思い入れが多すぎるものである。

賀川は蛇を呪う。「今日バビロンの平野は、一面の大砂漠である。然し何千年か昔、そこが蜜と乳の流るる大森林で蔽われていた」、「この大森林を沙漠に換えてしまつたのは、**蛇が女に教えた農業の**

結果（本山が付加した強調）である」。

人間が、木を切り倒して、穀物栽培の耕作地にしてしまったことが、深刻な土壌流出を引き起こし、そのことが農業を崩壊させてしまったというミスに、賀川が賛成したことは頷ける。しかし、そこに蛇を持ち出す必要はあったのだろうか。神が蛇を追放した時の言葉、「地を這え」がどうして、人間が「蛇に命令された農業」を営むという解釈につながるのだろうか。私には賀川の信仰は「疑問を許さぬ独裁的な判断」という傾向を濃厚に持つと思われる。

問題の創世記第2章第15説の文章は以下の通り。

「神である主は、エデンの園に人を連れて来て、そこに住まわせた。そこを耕し、守るためであった」（聖書協会共同訳）。

ここには、エデンの園を「耕し」たという文が確かにある。常識的には、「耕す」は土を耕して、農作物を作ることであり、蛇にそそのかされた邪悪な営みではない。

最近の聖書解釈では、ここでの「耕す」という言葉の意味を次のように解釈しているようである。

「どの木からでも思いのまま食べてよいと言われたエデンの園で、なにゆえに人は『耕す』必要があったのでしょうか。『耕す』とは祭司的務めです。『耕す』と訳された動詞の『アーヴァル』は、神に『仕える』、すなわち、神を『礼拝する』ことと同義です。人が土地を耕すのは、神が地に生えさせるもの（与えたもの）に仕えることであり、それは神を礼拝することにつながります[23]」。

邪悪な蛇についても、いまなお人間に命令して邪悪な農業を続けさせているという賀川の解釈は極端にすぎる。

日本キリスト教団出版局『新共同訳・旧約聖書注解Ｉ』には次のような解説がある。

「（創世記第3章）1節の『蛇』は古代の神話・民話の世界では生命・知恵・富・生殖・癒しなどをつかさどる神（しばしば原初の混沌の神、地下世界に住む神、その姿形から両性具有、脱皮することから再生・回帰・復活などの力をもつ神）の象徴。ここでも古代のエジプトやメソポタミヤで蛇が知恵の象徴であることから、（新共同訳聖書では）『最も賢い』とされている」（日本キリスト教団出版局［1996］）。

つまり、蛇は具体的な動物ではなく、悪知恵を持つものの象徴ではないかと指摘されている。この点をもっと明確に言い切っていた人として、内村鑑三（1861〜1930年）がいた。

「エホバ神の造り給ひし野の生物の中に蛇最も狡猾し、蛇婦に言ひけるは・・事実であるか譬喩であるか、明白に識別する事が出来ない、然しながら之を原語にて読む時は其困難の大部分を解き去る事が出来る、蛇の原語Nachash（ナカシュ）は其字義よりすれば『光る者』又は『悧巧さうに見ゆる者』の意である、即ち一見して博識多才、世事に精通し人心の機微を穿つが如き者を『ナカシュ』と言ふ、其註解を得んと欲すれば哥林多後書十一章十四節[24]を見よ、『サタンも自ら光照の使の貌に変ずるなり』と、アダムとエバとの前に現はれたる蛇即ちナカシュは光明の使の貌に変じたるサタンである、故に之を訳語にて蛇と読まずして寧ろ原語のまゝ『ナカシュ』と読むを可とする、而してサタンが光明の使の貌に変じて来りて人を試むる事あるは我等の信仰生活に於て屡々実験する所である、風采揚り学識秀でたる光明の士に誘はれて遂に恐るべき淵に陥る事が多い、人類の始祖を誘ひたる者も亦斯かる『光る者』『悧巧さうに見ゆる者』であつた、即ちサタンがナカシュの貌を以て現はれたのである」、「然しながら『野の生物の中』といひ『腹行ひて云々』と言ふが故にナカシュは蛇を代表する者たる事は疑ひがない、蛇其者には非ざるも蛇の如き者である、而してナカシュを以て蛇を代表せしむるは宇宙を詩的に観察したる思想である」（内村［1919］）。

3　「生命の樹」の再生に邁進した賀川豊彦

創世記の記述に鼓舞された賀川豊彦は、全身全霊を込めてスミスの「二階農業」の実践に打ち込んだ。

「凡ての食物は、その原型を損ねて食膳に供せられ、自然が与えてくれる凡ての美観と、土が保証してくれる安住の聖地は、文明生活から奪ひ去られんとしている。都会には失業者が満ち溢れ、土を見捨てた者に刑罰が酬いて来ている。山林は荒れ、荒野は放擲され、徒らに盛場に浮浪者が群がる。私が文明に対して攻撃したいのは全くこの点にある」。

賀川の立体農業の実践を紹介するに当たって、賀川が、スミスを翻訳した1933年の日本の産業の特徴をまず大掴みに述べておこう。

1931年には満州事変が起こった。1932年には五・一五事件、1933年には滝川事件が続いた。この1933年から思想統制が顕著になってきて、赤化思想の持ち主として多くの教育関係者たちが検挙されるという暴挙も起こった。

1930年には5年に1回の国勢調査が実施された。それによると、第1次産業47%、第2次産業20%、第3次産業30%で、就業人口2千9百万人のうち1370万人が農業に従事していた。そのうち半分近くの6百万人が女性であった。男女ともにもっとも多い職業は農業であった。15年後の国勢調査でも、農業人口は就労人口の50%近くあり、職業としては農業人口が図抜けて多かった[25]。

日本の農家の経済基盤は、非常に脆弱であった。農地の多くが、所有権のない小作人によって耕作されていた。戦前の日本では、農家のうち小作農または小自作農（小作地が自作地より多い農家）が50％を占め、農地の45％が純粋の小作地であり、高額な小作料（収穫額の半分以上）が農村の貧困の大きな要因であった。

１９２９年に米国から始まった金融危機は、世界恐慌へと発展した。そのあおりを受けた日本では、１９３０年に昭和恐慌が起こり、その年は豊作と重なって、米価はわずかの間に約３分の２に暴落、繭価も３分の１以下になった。１９３２年当時、農家の一戸平均の借金は８４０円で、農家の平均年収７２３円を大きく上回るものだった[26]。

１９３０年は、いわゆる「豊作飢饉」であった。しかし、翌年の１９３１年と１９３４年には、「凶作飢饉」が東北と北海道を襲った。

１９３１年の山形県最上郡西小国村の調査では、村内の15歳から24歳までの未婚女性４６７名のうち、23％に当たる１１０人が家族によって身売りを強いられたという。警視庁の調べによると、１９２９年の１年間だけで、東京に売られてきた少女は６１３０人だった[27]。

五・一五事件や二・二六事件に走った将校たちも、この農村の荒廃をその動機に挙げている。

敗戦後の１９４５年９月５日に、関東軍総司令官山田乙三大将や総参謀長秦彦三郎中将らとともにソ連軍の捕虜となり、シベリアへ11年間抑留された元関東軍参謀の瀬島龍三（１９１１～２００７

年）が著した『幾山河』には、次のような記述がある。

「さて、初年兵教育を受け持って感じたのは、兵たちの半分くらいは貧しい農漁林業の生まれということだ。中には、妹が夜の勤めに出ている、家の借金が火の車というような者もいた。一方では新聞紙上で、ドル買いで財閥が儲けたとか、政治の腐敗とか、その他、我が国をめぐる厳しい内外の諸問題などを知るにつれ、私自身、社会観が変わっていったように思う」（瀬島［1995］）。

貧民街に身を投じていた賀川が瀬島よりももっと激しい怒りを持ちつつ、日本の農業の苦境打開策をスミスの二階農業の採用に求め、実践に移したのである。

賀川は言う。「私は森林と、畑と、果樹園を小都市の傍らに並べておきたい。出来ることなら、小都会をも田園都市の形において設計したい」、「日本の面積はけっして狭くはない。ただ山を有用に食糧資源にしようとしていないことが我々の誤謬である。我々の理想は木材と食糧と、衣服の原料が、三つとも山からとれるようにすることである」。

それは、「立体農業」の採用である。

賀川は、日本列島の先住民たちが、ドングリやトチの実を主要食物としていたこと、そして、いまもその風習を保持している地方があることを知る。

「ところが、この貴い栃の木を、最近はどしどし伐り払って、百年から二百年の木を一本八円位に売り払つていることを聞いて、私は全く悲しくなつてしまつた」。売れなくてもその実を取って食べて行けるのに。「山奥の他の木をあまり育てることが出来ない所であれば、さういう大きな木を四五本持つて居れば、一年中それだけで食へる訳である。…山はそれで人間の食糧資源となり、洪水は少なくなり、美観は増し、人間の安息所がそこに得られる訳である」。

「然し立体農業は、立体的作物だけを意味しない。地面を立体的に使はうという野心が含まれている。我々は、樹木作物の間に蜂を飼ひ、豚を飼ひ、山羊を飼ふことは容易であり、その傍らを流れる小川に鯉を飼ふことはさう困難ではないと思つている。その他、土地を有効に、多角的にまた立体的に組合わせて日本の土地を利用すれば、今まで棄ててあつた日本の原野が充分に生き返ると私は思つている」。

賀川は『立体農業の研究』を翻訳出版した2年後の１９３５年に発表した小説『乳と蜜の流れる郷』（賀川［１９３５ａ］）（復刻版・家の光協会・２００９年）の中で、稲作と養蚕へのこだわりが強い当時の山村農業を克服し、より「立体的な」農業経営をめざす農民たちの姿を描いている。

クルミの苗を求めて訪ねた主人公の農村青年に、（賀川の分身である）教師は、次のように語りかける。

「ぜひあなたが、疲弊した農村を救おうと思っていらっしゃるなら、ヤギをお飼いなさいよ。接ぎ木したクルミでも、まだ四、五年は待たなくちゃならんですからね。それまで食いつなぐにはヤギを飼うのがいちばんいいですよ。どんなに大きな飢饉があっても、野山には雑草が無いっていうことは、めったにありませんし、山の木の葉がついていないということは、まあちょっとないですからね。困っている農村にヤギがたくさんおれば、飢饉がきても絶対に大丈夫ですよ」。

その教えを受けた主人公は、仲間を募り、桑畑に胡桃（くるみ）を植え、山で拾った団栗（どんぐり）を鶏や豚の餌にし、川で鯉を飼い、林の中で山羊や蜜蜂を飼い、椎茸（しいたけ）を養殖するという立体農業を実現させた。

立体農業の叙述については、農業生物学研究者である明峯哲夫の論文「立体農業」(28)から大きな啓示を受けた。また、同氏の論文は、賀川からの薫陶を受けて、立体農業の研究に没頭した久宗壮（ひさむねつよし）（１９０７〜83年）の業績を丹念に紹介している（主著、久宗［１９５０］）。

4　「高崎ハム」の原点

賀川は、スミスを翻訳するよりもはるか前の１９２７年に、「日本農民福音学校」を自宅内（西宮瓦木村）に設立した。この時の専任講師が久宗壮であった。また、賀川の教え子の藤崎盛一（1903〜1998年）も1933年に、「武蔵野農民福音学校」を設立している（明峯・前掲論文）。

賀川は、1931年にも私財（1800円）を投じて、「御殿場農民福音学校高根学園」の設立に大きく関与した。これは、当時の「農村恐慌」に苦しむ御厨（現・御殿場市）の3人の農村青年たち（勝俣俊孝、野木忠之、滝口良策）が、1930年8月に箱根堂ヶ島の旅館で開催されていた第8回「イエスの友会夏期修養会」[29]に参加し、会の主催者の賀川に御厨農村の窮状を訴え、農村再建と救済の指導を懇願した。

青年たちの懇請を快諾した賀川は、夏期修養会を終えると直ちに御殿場に向かい、民家に下宿して、昼間は執筆活動、夜は寄宿先の隣の民家で農民福音学校を開講し、青年たちに山間部でも十分に営農・生活が成り立つ立体農業の理論・実践方法や協同組合論などを講義した。聴講者が二十数名になったため、御殿場小学校の教室を借りて、農民福音学校の講義を続けた。

農村復興に取り組む青年たちに、賀川は、農民福音学校の校舎建設を提案し、上記の建設資金を提供した。青年たちによる勤労奉仕で校舎建設も着々と進められ、1931年7月に「高根学園校舎」が完成した[30]。

高根学園は、栗、胡桃、椎、栃などの樹木作物や椎茸栽培、養豚や山羊の飼育と搾乳、ハムやソーセージなどの食肉加工、パン、味噌作りなど、立体農業の実践の場であった。また、家庭簡易料理・洋裁を中心とした「女子農民福音学校」や、農繁期の託児所（現・「高根学園保育所」）なども開設した。

高根学園における賀川豊彦の弟子である勝俣喜六（上記の勝俣俊孝とは別人）が、賀川と仲間の援助資金で、当時のハム・ソーセージ製造面での第一人者だった大木市蔵（１８９５～１９７４年）に弟子入りした。帰村後の１９３４年、高根学園に設立された御殿場養豚加工組合において、ハム、ソーセージ、ベーコンの製造・販売を開始した。

そして、１９３８年、農業者の手による協同組合組織として食肉の加工業を始めた「群馬県畜肉加工組合」に、勝俣は、技術指導責任者として招聘され、高品質のハム製造技術を指導、「高崎ハム」のブランドを確立するなど、多大な貢献をした(31)。

高崎市のホームページには、「高崎ハム」の由来について、次のように紹介されている。

「高崎ハムが農業者の手により、協同組合組織として食肉の加工業を始めた…当時の正式名称は、群馬県畜肉加工組合、その後保証責任群馬畜肉加工販売利用組合連合会と称し、現在は群馬畜産加工販売農業協同組合連合会といいます。

昭和初期の大不況で荒れていた農村の更生に、農業の多角化も奨励されていました。そのような背景の中、農民たちが相諮ってつくり上げたのが『高崎ハム』でした。高崎ハムは、わが国唯一の農民資本による食肉加工メーカーとして、創業以来、終始一貫して農民の意志により運営され、業界内の全国有数の企業にも劣らない組織として成長してきました。

立案計画を任されていた群馬郡農会長の竹腰徳蔵は、…賀川豊彦経営の御殿場農民福音学校にいた勝俣喜六を技術者として招き、…製造技術と製品販売についての問題を解決しました。

昭和12年10月、高崎市ほか34か町村の産業組合や農会が集まり、創立総会が開催されました。高崎市は、末広町の１反３畝の土地を無償貸与する代わりに、製品名を『高崎ハム』とし信越線の乗客から見えるように、工場の屋根に『高崎ハム』と大書して欲しいという申し出をしました。ちなみに、草創期の関係者は、食料品の加工販売という業務の性格上、協同組合よりも『高崎ハム』の銘柄を全面に出すことで意見が一致していました[32]」。

なお、群馬畜肉加工組合は、戦後、農協法に基づく「群馬畜産加工販売農業協同組合連合会」として業務継承し、２００６年に「ＪＡ高崎ハム株式会社」に改組、ＪＡ全農グループの一員になった。そして、国産食肉卸売りの「ＪＡ全農ミートフーズ」によって、２０２２年4月1日以降、「ＪＡ高崎ハム」は吸収合併されることになった[33]。大成功した協同組合だっただけに、私は、寂しさを禁じ得ない。

おわりに

ウクライナの悲劇は、食料危機が一時的に世界を襲いかねないといった類いのものではなく、少数国の大規模栽培された食料の輸入に頼り切っていた、食料自給率の低い圧倒的多数の国の農業を根本的に改める必要性を示したことにある。もちろん、日本も食料輸入依存国である。日本も、競争力を高めることのみに腐心してきた最近の農業政策を改めるべき時期に来ている。つまり、自給型農業政策、そのために、家族経営的な農業の復活を目指さねばならない。賀川豊彦の立体農業の一定程度の成功から、私たちは自給できる小規模立体農業の実現方法を学ぶことができる。

現在の日本の農業の現場では、戦後の日本の食料生産を支えてきた昭和一桁世代が80歳を超え、農作業を継続することが困難になっている。それとともに、農家戸数が減少している。他方で従来の農家ではない新しい経営組織が規模面でも数の面でも大きく拡大してきている。このことを農業の近代化の成功と、為政者側は見なしているようであるが、はたして、この傾向を喜んでいて良いものであろうか。

いまの農業近代化とは、昔ながらの農家の定義を切り捨てていることである。

日本の農業は、伝統的に家族経営を基本とする農家によって担われてきた。そのことがかつての為政者に意識されていて、５年ごとに発表される農業センサスは、農家中心の体系であり、法人などの経営体については、「農家以外の農業事業体」としてセンサスでは扱われてきた。その上で、農家を専業農家と兼業農家（第一種と第二種）に分類するのが一般的であった。

しかし、１９９０年からは、「販売農家」と「自給的農家」という区分[34]が導入された。そして、「ガット・ウルグアイラウンド」（GATT Uruguay Round）の最終局面で策定された「新しい食料・農業・農村政策」（１９９２年）から始まり、翌１９９３年の「農業経営基盤強化促進法」、１９９５年にはＷＴＯ（World Trade Organization：世界貿易機関）体制に従った「食糧管理制度[35]」の廃止と続いた。この年以降、販売農家は、「主業農家」、「準主業農家」、「副業農家」という新しい区分[36]に分類されることになった。

さらに、１９９９年の「食料・農業・農村基本法」の制定、２００２年の「米政策改革大綱」等々の法制定によって、一定規模以上の「認定農業者[37]」に限定する農業助成策が講じられるようになった。

そうした流れの延長上に導入されたのが「農業経営体[38]」という新しい概念である。この概念によって、それまでの農家を中心に置いた統計は、後景に追いやられることになった。現在の農業センサスは、販売農家と法人経営を中心にした形となっていて、小規模の自給農家は、統計には含まれなくなった。

これは、法人経営による農業生産の大規模化を狙う国の政策の忠実な反映である。

事実、２０２０年の農業センサスの数値を、５年前の２０１５年センサスの数値と比較すると、日本の農業は国の意図通りの「近代化」を実現しているようにも見える。

５年前に比べて、農業経営体数は21・99％減少、農業経営体のうち、個人経営体は22・６％減少した。林業経営体に至っては、61・０％も減少した。

他方、団体経営体の数は、２・８％増加した。団体経営体のうち、法人経営体は、13％の増加であった。その結果、団体経営体に占める法人経営体の割合は80・88％にもなった。しかも、経営耕地面積が広いほど、農業経営体数の増加が大きい[39]。

政府は、２０１４年度に農地中間管理機構を設立して、２０２３年度までに意欲的に農業を担うとされる認定農業者と集落営農[40]への農地集積率を全自治体の平均率で80％にするという目標を掲げている。しかし、２０１５年時点では、集積率は52・３％であったし、突出して集積率が高い（90％）自治体を含む平均値を出しても、ほとんど意味をなさない。30％を下回る自治体が数多くあるからである。

集積率を高める存在として期待されている株式会社は、場合によっては進んで外資の系列下に入り、地域社会のニーズとは大きく異なる動きをする可能性がある。

結論だけを述べたい。

農業は、自然環境の制約下で営まれる産業である。農業は、地域社会との関係を重視することが不可欠である。それに、農業は、協業的であることが本来の姿である。世界を見渡しても、家族経営が主流である。にもかかわらず、近年の「農業成長産業論」は、経済のグローバル化に対応すべく、企業的農業、株式会社化、輸出促進のみを目標にしていて、資源循環や地域社会の多面的機能を軽視しすぎる。日本の農業政策も、米国やＥＵで進められているような循環型農業や協同組合的活動との連携強化が目指される必要がある。[41]

注

（1）１９２２年12月30日にロシア、南コーカサス、ウクライナ、ベラルーシを統合した「ソビエト社会主義共和国連邦」（union of soviet socialist republics：ソ連邦）が成立した。民族名・地域名・国家名を冠しない名称であった。ソ連邦崩壊時に、１９９１年12月、「ロシア民主連邦共和国」（Russian Democratic Federative Republic：ロシア連邦）と改称した。それでもなお、ヨーロッパ東部からアジアの北東部にまたがる広大な地域を占め、面積は米国の２倍に近く、旧ソ連邦の総面積の76・22％に及ぶ。

（2）https://www.okayama-u.ac.jp/user/law/up_load_files/freetext/past_ao_theme/file/shiria2015.pdf

（3）https://www.asahi.com/articles/ASP2V3K6HP2VUHBI00K.html

（4）http://nimura-laborhistory.jp/prewarlm.html

（5）ロシアに起こった20世紀最大の人民革命。革命によって成立した政権が、史上初めて社会主義国家の建設を目指し、世界の反資本主義・反帝国主義運動に大きな力を与え、世界史に巨大な影響を及ぼした。革命は、広義には１９０５年革命と、１９１７年の二月革命および十月革命からなり、１９０５年革命を第一革命、後者の二つを併せて第二革命とも呼ぶ。十月革命は、ソビエト政権を樹立し、その後のソビエト連邦の誕生につながったため、狭義のロシア革命ともいう。ここでいう二月革命、十月革命は、当時のロシアで公式に用いられていたロシア暦に従ったもので、新暦ではそれぞれ３月と11月に当たるので、三月革命、十一月革命とも言われる。ロシア暦は1918年1月末で廃止され、新暦に換えられた（https://kotobank.jp/word/ロシア革命-152771）。

（6） https://kotobank.jp/word/経済学部-2033563#:~:text=

（7） 2010年代までは、「近経」と「マル経」が「対立する二つの経済学」と見なされていた。しかし、両者は大きな区分として同じ経済学に属するものとの理解の下で、「経済原論」科目について「近経」、「マル経」の2教授による講義が並行して行われていた（競争講義）。ところが、「近経」の方で、国際基準に沿って「ミクロ」、「マクロ」のポストの整備が必要になり、マル経「原論」を不要と見なすようになった。守勢に立った「マル経」の側は、「経済原論」の名称を棄てて、「政治経済学」、「社会経済学」として存続を図ろうとしたが、ほとんどは、「経済学入門」・「経済思想史」・「（各論）マルクス経済学」のように周辺に追いやられるようになった（http://gendainoriron.jp/vol.16/rostrum/ro02.php）。その点は差し置いても、1897年の設立当初から京都帝大は、当時の文部大臣・西園寺公望（1849～1940年）から東京帝大（1886年設立）とは違った位置付けをされていた。東京から離れた京都の地で、自由で真理を探究する学府になることが期待されていた。西園寺は、とくに、経済学を併設する法科大学の設立を願っていたという（京都大学百年史編集委員会［1998］）。

　1899年に開設された京都帝大法科大学の経済学科には、経済学関係の複数の教授が協同で学生を指導するという形式の「演習科」が儲けられた。これは、ドイツの大学の「ゼミナール」を踏襲したものである。関係教授は学生を引率して、近隣地域への見学とか視察旅行などを積極的に行っていたという。これは、東京帝大にはない科目で、日本初の「ゼミナール」であった（京都大学法学部創立百周年記念事業委員会・記念冊子小委員会［1999］）。

（8） 大正デモクラシーと言われていた日本の精神改革運動の盛んな時代、東京の巣鴨を拠点にして、日本全国に向けて「無我愛」を主唱した伊藤証信（1876～1963年）が晩年（1925年）に構えた愛知県碧南市の居所を無我苑と称した。無我苑の名は、初めは無我愛運動の本部の名称だったが、無我愛の宣伝活動だけでなく、研究思索の活動が進むにつれて、出入りする人々が増え、その人々が東京の住居をも無我苑と呼び続けた（http://www.tees.ne.jp/~rinzaiji/muga1.htm）。

（9） 大内兵衛（1888～1980年）は言う。「京都大学の戸田博士が病気のため上京して、河上に会い、その学才を認め、彼に京大に入って将来そのスタッフにならないかと勧説したので、河上はそれに応じた」と（大内［1964］）。

　京大に赴任した時の河上は満30歳であった。彼は、京大に拾われて感謝していた。この時の京大総長は、文部官僚の岡田良平（1864～1934年）であった。岡田は、貴兄をいつ教授にするかについては約束できないと河上を思い止まらせようとしたが、河上は、学問に専心できるだけで幸せと応えたという（古田［2007］）。

(10) https://ja.wikipedia.org/wiki/十月革命

(11) 「十月革命記念日」(『平凡社世界大百科事典』第2版)。

(12) https://ja.wikipedia.org/wik/ソビエト連邦の崩壊

(13) http://rossia.web.fc2.com/pc/obshchestvo/prazdnik.html

(14) 1912年8月1日、鈴木文治(1885～1946年)ら15名によって友愛会という組織が結成された。キリスト教の精神に立脚していて、労働者同士の相互扶助が目的で、性格は共済組合であり、現在でいう労働組合ではなかった。同年末には会員は260人、11月3日に機関紙『友愛新報』が創刊された。渋沢栄一(1840～1931年)からの資金援助も受けていた。「われらは互いに親睦し、一致協力して相愛扶助の目的を貫徹せんことを期す」、「われらは公共の理想に従い、識見の開発、徳性の涵養、技術の進歩を図らんと期す」、「われらは共同の力に依り着実なる方法を以って、われらの地位の改善を図らんと期す」、といったような綱領を掲げていた(https://ja.wikipedia.org/wiki/友愛会)。

賀川豊彦(1888～1960年)は、1916年、留学先のプリンストン大学を卒業し、1917年、帰国すると、直ちに神戸市新川の貧民窟に戻って(1909年から住み込んでいた)、キリスト教伝道と社会事業を始めた。1918年、友愛会に加入し、神戸地区の労働運動に参加して、次第に関西一円の指導者となった。1919年、労働運動と併行して消費組合運動を興し、まず大阪に「購買組合共益社」を組織した。1920年10月上旬小説『死線を越えて』を出版。ベスト・セラーとなった。1921年4月、川崎造船の労働組合員を中心とした1千5百人によって、「神戸購買組合」が設立された。初代組合長には海運業で成功した実業家で神戸市会議員だった福井捨一(1871～1945年)が就任し、賀川の自宅が組合の事務所となり、現在の神戸市中央区八幡通に第一号店が作られた(http://www.souisha.com/pdf/coopkobe.pdf)。

一方、当時の関西財界の大物、那須善治(1865～1938年)が、1921年5月、同様に賀川豊彦の助言により「灘購買組合」を創設、現在の神戸市東灘区住吉に本部を設置。当初の組合員は約3百名だったが、こちらは那須の人脈により、富裕層の組合員が多かった。神戸購買組合とは設立基盤が大きく異なり、これら2組合は設立当初はそれぞれの道を歩み始めていた(https://ja.wikipedia.org/wiki/生活協同組合コープこうべ)。

那須に、賀川豊彦を紹介したのは、平生釟三郎(1866～1945年)であった。那須はまず、平生から協同扶助の協同組合の話を聞いた。英国の協同組合の活動を見ていた平生が、賀川豊彦の言いたかったことを那須に教えたと言う(https://ja.wikipedia.org/wiki/那須善治)。

1921年6月、川崎造船所、三菱造船所に労働争議が起こり、友愛会がそれを指導することになり、賀川は中心人物として活躍したが、8月、惨敗に終わった。バートランド・ラッセル（Bertrand Russell, 1872–1970）を神戸新川のスラムに迎えたのは、その争議の最中であった。

昭和初期の神戸は、「東洋のウォール街」と栄華を極めていた時代から一転、第一次世界大戦後の世界的不況に関東大震災が追い討ちをかけた長く暗い不景気の波に呑まれていた。そして神戸を代表する企業、川崎造船所も倒産の危機に瀕していた。そこで、その立て直しを担う人物として平生釟三郎に白羽の矢が立った。最初は断った平生だが、もし倒産すれば川崎造船所や下請けなど関連会社の社員、さらにその家族を合わせ神戸の住民の2割が困窮してしまうというので、実業家としてではなく社会奉仕者として、1931年、金融機関との融資をめぐっての和議整理委員を引き受けた。報酬はゼロ。だが、債権者と粘り強く交渉し和議をまとめ、さらに社長に就任して組織改革と管理の徹底を進め、捻出した資金で設備投資を行い、生産性の向上に努めた。一方で労働条件の引き下げには、労働組合の反発があったが、やがて無償で奮闘する平生の奉仕精神や、当時としては珍しかった情報公開が労働者の心を動かし、労使一体となって危機に挑み、川崎造船所は危機を脱した。ちなみに平生は、労働者の福利厚生にも力を入れ、東山学校や川崎病院を設けている（https://kobecco.hpg.co.jp/31851/）。平生は賀川を尊敬していた。2人は、川崎造船所をめぐる不思議な縁で結ばれていた。

(15) IPCとは、「統合食料安全保障フェーズ分類」（Integrated Food Security Phase Classification）のことである。この分類方法が、食料安全保障の分析と対策を行うツールで、多様な国連や政府機関で採用されている標準的な尺度である。IPCは、もともと、「国連食糧農業機関の食料安全保障分析ユニット」（United Nations Food and Agriculture Organization's Food Security Analysis Unit：FSAU）によって、ソマリア（Somalia）で使用するために2004年に開発されたものである。「ケア・インターナショナル」（CARE International）、「欧州委員会共同研究センター」（European Commission Joint Research Centre：ECJRC）、「国連食糧農業機関」（Food and Agricultural Organization of the United Nations：FAO）、「米国国際開発庁」（United States Agency for International Development：USAID）の一部局である「飢饉早期警戒ネットワーク」（Famine Early Warning Systems Network：FEWSNET）、「英国オックスファム」（Oxfam GB）、「英米セーブ・ザ・チルドレン」（Save the Children UK/US）を含むいくつかの国の政府および国際機関、および「国連世界食糧計画」（United Nations World Food Program：WFP）等々の機関が、この分類方法の向上に協力してきた。

IPCフェーズは、5段階ある。フェーズ1がもっとも平安な状態で、そこからだんだんと厳しくなり、最後のフェーズ5は最悪の飢饉状態である。

まずフェーズ1の「全体として安全な食料供給」（Generally Food Secure）。これは、80%以上の世帯が、特別な手当なしに基本的に必要な食料を入手できるという状態である。

フェーズ2の「最小限の食料不安」（Borderline Food Insecure）。少なくとも全世帯の20％に食料消費を減らしてはいるが、なんらかの新しい施策を持続的に行わずとも、ぎりぎりで我慢できるという状態がこのフェーズである。

フェーズ3の「急性の食料と生計の危機」（Acute Food and Livelihood Crisis）。少なくとも20％の世帯が最低限必要な食料を手に入れるために、出費を増やしてまで食料を購入しなければならないということが続く状態。急性栄養失調のレベルは高く、正常な値を上回っている。

フェーズ4の「人間としての緊急事態」（Humanitarian Emergency）。少なくとも20％の世帯が必要な食料調達面で深刻な事態に直面していて、貧困のために食料購入ができず、その結果、非常に高いレベルの急性栄養失調と過剰な死亡率が発生しているという状態。

フェーズ5の「飢饉＝人間としての大惨事」（Famine/Humanitarian Catastrophe）。少なくとも20％の世帯が食料やその他の基本的なニーズの完全な不足、つまり、飢餓に直面している状態。急性栄養失調者の有病率は30％を超えている。死亡率は一日当たり、5千分の1を越すという状態。

(16) https://ja.wfp.org/stories/ukurainazhanzhengyiqiankaraguoquzuidanoniushiliaoweijiniguansurubaogaoshu

(17) ＵＮＨＣＲは、第二次世界大戦後の１９５０年に、避難を余儀なくされたり、家を失った何百万人ものヨーロッパ人を救うために設立された国連の機関である。当初は3年で難民の救済活動を完了し、解散する予定だったが、設立から半世紀以上経った今日も、ＵＮＨＣＲは、世界中の難民の保護と支援に取り組んでいる（https://www.unhcr.org/jp/history-of-unhcr）。

国連難民高等弁務官（United Nations High Commissioner for Refugees）は、１９５１年に採択された難民の地位に関する条約と、１９６７年の議定書に基づく国際連合による難民や国内避難民の保護など、難民に関する諸問題の解決を任務としている。高等弁務官事務所は、高等弁務官の活動の補佐を行う組織である。本部は、スイスのジュネーヴに置かれている。前身は、連合国救済復興機関（United Nations Relief and Rehabilitation Administration：ＵＮＲＲＡ、１９４３～１９４８年）。緒方貞子（おがたさだこ）（１９２７～２０１９年）が、第8代目の高等弁務官（１９９０～２０００年）を務めた（https://www.google.com/search?q=国連難民高等弁務官）。

(18) ブルキナファソは、西アフリカに位置する共和制国家。北にマリ（République du Mali）、東にニジェール（République du Niger）、南東にベナン（République du Bénin）、トーゴ（République Togolaise）、南にガーナ（Republic of Ghana）、南

西にコートジボワール（République de Côte d'Ivoire）と、国境を接する内陸国である。１９６０年にオートボルタ（Haute-Volta、上ボルタ）共和国として独立した。独立後、フランスから離れて非同盟路線を歩み、東側諸国と友好関係を築いたが、１９８７年以降はフランスとの関係を最重視している。現在の国名は１９８４年に旧来の国名のオートボルタから改称されたことで正式に決まったもの（https://ja.wikipedia.org/wiki/ブルキナファソ）。

（19）https://www.unhcr.org/jp/47371-pr-220523.html

（20）https://www.unhcr.org/jp/wp-content/uploads/sites/34/protect/International_Protection_Considerations_Related_to_the_Developments_in_Ukraine_ul_J.pdf

（21）https://ja.wikipedia.org/wiki/ダストボウル

（22）https://ja.wikipedia.org/wiki/%E6%80%92%E3%82%8A%E3%81%AE%E8%91%A1%E8%90%84

（23）http://meigata-bokushin.secret.jp/index/エデンの園

（24）「13　こういう者たちは、にせ使徒であり、人を欺く働き人であって、キリストの使徒に変装しているのです。14　しかし、驚くには及びません。サタンさえ光の御使いに変装するのです」（「コリント人への第２の手紙、第11章13～14節」、『新約聖書』）。

（25）奥積雅彦「統計史料でみる昭和・平成期（その１）」総務省統計研究研修所（https://www.stat.go.jp/library/pdf/cgogai2001.pdf）。

（26）https://www.nochuri.co.jp/report/pdf/n0707re1.pdf

（27）https://www.google.com/search?q=昭和６年の山形県最上郡西小国村の調査 &rlz=1C1QABZ_jaJP897JP897&oq=&aqs ただし、昭和恐慌時に娘の身売りが横行していたという議論に対して『警視庁統計書』のデータによって懐疑を表明した長文の論文もある（原田・安中［２０１５］）。データを解釈することの難しさの証左であろう。

（28）http://www.lennut.org/article/article0910.html

（29）「イエスの友会」は、１９２１年10月５日に発足した。この日に奈良の旅館で日本基督教会教職者の修養会が開催され、14名の教職者が集った。第二部の懇談会の席上で賀川は新しい宗教運動を起こすべきと発言し、「一つの団体」を結成することになった。この会は教職、信徒を問わず、イエスの友会の要綱を遵奉する者は誰でも会員となることができるというもので、超教派の性格を持って始められた。「イエスの友会綱要」は、賀川が提案し、修養会で満場一致で承認された。それは、①イエスにありて敬虔なること、②貧しき者の友となりて労働すること、③世界平和のために努力すること、④純潔なる生活を尊ぶこと、⑤社会奉仕を旨とすることの五つで、キリストの同志の会として誕生した。イエスの友会第1回全国大会・夏季修養会が関東大震災前の１９２３年8月25日から29日まで、御殿場にある東山荘で開かれた。その研修会で行われた賀川の連続講演「ヨブ記の研究」で、この決意が、関東大震災への救護活動という行動に移されることとなったと言われている（https://www.keiwa-c.ac.jp/wp-content/uploads/2020/02/kiyo29-8.pdf）。

（30）「高根学園校舎」建設については、「賀川豊彦記念資料館」の講師・和田武広（著書に和田［２０１９］がある）の論文「御殿場農民福音学校高根学園をたずねて」に依存している（http://blog.livedoor.jp/bltkhr_1953/archives/7679627.html）。

（31）http://blog.livedoor.jp/bltkhr_1953/archives/993314.html

（32）https://www.city.takasaki.gunma.jp/docs/2013120900967/#:~:text=高崎市、末広町

（33）https://www.jomo-news.co.jp/articles/-/57000

（34）販売農家とは、経営耕地面積が30ａ以上で農産物販売額が年間50万円以上の農家。自給的農家とは、経営耕地面積が30ａ以下10ａ以上で農産物販売額が年間50万円未満の農家。

（35）太平洋戦争の開始に伴って１９４２年に制定され、１９９４年まで続いた。国による主要食糧の管理・統制の制度。食管制度と略称される。

（36）主業農家とは、農業所得が主で年間60日以上農業に従事する65歳未満の世帯員がいる農家、準主業農家とは、農外所得が主で年間60日以上農業に従事する65歳未満の世帯員がいる農家、副業的農家とは、年間60日以上農業に従事する65歳未満の世帯員がいない農家。

（37）農業にやる気と意欲がある農業者を国や自治体が認定する。「効率的かつ安定的な農業経営」が農業構造の相当部分を担う望ましい農業者のこと。この認定は「意欲」を名目としただけで、実際には農地規模で判定されている。

（38）①経営耕地面積が30ａ以上の規模の農業、②家畜の飼養頭羽数又は出荷頭羽数、その他の事業の規模が①の経営基準に匹敵する家畜業、③農作業を受託する大規模な事業、のいずれかに該当する事業を行う者をいう。

（39）https://www.maff.go.jp/j/tokei/kekka_gaiyou/noucen/2020/index.html

（40）集落営農とは、「集落など地縁的にまとまりのある一定の地域の農家が、農業生産を共同して行う営農活動」をいう。農業従事者の兼業化や高齢化の進展により担い手が不足し、遊休農地が増加している中、集落全体で協力して集落営農組織を作ることを目標としている。

（41）この章の「おわりに」部分は、清水徹朗［２０１７］に大きく依存している。

参考文献

Smith, John［1929］, *Tree Crops: A Permanent Agriculture*, Harcourt.（賀川豊彦・内山俊雄共訳［１９３３］『立体農業の研究』恒星社）。

Steinbeck, John［1939］, *The Grapes of Wrath*, the Viking Press-James Lloyd.（大久保康雄訳［１９６７］『怒りの葡萄　上・下』新潮文庫）。

内村鑑三［１９１９］「人類の堕落と最初の福音―創世記第三章の研究」『聖書之研究』第２２８号（内村鑑三述、藤井武筆記）。

大内兵衛［１９６４］「河上肇の人と思想」、『現代日本思想体系19・河上肇』筑摩書房。

岡田知弘［２０１９］「京都帝国大学経済学部の教育研究活動と国家・社会」『大原社会問題研究所雑誌』№７３４。

賀川豊彦［１９１１］『生存競争の哲学』改造社出版。

賀川豊彦［１９２０］『死線を越えて』改造社出版。

賀川豊彦［１９２７］『社会構成と消費組合』（消費組合パンフレット）第5編、神戸消費組合。

賀川豊彦［１９３５ａ］『乳と蜜の流れる郷』家の光協会、復刻版２００９年。

賀川豊彦［１９３５ｂ］『世界平和の協同組合的工作―協同組合的世界経済同盟の提唱―』自費出版。

賀川豊彦［１９４８］『社会革命と精神革命』清流社。

京都大学百年史編集委員会［１９９８］『京都大学百年史・総集編、第2章』京都大学後援会。

京都大学法学部創立百周年記念事業委員会・記念冊子小委員会［１９９９］『京大法学部１００年のあゆみ』京都大学法学研究科・法学部。

佐々木惣一［１９６５］「思い出あれこれ」末川博編『河上肇研究』筑摩書房。

塩川伸明［２０１８］「ロシア革命はどのように記念されてきたか―アニヴァーサリーイヤーの歴史」『ユーラシア研究』№57。

渋沢栄一［１９２７］『論語と算盤』忠誠堂。

清水徹朗［２０１７］「日本農業の実像と農業構造の展望―２０１５年農業センサスに見る日本農業の姿」『農林金融』２０１７年9月号。

末川博編［１９６５］『河上肇研究』筑摩書房。

鈴木義一［２０２０］「ロシア革命１００周年と１９１７年革命研究」『歴史と経済』第62巻、第2号。

瀬島龍三［１９９５］『幾山河』産経新聞ニュースサービス。

日本キリスト教団出版局［１９９６］（新共同訳）『旧約聖書注解Ⅰ―創世記〜エステル記』。

原田泰・安中進［２０１５］「娘の身売りは昭和恐慌時には増えたのか」早稲田大学現代政治経済研究所（WINPEC Working Paper, No. J1410)。

久宗壮［１９５０］『日本再建と立体農業』日本文教出版。

細川元雄［１９７９］「京都大学時代の河上肇」『経済論叢』第１２４巻、第５・６号。

古田光［２００７］『近代日本の思想家〈８〉河上肇（新装版）』東京大学出版会。

和田武広［２０１９］『共済事業の源流をたずねて―賀川豊彦と協同組合保険―』緑蔭書房。

終　章　転換されるべき農林業の近代化政策
――労働者生活協同組合の設立に向けて――

はじめに

突如、これまで未経験の大惨事が生じた時、その大惨事を格好の投機機会と判断して、その惨事を防ぐという名目の投資物件を作り出し、結果的に大儲けをする輩が、ほんのひと握りではあるが、いつの時代にも必ず出てくる。しかも、そのようなひと握りの輩は、以前から大富豪として世に知られた人物であることが多い。そうした有名な大富豪を、世間ではよく「陰謀を企む人」だとして軽蔑的に語ることが多い。新型コロナに感染しないと喧伝されていたワクチン接種の是非が人々の大きな関心事になった時もそうであった。陰謀論は、そこにいない知人を罵る無責任な井戸端会議を、より大規模に、より過激にした以外の何物でもない。

しかし、陰謀だと言い募りたくなるような社会現象は確かにある。新しい事態の発生・進展の度合いを、世界中の研究者たちを集めて、世界の誰よりも速く掴める大物の著名人たちは確かにいる。彼らは、特定のプロジェクトを作り上げ、そのプロジェクトへの投資を呼び込むべく、金融手法を駆使して世界中の資金を集めることができる。これら大物は、ＳＮＳはむろんのこと、世界中のメディアを意のままに動かせて、世論を誘導できるというカリスマ性を持っている。

そのうちの一人が、ビル・ゲイツ（William Henry "Bill" Gates III, 1955–）である。２０２２年６月半ばに開催された「２０２２年テクチャーチ気候変動会議」（TechChurch Simposium, Climate 2022）の席上で、ゲイツは、彼ならではの派手派手しい発言をした。

彼は言った。ＮＦＴ（非代替性トークン）への投資で大儲けした似而非投機者たちの目を見張る金儲けに、人々の注目が集まっているが、この種の投機の社会的価値はゼロである。彼らは、雇用を生まず、社会を再生させず、ただ値が上がり続けるから転売を繰り返す「大馬鹿理論」（The Greater Fool Theory）という空虚な思い込みに走る輩にすぎない。大事なことは、ウクライナ戦争が必ずもたらす世界的食料危機に対処すべく、資金を集めて、大規模投資をすることである。これが、ゲイツの発した大言壮語である。(1)

ちなみに、ゲイツは、すでに全米一の面積を所有する大農地所有者である。おそらくは、種子の独占化を意図しているのであろう。(2)

確かに、恐ろしいことであるが、農業危機は必ず起こる。しかし、対処法は、ゲイツと正反対に、小規模の林業、小規模の農業に旧来から蓄積されてきた知恵を活かすことにある。そのためにも、新しいＧＡＯ（中央の指令なき資金融通）などの資金調達方法を工夫して採用し、ＧＡＯの基盤となる使いやすい自前の新しいＳＮＳ技術の開発に真剣に取り組む必要がある。現在の危機を乗り切るために、ＩＴ分野における新しい世代の若者の力に期待したい。

第１節　ビル・ゲイツの農業近代化投資

近年、世界に大変化が起こるたびに、それは、ビル・ゲイツが裏で仕掛けたものだと、面白おかしくＳＮＳの分野で囁かれるようになった。新型コロナワクチンの時もそうだった。農業における種子収集についても、彼の陰謀であるという趣旨の悪罵がばら撒かれ[3]、瞬時に広まる。人々の関心を惹き付ければ、自分が発したブログに企業広告が多く載り、それで莫大な収入を得られるので、この種のものは世界中で蔓延している。

しかし、陰謀論が広まる背景には、必ず新しい事実への人々の不安感がある。新しい事実とは、遺伝子組換種子の開発がかなりの勢いで進められていることである。欧米では、これこそが、近代農業の進むべき途であると考えている科学者が増えてきている[4]。

1　多国籍企業が大きく関与している国際農業研究協議グループ

世界銀行グループの一員に、「国際農業研究協議グループ」（Consultative Group on International Agricultural Research：ＣＧＩＡＲ）という研究集団がある。１９７１年に、「世界銀行」（World Bank）、「国連食糧農業機関」（ＦＡＯ）、「国連開発計画」（ＵＮＤＰ）等の協同作業の下、各国政府や地域連合組織、民間団体などが参加して結成された組織である。ＣＧＩＡＲは、「ロックフェラー財団」（Rockefeller Foundation）の後押しで進められてきた農業近代化計画「緑の革命」を源流としている。[5]

ＣＧＩＡＲの作成を主導したのは、世界銀行であり、いまでも、世銀の副総裁がＣＧＩＡＲの会長を兼ねている。理事会には、各国の政府機関と並んで、「シンジェンタ財団」（Syngenta Foundation）や「ケロッグ財団」（W. K. Kellogg Foundation）、「フォード財団」（Ford Foundation）、それに、上記の「ロックフェラー財団」という世界有数の財団が名を連ねている。このことから、ＣＧＩＡＲは、純粋の「非営利団体」（Nonprofit Organization：ＮＰＯ）ではなく、バイオ企業（biotech company）の代理研究組織に成り下がったという批判を招いている。[6]

シンジェンタ財団傘下の「シンジェンタ」（Syngenta AG）は、スイスに本拠地を置く農薬業界で、世界最大手の多国籍のバイオ企業である。種苗業界でも、「バイエル」（Bayer AG）、「デュポン」（Du Pont：１９７１年にダウ・ケミカルと対等合併した）に次ぐ世界第3位で、世界約百か国に5万人を超える従業員を擁している。

同社は、２０００年に、「ノバルティス」(Novartis) のアグリビジネス部門と「ゼネカ」(Zeneca, 現：アストラゼネカ、AstraZeneca) のアグリケミカル部門が統合して、世界初のアグリビジネスに特化した。しかし、２０１６年8月に「中国化工集団公司」(China National Chemical Corporation：ChemChina, ケム・チャイナ)[7] によって買収された。

「ビル&メリンダ・ゲイツ財団」(Bill & Melinda Gates Foundation：ＢＭＧＦ) もＣＧＩＡＲの運営に大きく関わっている。これは、ビル・ゲイツと当時の妻 (メリンダ) によって設立された民間財団である。ワシントン州シアトル (Seattle, Washington) を拠点とし、２０００年に設立され、２０２０年時点で、世界第2位の慈善財団で、資産は5百億ドルほどある。[8]

同財団は、アフリカの農業を改善するという名目で、２００３～20年の17年間に60億ドル近くを投資した。しかし、そうした膨大な資金は、現地の農民には渡らず、現地の農業に新品種の農作物を提供するアグリビジネスの手に渡っていた。資金は、工業型農業を広げることを目指した政策を形成する組織に向けられていたのである。

「アフリカ生物多様性センター」(African Centre for Biodiversity) は、ＧＭＯ (Genetically Modified Organism：遺伝子組換生物) などの有害なものをアフリカに持ち込んだとしてゲイツ財団批判の報告書を発表した。

その報告書によると、同財団は、２００６年に「アフリカ緑の革命同盟」（Alliance for a Green Revolution in Africa：ＡＧＲＡ）を設立し、ＡＧＲＡの全予算のほぼ3分の2にもなる6億ドルを寄付してきた。

ゲイツが資金提供した研究センターや、企業によって開発された新しい種子や化学物質を、アフリカの農家に渡すことが、ＡＧＲＡの役割であった。

12年間で収穫量を2倍にするというのがＡＧＲＡの目標であったが、実際には18％の収穫増でしかなかった。それはそれで、一応の成果であると言えようが、ＡＧＲＡがカバーする地域（30か国）の同期間における栄養不足者数は、同地域の人口の30％にも達したという、マイナス効果も生じた。典型的な豊作貧乏の結果である。穀物の販売価格が下がり、収入の減少に見舞われた農民は、購買力を失って必要な生活物資を得られなくなったからである。

これを反省して、ゲイツ財団は、寄付金を2倍に増額したが、新型種子の開発に力点を置くという従来の方針は変えなかった(9)。

２０２０年1月、同財団は、子会社「ゲイツ・アグ・ワン」（Gates Ag One）として知られる「ビル＆メリンダ・ゲイツ・アグリカルチュラル・イノベーション」（Bill & Melinda Gates Agricultural Innovations）を設立した。責任者は、「バイエル・クロップ・サイエンス」（Bayer Crop Science）の技術部長、「モンサント」（Monsanto Company：２０１６年、バイエルによって吸収され、いまはこの名称の会社はない）の国際開発担当理事を経験したジョー・コーネリウス（Joe Cornelius）である。

ゲイツ・アグ・ワン社は、自らを「気候変動の影響によって収穫量が脅かされている小規模農家に科学的進歩をもたらし」、アフリカ、アジア、ラテン・アメリカに見られる「生産性のギャップ」を縮小する新しい非営利団体であると、位置付けている。ゲイツ財団の農業開発チームなどと協力して、「作物の生産性を向上させ、大多数が女性から成る小規模農家が気候変動に適応するのを支援するために必要なイノベーションの開発を加速し」、「小規模農家が貧困から抜け出すために必要な手頃な価格で高品質の手段、技術、資源を利用できるようにすること」が、この会社の使命であると宣言した。その上で、「これらの地域の農場での収穫量は、世界の他の場所の農家が達成している水準をはるかに下回っており、気候変動によって、彼らの作物の生産性はさらに低下させられるであろう」との警告を発した。

同社は、「回復力があり、収穫量を増やす特性を持つ種子」を開発・商業化するために、公的および民間部門のパートナーと協力するとの方針を示した。

同社は、活動の場を「人口約18億人の南アジアと約10億人のサハラ以南のアフリカ」に置く予定である。

ラテン・アメリカでも、アルゼンチンをまず出発点として、その後、ラテン・アメリカの他の地域に活動の輪を広げるという方針が示されている。キーワードは、気候変動に対処するというものであるが、実際には、組織力・資金力を拡大させることが最終目標である。

上述したように、ゲイツ財団は、ＣＧＩＡＲへの資金を2倍にするという目標を掲げている。実際、ＣＧＩＡＲは、２０１９年9月の「国連気候サミット」（UN Climate Summit）で、ビル・ゲイツ率いる各団体から7千9百万ドル以上の寄付を受けたことを公表した。そして、２０１９年以降の3年間で、3億1千万ドルが同財団から提供されることになっているとも付け加えた。同財団は、「米国国際開発庁」（United States Agency for International Development：ＵＳＡＩＤ）に次ぐ、ＣＧＩＡＲへの2番目の大きな寄付者になった。つまり、ＣＧＩＡＲは、米国政府とゲイツ財団によって牛耳られていると言い切って良い。

さらに危険な動きを、同財団はしている。公共部門のネットワークを基本的に潰し、有力な投資企業の連携による一元化を目指しているのである。

２０２０年の『ＥＴＣレポート』（*Exchange Traded Commodities Report*：コモディティ上場投資信託報告）によれば、２０１８年にＣＧＩＡＲによって設立された新しい「システム参照グループ」（System Reference Group：ＳＲＧ）が、２０１９年7月に、ＣＧＩＡＲの15あるセンターを一つに統合することを求める勧告を出した。さらに、同年12月、ローマ郊外の「国際生物多様性センター」（Bioversity International：ＢＩ）の本部で、15人の各センター議長による「大合併」（megamerger)、つまり、15のセンターすべてを担当する一つの国際理事会を設立する方向での話し合いが持たれた。

新しいＳＲＧでは、ゲイツ財団の上級理事であるトニー・カバリエリ（Tony Cavalieri）と、「システム管理委員会」（System Management Board）の議長で、元シンジェンタ財団理事長のマルコ・フェローニ（Marco Ferroni）が共同議長を務めている。この点を見ても、特定の財団が、公共のネットワークに取って代わろうとしていることが明らかである。この合併が実現すると、種子企業による遺伝的種子資源獲得衝動が刺激されて、各国の農業政策の独自性は、ますます脅かされることになるだろう。

２０１０年、米国のある金融Ｗｅｂサイトは、ゲイツ財団が、約2千3百万ドルで50万株のモンサント株を購入したことを明らかにした。ゲイツ・アグ・ワンは、モンサントの本拠地であったミズーリ州セントルイス（St. Louis, Missouri）を拠点としている。

また、ゲイツ財団は、バイオテクノロジーの新興企業である「アグ・バイオーメ」（Ag Biome）株を7百万ドルで取得した。この会社は、ＤＮＡの二本鎖切断を原理とする遺伝子改変ツールであるＣＲＩＳＰ（Clustered Regularly Interspaced Short Palindromic Repeats, クリスパー）による合成生物学的製品の開発に着手している。ゲイツ財団は、株式取得によって、この会社への支配力を確保してから、この会社に2千万ドルを助成している。この会社には、モンサントとシンジェンタも投資している。何のことはない。財団は「慈善事業」の建て前で、利益を挙げる旺盛な投資活動をしているにすぎないのである。(10)

2　注目が集まる種子遺伝子研究

世界中でヘンリー・キッシンジャー（Henry Kissinger, 1923–）の名言として流布されている言葉がある。(11) ただし、本人がこのような発言をしたという根拠はない。

「食糧供給を支配する者は人々を支配する。エネルギーを支配する者は全大陸を支配できる。貨幣を支配するものは世界を支配できる」。

蓋（けだ）し名言である。しかし、典拠がまったく示されずに、この種の言葉が著名人によって発されたとする無責任なSNSへの書き込みを、無批判に引用してしまう評論家が多い。(12)

それにしても、この言葉は、今日のウクライナ問題にぴったりと符合する。今後、世界の国々が、食料とエネルギーの獲得競争に乗り出すことは必至である。その競争に則って、金融資本は、自国の軍需産業とともに、莫大な利益をむさぼるようになるだろう。

2020年の「ピューリッツアー」賞（Pulitzer Prize）受賞者のクリストファー・ムーニー

(Christopher Mooney, 1977-) が『ワシントン・ポスト』紙に投稿した「種子バンク」に関する論文は、将来起こり得る種子争奪戦を予測したものである[13]。

投稿論文のタイトルは、「なぜ世界は『世界終末日』に備えた地下シェルターに非常に多くの種子を保管しているのか」という長いものである。

ドイツに拠点を置く国際的なグループである「クロップ・トラスト」(Crop Trust) という財団がある。この財団が、２００４年以来、世界中のいわゆる「遺伝子バンク」(Genebanks) と接触し、資金や研究器具を提供したり、各種アドバイスを行ったりして、世界中から多様な種子の遺伝子を蒐集してきた。クロップ・トラストによると、86万種以上の種子が、北極圏の北大西洋側にある「スヴァールバル島」(Svalbard, スピッツベルゲン、Spitzbergen ともいう、ノルウェー領) の氷で閉ざされた地下シェルター (世界終末日用の地下シェルター、doomsday vault と命名) に貯蔵されている。ここには、さらに多くの種子を収容する余地があるという。

多様な種子を大量に保管しておく目的は、現在の人々の食料が不足した時に放出するという対症療法的なものではなく、新しい食品を作るために必要な遺伝情報を保存して、世界戦争とか深刻な気候変動、人口爆発等々によって、世界が終末の危機に直面したときに、激変した環境の下でも生育できる新品種の食料を創り出すための研究用に使うことである。

世界各地の研究機関の賛同を得たこのプロジェクトには、２００４年の開設以来、５億ドルもの寄付金が寄せられたという（2016年4月8日、同財団が発表[14]）。

寄付金は、米、英、独、インド、エチオピアなどの政府や「ビル&メリンダ・ゲイツ財団」などの幅広い層から提供されている。

2016年当時、クロップ・トラストの執行役員であったアースラグ・マリー・ハガ（Åslaug Marie Haga, 1959–）[15]は、クリストファー・ムーニーの質問に答えて次のように語った。

「種子の遺伝子とその変容を研究することの最大の理由は、気候変動にある」。「しかし、私たちの食物の基礎となる植物は、気候変動に素早く適応できない」。「だからこそ、高温化などの予測不可能な天候に耐え、栄養価が高く、より良い食事が得られる主要作物の新品種を育種する必要がある。そのためにも、農業の構成要素である多様な種子を研究しなければならない」。

ハガによると、現在の世界には、約4万5千種のジャガイモ、3万5千種のトウモロコシ、12万5千種の小麦、20万種のコメがある。いまの時点で特定はできないが、これらの品種のいずれかが、将来のある時点で非常に重要なものになる可能性がある。

「それは、何千年もの間、山頂に生息していた小麦の一種類かも知れない。この小麦は外見的には小麦とは違うように見えるが、遺伝的には小麦である。山頂に千年も生きながらえていれば、この種の小麦には、水をあまり必要としない可能性がある。私たちがいま、本当に取り組む必要があることの一つは、多量の水を必要とせずに良い収量をもたらしてくれる植物を見つけることである」。

確かに、この種の研究は重要である。しかし、それには不可欠の前提がある。極北の極寒の氷室の中に、世界の種子を貯蔵することには、世界市民が共同で研究し続けるということが前提とされなければならない。

しかし、この前提に疑問符が付く事件が２０１５年９月に生じた。シリア（Syria）のアレッポ（Aleppo）に拠点を置く「国際乾燥地域農業研究センター」（International Center for Agricultural Research in the Dry Areas：ＩＣＡＲＤＡ）というセンターがある。このセンターは、集めた種子をスヴァールバルに預けていた。ところが、シリア内戦が激化したために、同センターは、ベイルート（Beirut）に避難した。その際、アレッポに保管していた種子を持ち出す余裕はなかった。ベイルートで研究を再開するために、同センターは、スヴァールバルに預けていた種子の引き出しをクロップ・トラストに願い出た。クロップ・トラストとしては初めてのことであるが、その引き出し要求に応じた。

このことは、種子の国際的協同保管という大義が、いずれ崩れるだろうことを予感させるものである。戦乱や食糧危機が世界中に蔓延することになれば、有力国は競って種子を自国に取り込もうとするようになるだろう。クロップ・トラストは「世界の終末に備えて」という殺し文句で、世界の研究所の賛意をいまのところ得てはいるが、いずれ世界はバラバラに動く可能性がある。

自国の種子の研究に関する機密情報が外部に漏洩した一つの事例を示そう。

ＣＧＩＡＲの傘下に「国際稲研究所」（International Rice Research Institute：ＩＲＲＩ）というアジアで最古かつ最大の稲の種子研究所がある。フィリピンのロスバニョス（Los Baños）に本拠を置き、アジアとアフリカの14か国に出先機関を持つ著名な研究所である。この研究所は、１９６０年に、フォード財団とロックフェラー財団からの出資を得て、フィリピン政府によって設立された。このＩＲＲＩが開発・育成したイネの品種には、「ＴＲ」という番号が付けられている。１９６６年に育成された「ＴＲ８」は、台湾の在来品種を改良したもので、高収量性を示し、その成果は、コムギの新品種と併せて「緑の革命」をもたらす元となった。１９７１年にＣＧＩＡＲが結成されると、その傘下研究機関となった（https://ja.wikipedia.org/wiki/国際稲研究所）。

このＩＲＲＩが、同じく国際的に著名であったインドのオリッサ州カタック（Cuttack, Orissa）にある「中央稲研究所」（Central Rice Research Institute：ＣＲＲＩ）を解体して、ＣＲＲＩの研究成果をＣＧＩＡＲに引き渡すことに大きな役割を果たしたのである。

ＩＲＲＩは、まずインド政府を口説いて、ライバルであるＣＲＲＩを合併することの内諾を得た。ＣＲＲＩでは、国際的に著名なコメ研究者で米国籍のラデイヤル・リチャリア（Radheylal Richharia, 1906–96）博士が所長をしていた。リチャリアは、インドで1万9千種ものコメの種子を蒐集していた。インドには20万種類のコメがあると推定されると彼は言っていた。彼は、ＩＲＲＩが進めていた緑の革命をインドに導入することに頑固に反対していた。ＩＲＲＩを通じてＣＧＩＡＲに参加したいインド政府は彼をＣＲＲＩから追い出した（１９７８年）。

リチャリアのコメのコレクションは、チャッティースガル州ライプール（Raipur, Chhatisgarh）の「インディラ・ガンジー農業大学」（Indira Gandhi Agricultural University：ＩＧＡＵ）の手に渡った。２００２年、この大学は、多国籍アグリビジネス企業であるシンジェンタと提携した。シンジェンタは、大学に多額の使用料を支払って、大学の遺伝子ストックを基礎とした新しいイネ品種を開発、販売していた[16]。

リチャリアの解任後、種子研究というインドの知的財産は、最終的に、ＣＧＩＡＲに取り込まれてしまった[17]。

第2節　種子遺伝子への反発と受容

1　不耕起栽培論の台頭

不耕起栽培（ふこうきさいばい）（Nontillage Cultivation）という農法がある。これは、農地を耕さないで作物を栽培する方法で、米国で一定程度、成功している。

1943年、エドワード・フォークナーが、『農夫の愚行』（Faulkner［1943］）を著した。その中で、フォークナーは断言した。慣例的に農業において基本的な行為と考えられてきた「耕し」（耕起）は、土壌を破壊するだけで何の益もない。耕さなくても、有機物を表土に浅く混ぜ込むだけで、肥沃な土壌を維持できると。

また、遺伝学博士で、「ランド研究所」（Rand Corporation）傘下にある「土地研究所」（Land Institute）のウェス・ジャクソンは、1978年に、多年生植物を用いた穀物の生産（polyculture）を開発・提案した。毎年植え替えをする必要のない多年生植物を使用することで、土壌と植物との間の重要な関係を継続させ、土壌浸食を防ぐことができるというのである（Jackson［1980］）。

そして、除草剤耐性遺伝子組換作物の開発や有機農法の手法が進んだことによって、不耕起栽培が世界的に増えてきた。

20世紀前半のころ、目先の効率ばかりに気をとられて、土地を耕す耕起栽培が広がりすぎたせいで、地球規模で土地の劣化（degradation）が進み、表面数10センチメートル以内に生息する有用な微生物を包み込んでいた豊かな土壌が、風や雨で失われてしまった。一度失われてしまった表面土壌の再生はきわめて困難であると、W・ジャクソンは主張した。

１９６０年代、北米の耕地のほとんどは耕起されていたが、２００４年に「保全耕起」が全農地の41%、不耕起栽培が23%で実施されるようになった。保全耕起とは、土壌の耕起を最低限に止め、播種後に土壌表面に一定量の作物残渣を残す方法のことである。

カナダでは１９９１年には33%、２００１年には60%の農場が不耕起栽培もしくは保全耕起を採用するようになった[18]。

「耕してはいけない」などと言われたら、２千年にわたって土壌を破壊せずに水田を維持してきたことを誇りにしている日本人のほとんどが、「何を馬鹿なことを言っている！」と怒りを覚えるだろう。確かに日本は、米国と異なり豊かな水田を維持してきた。しかし、ここで私たちが気付かねばならないことは、日本の気候には欧米や中東のような深刻な旱魃が長期にわたって続くということがなかったという事実である。森林が豊かな水を保全してくれ、水飢饉が起こりそうな真夏には台風が雨をもたらしてくれる。休耕期間には大地を干上がらせる強烈な太陽光もない。しかも雪が大地の乾燥を防いでくれる。季節毎に変化する植物分布が、多様な生物を含んでくれる。まさに日本は「瑞穂（みずほ）」

の「くに」であり続けた、世界でも稀な豊かで穏やかな気候風土に恵まれた列島なのである。そのせいもあって、日本は旱魃対策をほとんど練ってこなかった。そうした日本にも厳しい気候の激変がくる可能性は否定できない。世界の多くの人々を苦しめている旱魃が、明日にでも日本を襲うかも知れないのである。この点に思いを馳せれば、不耕起栽培をむげに退けることはできない。水田ではない耕地については、とくにそうである。

「不耕起栽培こそ世界の最先端の農法」であると主張するのが、土壌生態学の研究者、金子信博教授である。氏は言う。

「(米国の) 大規模農業では、耕さないという方向に大きく変わってきている」。

「不耕起を採用することで、土壌の流出や、乾燥地での土壌水分の減少などの土壌劣化を抑制することができる。もう一つは明らかに省コスト。耕す回数が減れば、燃料代と時間を節約でき、収穫量がそのままなら、利益率が高まる」。

「不耕起では放っておくとどうしても草が生える。米国では、強力な除草剤と、除草剤で枯れないようにした遺伝子組換作物をセットにして農業ビジネスをしてきた背景があるため、不耕起でも草の管理がしやすいという面がある」。

「近年の米国の有機不耕起栽培では、大型トラクターでライ麦の茎を高速で押し倒す。押し倒されたライ麦の茎が雑草の発生を抑えてくれる」。

「日本では不耕起を実践している農家は全体のわずか数%と、まだまだ少ない。普及が進まないのは、日本では、『耕さないといけない』という考え方が根強いというのも原因の一つ」。「遺伝子組換作物を使えない日本では、（枯れ葉剤を使う）やり方は採用できない」。

それでも、日本には、「自然農や自然栽培をベースにした不耕起・草生農法」（雑草を除草せず、それらの根を利用して農地の土壌を管理する方法）が芽生えつつある。

「不耕起栽培は、除草するのではなく、草を資源としてうまく活用し農地の土壌を育て守る草生栽培と組み合わせることが重要。諸外国ではカバー・クロップ（土の表面を覆うために使われる植物）を用いるが、自然農のように雑草を活かすのは、日本ならではの方法である」。

「雑草は農業の宿敵と見なされがちだが、耕すことによって、作物と競争するような種類が生える。不耕起にすると、雑草も作物もお互いの成長を邪魔しない植物相になっていく。つまり、草が生えても収穫量は落ちない。ただし、その領域に到達するまでは大変なので、最初は有機栽培でライ麦などをカバー・クロップとして播くことを勧めたい」。

「乗用の機械で管理ができるようにならないと収益を上げるのは難しい。とはいえ、米国のような大型機械は日本では使えない。そのまま小型化しても構造上、実用は難しい。メーカーに作って欲しい機械の機能は、草を刈ってそのままマルチ（土の表面を覆う材）としてそこに置け、同時に不耕起播種できるものである。一般向けの機械を製造販売しているメーカーでの開発が待たれる」。

同氏は、福島県二本松市「あだたら食農、School Farm」の不耕起草生区の活動に力を入れているという(19)。

心情論のみで種子の遺伝子加工を否定することは、避けねばならないと、これら学説は訴えている。しかし、大農法ではない小農の役割は、大飢饉時においても、軽視してはならない。地に着いた議論が展開され、そうした議論を理解する能力を身に付けなければならないと、私は心底から思う。

２　リジェネラティブ農業――ゲイブ・ブラウンの説――

「リジェネラティブ農業」(Regenerative Agriculture) は、「環境再生型農業」とも呼ばれる農法で、農地の土壌を健康的に保つだけではなく、土壌を修復・改善しながら自然環境の回復に繋げることを目指す農業を指す。

土壌が健康であればあるほど、多くの炭素を吸収（隔離）するため、リジェネラティブ農業は気候変動を抑制するのに有用な手法であるというのが、この農法の謳い文句である。

前項で挙げた不耕起栽培、被覆作物（カバー・クロップ）の活用と並んで、合成肥料の不使用が原則である。

２０１９年の前述の「国連気候サミット」を機に設立された「生物多様性に特化したビジネス連合」(One Planet Business for Biodiversity：ＯＰ２Ｂ) は、リジェネラティブ農業の４つの目的を掲げた。

①　農場とその周辺における生物多様性の保護と向上。
②　土壌の中における炭素と水の保持能力を高め、植物と家畜、農業の力の活用。
③　肥料や殺虫剤の使用を減らしながら作物と自然の回復力の向上。
④　農場コミュニティの生活サポート。(19)

このサミットの前後に、世界の大企業が、リジェネラティブ農業の拡大を標榜するようになった。

２０２０年には、食品メーカーのネスレ（Nestle）が、温室効果ガス排出量を実質ゼロにするための取り組みとして、リジェネラティブ農業を推進し、２０３０年までにリジェネラティブ農業によって生産された原材料1千4百万トン以上の調達と需要の押し上げを行うと発表した。

２０１７年には、アウトドア・ブランドの「パタゴニア」（Patagonia）が、「リジェネラティブ・オーガニック農業」（Regenerative Organic Agriculture：ＲＯＡ）の定義を制定した。それは五つの基準からなる。

① リジェネラティブ・オーガニック農業の上部組織から有機（ＲＯ）認証を取得する。

② 不耕起栽培または省耕起栽培である。

③ 植物による土壌被覆が25％以上である。

④ 作物の種類と生育場所を周期的に変える輪作を行い、3種類以上の作物または多年生植物を利用している。

⑤ 土壌の再生を促す農業技術を3つ以上取り入れている。[20]

多国籍企業が、自社の経済同盟に参加している企業に、こうした基準を押しつけるようになった。このことは、国際経済環境が大きく変わりつつあることを示している。

最近、門外漢にも分かりやすく、しかも説得力のあるリジェネラティブ農業の実践報告（Brown [2018]）が翻訳された。この書は、「耕す」ことを当然の作業であると信じていた私には、強烈なパンチであった。以下、紹介する。

原著では、土の健康を保つための5つの原則が説かれていて、日本語版では、6つめの原則が追加されている。

第1の原則　土を掻き乱さない

なるべく土を耕さない。繰り返しになるが、耕すと土壌の構造が壊れてしまうからである。耕しは、土壌の中に棲む生物たちを引っ掻き回すことになり、土を肥沃にする生物たちの棲み処を奪ってしまう。

土壌は、「団粒構造」（Crumb Structure）と「孔隙（こうげき）」（Pore Space）を持っている。団粒構造とは「土壌粒子」（土の微細粒子）が小粒の集合体を形成している様態を指す。団子（だんご）状になった大小の土の塊がバランス良く混ざり合っていて、適度な隙間がたくさんあるのが、良い土壌である。この場合には、柔らかく通気排水に優れた土になる。そうした土には有用な微生物が多く繁殖していて、作物の生育に適している。これに対して、土の粒子が詰まっている状態を「単粒構造」と言う。これは、ゆるい砂土質や粘土質の土で構成されている。この場合には土壌が高い保水力を持つ[21]。

土の塊を水の中に入れると泡が出ることからも理解できるように、土は、粘土、砂、有機物などの固体と、水及び空気から成っている。この構造は「土壌の三相分布」と名付けられている。三相とは、固相、液相、気相のことで、固相は固体を、液相は水を、気相は空気を意味し、これらの体積の割合を三相分布と言う。その中で、液相と気相を合わせたものが、孔隙（すき間）である。固相が土の硬さを、大きな孔隙が水はけを、ごく小さい孔隙が水もちを決める。さらに、気相と大きな孔隙が、通気性を決める。(22)

耕してしまうと、こうした土壌の微妙なバランスを崩してしまいかねない。化学肥料、除草剤、農薬、殺菌剤なども、土壌の生態系に悪影響を及ぼす。

このように、ゲイブ・ブラウンの実践は、前項で記述したウェス・ジャクソンたちの除草剤容認論とは明確に一線を画している。不耕起栽培方法は1種類ではない。この点の認識が重要であると、私は思う。

第2の原則　土を覆う

土をむき出したまま放置することは良くない。つねに土を覆い隠すのが正常な自然の姿である。この覆いは、土にとっての天然の鎧(よろい)である。この鎧は、風や水によって土が流されてしまうのを防ぎ、水分の蒸発や雑草の発芽を抑えている。

第3の原則　多様性を発展させる

植物と動物の多様性を維持・進化させることが重要である。自然界には単一の品種だけが生えているような個所はない。背丈、根の張り方が違う様々な植物が、生き生きとして調和的に繋っているものである。

植物には「炭素固定」（Carbon Fixation）という能力がある。炭素固定とは、主にCO2の形で存在する炭素（無機物質）を、有機物質（COとCO2以外の形で炭素と酸素とが化合したもの）の形に変換して、生体内に取り込むことである。それは、生物の代謝能力の一つである。取り込まれた炭素は、生体物質の一部となる。炭素固定の方法は、植物、藻類、原核生物（Procaryote、原始的な細胞核をもっている生物。真核生物と対（つい）をなす語。原核生物はすべて単細胞）のシアノバクテリア（Cyanobacteria：藍藻（らんそう））などが行う光合成（Photosynthesis）による炭素固定のほか、ある種の微生物が行う化学合成（Chemosynthesis）による炭素固定もある。炭素固定を行う能力を持つ生物は、「独立栄養生物」（Autotrophs）と呼ばれる。それに対して、自身では炭素を固定できず、食べ物などの形で外部から摂取する必要がある生物は「従属栄養生物」（Heterotrophs）と呼ばれる。ヒトは従属栄養生物の部類に属している。独立栄養生物のうち、光（ほとんどの場合、太陽光）をエネルギーとして利用するものが「光合成独立栄養生物」（Photoautotrophs）、光合成でなく、無機物からエネルギーを取り出して利用するものが「化学合成独立栄養生物」（Chemoautotrophs）と呼ばれる。環境に応じて、異なる炭素源やエネルギー源を組み合わせる生物も、数多く存在している（混合栄養生物）[23]。

自然界には、この炭素固定量の多いものと、少ないものとが共存している。炭素固定の他に、「窒素固定」（Nitrogen Fixation）を行うマメ科植物もあり、多様性が土の健康を保っている。窒素固定とは、大気中の分子状窒素が、アンモニアに還元される過程をいう。地球上で固定される窒素は、その大部分が生物による窒素固定である。

マメ科植物には、根粒菌（Rhizobia）が棲み着いている。マメ科植物は、この根粒菌に光合成で得た炭水化物を与え、根粒菌は宿主の植物に窒素源としてのアンモニアを提供するという関係にある[24]。ちなみに、根粒菌を含む原核生物は、通常、根粒バクテリアと呼ばれている[25]。

第4の原則　土の中の「生きた根」を保つ

上で述べたように、植物に窒素を供給してくれる土壌生物に、植物は見返りに炭素を供給している。両者を媒介するのは植物の根である。しかし、一年草は、冬期には、根の生長を止めて、植物と土壌生物との交流は一休みになっている。そうした交流の中断を避けるには、秋に二年草を播けば良い。そうすれば、二年草は、初冬までに根を延ばし、翌春に芽を吹いてくれる。つまり、冬の間でも、植物と土壌生物との交流は維持される。冬の間にも「生きた根」を保つことが重要なのである。

第5の原則　動物を組み込む

農場に家畜を組み込むことが大事である。植物は、動物に食べられることによって刺激を受け、より多くの炭素固定を行うようになる。大気から炭素を取り込む量が増え、根が、取り込んだ炭素を地中に送り込む。家畜はもちろんのこと、花粉を運んでくれる虫や鳥、害虫を食べてくれる捕食昆虫、土を肥やしてくれるミミズ、多種類の微生物たちが、生態系を支えてくれている。

第6の原則　自然に沿う

その地域の気候、風土に合わない品種を育ててはならない。ヒトは、自分の勝手な意志を自然に押し付けてはならない。自然に背かず、素直に自然に沿うことが大事である。これは、日本版に寄せられた著者による付加分である。

訳者の服部雄一郎も述懐しているように、「耕さない」、「刈った草を敷き詰める」、「多様な品種を混植する」、「雑草は引き抜かずに根を残す」、「動物を組み込む」などの原則や、大根のように作りすぎたら、引っこ抜くのではなく、そのまま土中に放置することによって土壌生物が豊かに増えるという叙述は、刺激的である。

第3節　日本でも進行している土壌破壊：阻止に必要なコモンズの視点

上で見てきたように、近年、農民や農業企業だけではなく、農業とはいままで関係のなかった多国籍企業の多くが、土壌破壊を阻止する試みに積極的になってきた。しかも、一定の成果を挙げている。しかし、本書の序章でも触れたように、多国籍企業の究極の目的は、投資の果実を得ることであり、地域（コミュニティ）への貢献については、建て前はともかく、心情的にはそれほどの関心を持っているわけではない。その地への投資を切り上げねば、損失が膨らむばかりであると判断すれば、地域との縁のない多国籍企業は、さっさとその地域を見捨てかねない。

このことに関連して、私自身は腹立たしい記憶を持っている。

1995年1月17日（火）5時46分、マグニチュード7・3の「阪神・淡路大震災」が発生し、神戸の街は火で包まれた。家屋は崩壊し、死者数は6千人を超えた。拙宅も被害を受けたが、実家がどうなっているかが心配で、車を走らせた。道路は瓦礫（がれき）で覆われ、車で進むのが困難な上に、火炎が迫ってくる恐怖の下、私は、必死に念じながら実家に向かった。家屋が崩壊した玄関の前で、呆然と佇んでいる母を見た時には、安堵の涙が止まらなかった。

家を失った人たちは、寝る所、食を得る所、水を確保できる所を見つけるべくさまよった。この時の地獄絵図は未だに私の脳裏から去らない。

こうした悲惨な状況の下、市民のために懸命に動いてくださったのは、自分たちも被災者である地元商店街の商店主たちであった。いまでも感謝している。それに引き換え、近所の有名な大スーパーからの支援はほとんどなかった。従業員の派遣もなかった。冷たいものであった。多くのスーパーが神戸を去った。

平和が神戸に戻ってきてからは、あの素晴らしかった駅前商店街は衰微し、公設市場のほとんどは姿を消した。ところが郊外には、著名な大スーパーが巨大店を構えるようになった。神戸市役所もひどいもので、瓦礫の山を撤去してくれたのは良いが、その跡地には、防災という名目で、幅が4車線以上もある広い道路を作り、市場、商店はもとより、住民までも立ち退かされた。「パパ・ママ・ストア」である零細な個人商店は、ほぼ壊滅してしまった。私の実家もその運命に遭った。

この光景が、私に大企業への警戒感と「コモンズ」への思い入れを強くさせた。

「コモンズ」(commons) には、多様な意味がある。しかし、私は、日本の古来からの慣習的制度である「入会（いりあい）」的な意味で使いたい。入会は、いまでも法制度上も実際にも、存続している。神戸市に多い財産区なども、入会の一つである(24)。

「岩手入会・コモンズの会」などによって、近年、入会の研究が進められている。また、NPOの「メディア・ネットワーク」は、コモンズを「コミュニティ・コモン」(コモンズの単数形) と表現し、21世紀型の「ムラ社会」を提案している。実践報告としては、萬羽［2001］がある。[25]

1　集中豪雨だけが原因ではない山崩れと河川の氾濫

東京大学大学院・蔵治光一郎教授が、NHKの「クローズアップ現代」で以下の内容のことを語った。

豪雨災害は気候変動との関係だけで説明するのは不十分である。例えば球磨川流域。ここは、全国有数の木材産地である。そして、この山林で皆伐（かいばつ）地が広がっている。それによって保水力が低下して、土砂流出や崩壊が数多く発生した可能性が強い。

国土保全上、皆伐は、急傾斜地であるとか、人家の近くの山林ではできるだけ避けた方が良いし、大面積での栽培も止めるべきである。大面積ということについては、熊本県を例に取ると、ガイドラインで一度に同時に皆伐できる面積というのは10ヘクタールまでと決められている。しかし、例えば、オーストリアでは2ヘクタールで、それ以上の皆伐は禁止されている。

さらに、その皆伐で伐採した木材は、大型の林業機械ではなくて、架線やワイヤーで運ぶのが望ましいのにもかかわらず、生産性や効率を重視するあまり、そのようなルールを満たしていない場所で皆伐が行われたり、再造林をしないというケースも、多く見られる。そして、大型トラックを使うべく、広い林道を作っている。

「皆伐したまま山地を放置しておくと、切り株の根がだんだん腐って、土砂崩れが起きやすくなってしまう」。「今後20年ぐらいは、このようなリスクの高い状態が続くと思う」。

別の調査でも、球磨川流域で起きた崩落の多くが、林業と関係していることが明らかになってきた。斜面の崩落が起きた639個所のうち、全体の7割に当たる440個所以上が作業道や斜面での伐採の跡地だった(26)。

皆伐とは、一定の面積内の木をすべて一度に伐採することである。皆伐が広がった背景には、これまでは価値が低くて、切らなかった質の低い木材も、国が普及を進めるバイオマスの燃料などとして売れるようになったことがある。バイオマス燃料となる木材、「おがくず」などが、輸出材として単価が上がってきているので、若木や傷があったり、曲がり材など（C材という）も売れる。そこで皆伐が行われてしまうのである（NHKの同番組での鹿児島県曽於市森林組合の証言）。

戦後復興期には、木材需要が急増し、材木価格は高騰し、林業は花形産業として、もてはやされていた。しかし、1960年代に木材の輸入が自由化されると、安い外国産の木材に押されて、国産材の価格は急落し、林業の衰退が進んだ。

20年くらい前の1990年代後半から長期にわたる木材価格が下落していった。この時点では、早く伐採して投下資金を回収し、再造林のコストを負担しない、あるいはできない状況であった。とくに九州では、そうしたことが頻繁に見られた。しかし、この時はまだ、C材は邪魔者扱いをされていた。

ところが、ここ10年、林業の近代化という名目で、政府が皆伐を推し進める役目を果たした。まず、バイオ燃料推進政策でC材価格が上がった。次に、皆伐につながる可能性の強い主伐（木材としての利用を目的とした伐採のこと）の時期を早めた。そのことによって、木材の自給率が40％くらいまで上がった。しかし、質の低い木材が売れている一方で、質の高い木材が正当に評価されないという現象が起きてしまった。木材は本来、価格の高い建材として利用して、その残りを合板や集成材、あるいはチップ、後はバイオマスの発電用の燃料として余すことなく活用できる。そういった需要と供給のミスマッチというのが起きて、そのことが盗伐や皆伐増加を促してしまった（ＮＨＫの同番組での九州大学大学院・佐藤宣子教授の証言）。

球磨川流域だけではない。日本全国で、皆伐地や林道作業道を起点とした崩壊が発生している。２０１９年に関東、甲信、東北地方に甚大な被害をもたらした台風19号では、宮城県丸森町で、裏山の斜面が崩壊して、10人が死亡、１人が行方不明と、自治体単位では全国で最多の犠牲者を出した。台風19号が襲った10月12～13日の総雨量は7百ミリを超え、丸森町内の阿武隈川本流と支流が氾濫した。この事態は、「想定外の雨が原因」と報道された。

しかし、崩壊の起点は林業作業道ではないか、との疑問を表明したのが、「自伐型林業推進協会(27)」

である。同協会は、丸森町で崩壊の多かった廻倉地区を調査した。54の崩壊個所のうち、皆伐地が35件（65％）、作業道を起因とする崩壊が16件（30％）、林道建設を起因とする崩壊が2件（４％）と、林業施業が起因となった崩壊が98％を占めた。放置人工林や未整備林の自然崩壊は1件（２％）。これまで災害時に崩れるのは手入れをされていない人工林が多いと言われていたが、同協会の調査では1件だけだった。

崩れ始めた場所の林道幅は2メートル程度だったが、土砂が斜面を流れるうちに、崩れやすい真砂土を巻き込んで巨大な土石流となった。真砂土は水分を含まない時はさらさらとしているが、水分を含むとべとべとの泥になり、がっちり固まっていた斜面を削りながら流れる。

同協会は、２０２０年7月の豪雨災害についても調査を行った。球磨川流域では50人が亡くなり、2人が行方不明のままである。

流域全体が大雨をもたらす線状降水帯に覆われた。気象庁によると、線状降水帯は東西２７６・５キロメートルに及ぶ過去最大規模のものだった。それは、7月3日午後9時~7月4日午前10時の13時間にわたって、熊本、宮崎、鹿児島にかかり、総降水量の最大値は６５３・３ミリだった。ここでも「想定外の雨が災害の原因」という報道が多かった。

同協会の別の調査によると、球磨村の１８３の崩壊個所のうち、皆伐地が82件（45％）、作業道起因の崩壊が90件（49％）、放置人工林や未整備林の自然崩壊は11件（６％）だった。

球磨川の上流域である、水上村、五木村、多良木町、人吉市へ向かう林道の周辺では、皆伐地の崩壊個所が数多くあった。かなりの土砂量が出て、それらの土砂は球磨川に入り、川底での堆砂が進み、洪水の原因になったと考えられる（橋本［２０２１］）。

2　皆伐を刺激した森林経営管理法

２０１８年5月25日、「森林経営管理法」が成立し、翌年4月1日から「森林経営管理制度」としてスタートした。林野庁の説明によると、森林経営管理制度は、手入れの行き届いていない森林について、市町村が、森林所有者から経営管理の委託（経営管理権の設定）を受け、林業経営に適した森林を地域の林業経営者に再委託するとともに、林業経営に適さない森林については、市町村が直接に管理（市町村森林経営管理事業）する制度である(28)。

自伐型林業推進協会・代表理事・中嶋健造は、次のように主張している。

この制度は、「林業の成長産業化と森林資源の適切な管理」という趣旨ではあるが、山林経営という視点が薄く、運用の仕方によっては、「伐採業」こそが林業であるという歪（いびつ）な方向に流れてしまう危険性がある。

中でも、「11齢級となり主伐期を迎えたが主伐が行われていない」と断言している点が問題である。山林の年齢は5年を1齢級と計算するので、11齢級とは51～55年経過したものを指す。50年を経過したのに主伐が行われていないという林野庁の姿勢は、長期にわたって木を育てるという林業の性格を無視したものである。

木材は品質（主に曲がりなどの形状）や用途によって分類されている。A材は直っすぐの材木（直材）で、建築用材、家具材など市場性がもっとも高い質材である。B材は曲がりが小さい材で土木用材などに用いる。C材は曲がりが大きい材で、合板用材、チップ材（製紙用・エネルギー用）など、D材は伐採・造材の際に発生する端材でチップ材など利用価値がもっとも低い質材のことをいう。[29]

A材生産について言えば、11齢級などは、ほんの初期段階にすぎない。それを伐採せよとは、人工林すべてに「短伐期間伐施業」を適用しようとしていることになる。この短伐期皆伐施業は、現状の林業を補助金漬けにし、衰退産業とさせた根本原因である。この手法を前提にする森林経営管理法は、非常に危険で、林業の再生に逆の結果を生み出してしまう。

今後、1ヘクタール当たり百本になるまでの長期間「生産しながら在庫（蓄積量）を増やす」という持続的森林経営（多間伐施業）が、林業の再生には不可欠なものである。主伐期など百年以上先の話となる。

つまり現時点を「主伐期を迎えた」と断言するのは50年で皆伐という短伐期皆伐施業しか前提にしていないということで、短絡的すぎる。またこの手法が過去失敗したことを反省していない。林業を変革し、林業成長化へレベルアップさせるのであれば、材として価値が低い状態にしかならない50年皆伐思考からの脱皮が重要である。造林を拡大しようとして50年を迎えた現在、これからが価値を出せる森林が創出されるか否かの岐路であるという認識が必要である。この植林を開始して50年経った人工林のいまを出発点にしながら、さらに質量ともに高いレベルの山林に成長させることが、林業の成長に不可欠である。

以上が、中嶋健造の主張である[30]。

3　近代的林業の推進論の一例

高齢化、環境、産業・雇用の三つの側面から問題解決を目指す新しい社会像を、「プラチナ社会」と称する研究会がある。三菱総合研究所が主催する「プラチナ社会研究会」である。「プラチナ構想ネットワーク」会長の小宮山宏の意見を個条的に紹介しよう。

①「プラチナ社会」の実現には、近代林業と木造都市が重要な核になる。そして、近代林業の鍵は、大規模化、機械化、情報化にある。

② 年間で百万立方メートルの丸太を処理する能力を持つ工場が必要である。しかし、現在のところ、その規模に達している製材工場は全国に1個所しかない。希望的には、この規模の工場を全国に百個は設立したい。そうすれば、合計5兆円、50万人の雇用が生まれることになる。プラチナ構想ネットワークとしては、まず近い未来（10年後）に向かって、年間処理能力50万立方メー

トル、売上高250億円規模の工場、百個の設立を目標としている。

③　このプロジェクトには、自治体に参加してもらうことが不可欠である。実際、福島県の会津地方では、13の商工会議所と市町村が連携して、会津森林活用機構㈱を創設した。そこでは、私（小宮山）が相談役会長を務めている。こうした動きを全国に広めていきたい。

④　基本的に間伐ではなく皆伐して、その跡に植林することが、林業の生産性の向上につながる。そのためにも、多機能を持つ新しい企業を導入して、その稼働率を平均で80％程度と高くしなければならない。

⑤　歴史に残る大規模な日本的木造建築を各地に建設したい。これが、木材需要を刺激する。現実にも、「ギネス世界記録」（Guinness World Records）に認定された（2015年）世界最大の木造コンサートホール「シェルターなんようホール」（南陽市文化会館、山形県南陽市）をはじめ、周辺の自治体や民間組織の協同プロジェクトであるJR秋田駅の「ノーザンステーションゲート秋田プロジェクト」（秋田県秋田市）が2017年から進行している。

⑥　2017年に着工された山口県「長門市庁舎」は、国内最大規模の木造庁舎となるはずである。木造建築によるCO2固定効果は非常に大きい。今後、着工される5階建て以下の建築物の85％を国産材で木造化すれば、現在の国内ストックで50年間分、毎年およそ1億立方メートルの需要を生み出すことができる。これを実現できれば、日本のCO2排出量の7％を毎年持続的に

固定できる[31]。

実に壮大ではあるが、あまりにも楽天的すぎる構想である。しかし、そこに盛られている考え方は、多国籍企業たちが競って大きな投資分野として、農林業を取り込もうと鎬を削っている方向性そのものである。

そう言えば、オリンピック・パラリンピックで使用された国立競技場は、日本の木材を大量に使った建造物である。次のような見学の感想も出されている。

「『杜のスタジアム』がコンセプトの国立競抗場は、国産木材をふんだんに使用した世界的にも珍しい『木のぬくもりが感じられるスタジアム』。間近から見上げると、スタジアム外周の木製の軒庇が印象的だ。スギの縦格子で覆われ、360度つながり、ゲート部分では5層にもなる。一際大きい最上部は『風の大庇』と呼ばれ、スタジアム内に四季折々の風を効率良く取り込むように設計してある。軒庇の木材は47都道府県から調達し、一番北側部分に北海道、南端には沖縄と、方位に応じて地域順に並べたという。細部にこだわりながら、日本の伝統的な木造建築の要素を現代的にアレンジしている[32]」。

官民挙げての日本風の巨大木造建築プロジェクトが立ち上げられていたことが、この感想を見ても分かる。

おわりに：労働者協同組合によってコモンズを実現する取り組み例

高知県佐川町長・堀見和道の、心に響く言葉を紹介して終章を締めくくりたい。２０２１年4月7日に発信された「森林のいまとこれから」という同氏の文章がそれである。[33] これも、個条書き的に紹介する。

① 地方創生の鍵となる「自伐型林業」

佐川町は高知県の中西部に位置し、町民数は約1万2千5百人の中山間地域で、周囲を山に囲まれた盆地であり、日本一の水質を誇る仁淀川の支流が流れる美しい町である。森林面積は７３８２ヘクタール（森林率73％）、うち約5千ヘクタールが人工林で、その8割を桧（ひのき）が占めている。急峻な山が多いために、大規模な森林所有者は少なく、一筆当たりの森林面積も小さいために、集約化による施業が難しく、高齢化などによって森林所有者の山離れが進み、森林整備が遅れていた。そこで、佐川町は、「町内の森林で雇用を創る」ことを目的として、２０１３年度から自伐型林業の取り組みを始めた。

② 担い手の要「地域おこし協力隊」

自伐型林業の取り組みを進めるために、２０１４年度から総務省の地域興し協力隊（以下「協力隊」という）の制度を活用してきた。協力隊員は、全国に募集を掛けている。協力隊の任期は3年間で、任期内に、林業を生業とするための知識と技術を習得させることが目標である。２０２３年度までの10年間で、毎年5名程度を受け入れる計画で、２０２１度には、総計35人（うち女性７人）が、協力隊員として在籍している。町は、協力隊が任期の3年間で林業に関する必要な知識や技術を習得できるように様々な支援をしている。例えば、チェーンソーや防護ズボンなどの林業に必要な基本装備、バックホー（backhoe：ショベルを運転手側向きに取り付けた油圧ショベル）や林内作業車、ダンプなどの林業機械も、町が保管していて、いつでも協力隊員に貸し出す体制が整えられている。

町有林が、作業道作り、選木・伐倒・造材・搬出などの一連の技術を習得する研修の場として、活用されている。

現在、協力隊の任期を満了した計19人のうち10人が町内に定住して自伐型林業に取り組んでおり、２０２１年度で任期満了を迎える２人が、すでに町内に定住し、自伐型林業に取り組んでいる。

③ 森林経営管理法をどう活かすか

佐川町では、意向調査を基に、森林所有者と20年間の森林長期施業管理契約を結んでいる。契約した森林は、町が目指している持続可能な森林の経営管理と同じ志を持つ担い手（協力隊任期満了者など）に経営管理を委託している。この点に関するかぎりは、本章第3節第2項で批判した森林経営管理法を梃子にしている。しかし、町民との対話を密にしていることが、杓子定規に法律を一様に適用する国の姿勢とは基本的に異なる。

また、森林の集約化をサポートしてくれる助っ人として「林地集約化推進員」も用意している。現在、一小学校区ごとに、6人の地元の人に委嘱しており、集約エリアを選定する際の情報提供や地元関係者への意向調査の実施、管理契約締結の立ち会いなどで協力を得ている。行政職員だけの訪問より、顔見知りの推進員が随行することで、話し合いをスムーズに進めることができる。

これまでに、町が管理契約を締結した民有林は、1636筆、合計607ヘクタールとなっている。それでも、集約化は容易ではないと町長は告白している。

④　これから

佐川町は、協力隊員だけでなく、町民の子弟に向けての森林や林業の教育活動を活発に行っている。2018年3月に「木育（もくいく）」（木に親しませる教育。林野庁が全国に声を掛けている）を普及・推進させていくため「ウッドスタート宣言」を行った。また、2年後には「植物が中心にあるまち佐川町」を具現化した道の駅をオープンさせる予定。故郷の世界的な植物博士である「牧野富太郎博士」

に想いをはせ、道の駅の名前を「まきのさんの道の駅・佐川」と決定した。木のおもちゃで遊べる「おもちゃ美術館」を併設した道の駅として計画を進めており、林業から木育、ものづくり、家づくりまで体感できる、佐川町らしい道の駅にしたいと考えている。

以上が、町長の言葉である。

本章第3節第1項で紹介したＮＨＫの番組は、佐川町では、木材の売り上げの1割を山の所有者に支払い、残りの9割を林業従事者が得ることで安定した収入を確保できると、説明している。同番組は、「このような自伐型林業を支援する自治体は、全国で54個所に上っている」と紹介している。

２０２２年10月1日から認可が始まった日本型の労働者協同組合には打って付けのコモンズに、佐川町の取り組みはなり得る。若者の多くが、この取り組みに参加していることは、非常に心強い動きである。

注

(1) Madeline Garfinkle, "Bill Gates Says NFTs Are Based on 'Greater Fool Theory': The tech billionaire shared his opinions at a climate conference hosted by TechCrunch," June 15 2022 (https://www.entrepreneur.com/article/429591).

(2) Rebecca Heilweil, "The controversy over Bill Gates becoming the largest private farmland owner in the US : People are drawing connections between Gates's vast farmlands and climate change advocacy," Jun 11, 2021 (https://www.vox.com/recode/22528659/bill-gates-largest-farmland-owner-cascade-investments).

(3)　Cory Stieg, "HEALTH AND WELLNESS, Bill Gates: 'Conspiracy theories that unfortunately involve me are keeping many Americans from the Covid vaccines," Dec 14 2021（https://www.cnbc.com/2021/12/14/bill-gates-conspiracy-theories-keep-people-from-getting-covid-vaccine.html）.

(4)　Stacy Malkan, "Bill Gates has radical plans to change our food. What's on the menu?," June 17, 2021（https://www.localfutures.org/bill-gates-has-radical-plans-to-change-our-food-whats-on-the-menu/）.

(5)　https://en.wikipedia.org/wiki/CGIAR

(6)　https://www.lobbywatch.org/profile1.asp?PrId=295&page=C#:~:text=The%20CGIAR%20has%20been%20accused, Centers%20that%20work%20with%20national

(7)　「ケム・チャイナ」は、旧中国化学工業省の関連会社（藍星集団と昊華化工）が経営統合して、２００４年に誕生した中国政府系の化学メーカーである。農薬、ゴム、シリコンや機能性化学等の分野で、事業展開を行っている。北京に本社を置き、世界１５０の国と地域に生産拠点とＲ＆Ｄ拠点を持つ中国最大の化学企業。『フォーチュン・グローバル５００』（*Fortune Global 500*）（２０２０年）では１６４位に位置している（https://ja.wikipedia.org/wiki/中国化工集团）。

(8)　https://en.wikipedia.org/wiki/Bill_%26_Melinda_Gates_Foundation

(9)　https://grain.org/en/article/6690-how-the-gates-foundation-is-driving-the-food-system-in-the-wrong-direction

(10)　https://www.independentsciencenews.org/commentaries/gates-ag-one-the-recolonisation-of-agriculture/

(11)　"Who controls the food supply controls the people; who controls the energy can control whole continents; who controls money can control the world"（https://quotefancy.com/henry-kissinger-quotes）.

(12)　キッシンジャーが、主導した『国家安全保障調査覚書２００：キッシンジャー報告書』（*National Security Study Memorandum 200*）がこの名言なるものを生み出した源ではないかと思われる。この報告書は、世界的な人口増加が、米国の安全保障と海外利益にどのような影響を及ぼすかを調査して欲しい、というリチャード・ニクソン（Richard Nixon, 1913-1994）大統領（在任：１９６９年１月20日～１９７４年８月９日）の要請を受けて、キッシンジャーの指示の下、米国国家安全保障会議によって１９７４年12月に発表されたものである。そこでは、食糧とエネルギーの需給問題が数値的に検証されてはいたが、いわゆるキッシンジャーの名言なるものは見当たらない（https://www-population--security-org.translate.goog/mumf-93-01.htm?_x_tr_sl=en&_x_tr_tl=ja&_x_tr_hl=ja&_x_tr_pto=sc）。

(13)　"Why the world is storing so many seeds in a 'doomsday' vault," *Wasington Post*, April 15, 2016（https://www.

washingtonpost.com/news/energy-environment/wp/2016/04/15/why-the-world-is-spending-half-a-billion-dollars-to-protect-humble-seeds/).

(14)　米国では、毎年、4月8日は、骨髄移植治療（bone marrow transplant therapy）のための骨髄提供を呼び掛ける日とされている（https://law-lis-virginia-gov.translate.goog/vacode/title2.2/chapter33/section2.2-3312/）。

(15)　アースラグ・ハガは、ノルウェーの石油エネルギー大臣（２００５年）、「ノルウェー自然研究所」（Norwegian Institute for Nature Research：ＮＩＮＲ）や「オスロ国際平和研究所」（Peace Research Institute in Oslo：ＰＲＩＯ）など、様々な組織の理事長を務めてきた。現在は、国連の専門機関である「国際農業開発基金」（International Fund for Agricultural Development：ＩＦＡＤ）の対外関係およびガバナンス部門の副社長。クロップ・トラストでは、２０１３～19年まで業務執行取締役（executive director）を務めていた（https://en-m-wikipedia-org.translate.goog/wiki/Haga/）。

(16)　『週刊インド』（*The Illustrated Weekly of India*）１９８６年３月23日（http://satavic.org/dr-richharias-story-crushed-but-not-defeated/）。

(17)　https://www.forbes.com/sites/matthewherper/2015/08/10/bill-gates-and-13-other-investors-pour-120-million-into-revolutionary-gene-editing-startup/

(18)　https://ja.wikipedia.org/wiki/不耕起栽培

(19)　https://ideasforgood.jp/glossary/regenerative-agriculture/

(20)　https://smartagri-jp.com/food/3028

(21)　https://ecologia.100nen-kankyo.jp/column/single018.html

(22)　http://www.hiryou.hokuren.or.jp/qa/q01_07_01.html

(23)　https://ja.wikipedia.org/wiki/炭素固定

(24)　https://kotobank.jp/word/窒素固定-96312

(25)　https://kotobank.jp/word/バクテリア-600391

(24)　財産区（property ward）は、「特別地方公共団体」（消防、上下水道、ゴミ処理、福祉、学校、公営競技の運営などを行う首長から委託された特別な団体）の一つ。市町村および特別区の一部が財産を持って、公の施設を設けるものをいう（地方自治法２９４条）（https://kotobank.jp/word/財産区-67909）。

全国には、いまなお約４千の財産区があり、保有する土地の面積は、１万８千１百平方キロメートルと、四国を上回る。

とりわけ、大阪府と兵庫県に多く、その数は、近畿2府4県で1千5百超と、全国の4割近くを占めている。財産区の数が159と全国で岡山市に次いで多い神戸市の中でも、東灘区の魚崎財産区は、1950年に神戸市と合併した魚崎町の保有資産を引き継ぎ、圧倒的な経済力を誇っている。約2百個所ある貸付地の賃料や17億円もある基金の利息で、収入は年7千万～1億円にのぼる。予算の配分先を決めるのは選挙で選ばれた財産区議会である（『日本経済新聞』2015年3月3日付朝刊、https://www.nikkei.com/article/DGXLASHD24H3R_U5A220C1AA1P00/）。

(25) https://ja.wikipedia.org/wiki/コモンズ

(26) NHK総合TV「クローズアップ現代＋」2021年9月15日放映（https://www.nhk.or.jp/gendai/articles/4583/）。

(27) 自伐型林業とは、小型の機械を使って、自ら山に道を作り、自ら木を伐り、自ら木材を運び出す、自立・自営の林業を指す。限られた面積の中で手入れをし続けて永続的に収益を上げるため、すべての木を一斉に伐採することはしない。山を傷つけるような大規模な間伐も行わない。1百年、2百年先まで山林から永続的に収益を得ながら、森林を良好に維持し続けることを目標としている。また、林業研修を各地で開いて、自伐型林業に取り組む若手を育成している（代表理事・中嶋健造の説明）（https://www.zeiken.co.jp/news/22923774.php）。

(28) https://www.rinya.maff.go.jp/j/keikaku/keieikanri/sinrinkeieikanriseido.html

(29) https://www.city.saga.lg.jp/site_files/file/usefiles/downloads/s36827_20130704045514.pdf

(30) 自伐型林業推進協会・代表理事・中嶋健造「『新たな森林管理システム』の問題点と3つの提言」（2018年2月5日）(https://zibatsu.jp/wordpress/wp-content/uploads/2018/02/.pdf)。

(31) https://www.nice.co.jp/nbr/20190601_02/

(32) https://www.nippon.com/ja/japan-topics/g00795/

(33) https://ieei.or.jp/2021/04/special201911009/

参考文献

Brown, Gabe [2018], *Dirt to Soil: One Family's Journey into Regenerative Agriculture*, Chelsea Green Pub. Co.（服部雄一郎訳［2022］『土を育てる―自然をよみがえらせる土壌革命』（新たに追加された日本語版）NHK出版）。

Faulkner, Edward [1943], *Plowman's Folly*, Grosset & DunlapAuthor.

Jackson, Wes [1980], *New Roots for Agriculture*, Friends of the Earth.

橋本淳司［２０２１］「無謀な森林伐採が『土砂災害』を招いている事実―林業が山間部の災害に与える小さくない影響」『東洋経済オンライン』２０２1年9月25日（https://toyokeizai.net/articles/-/458023)。

蔦羽敏郎［２００１］「21世紀の入会地（いりあいち）＝コモンズによる郊外再生」２００1年日本委員会編『人口減少社会』同委員会、所収。

あとがき

この文章は、本書の序章の補遺である。序章では、フランシス・ベーコンの思想を前面に押し出したために、アリストテレスが重視していた、「論理学」、「倫理学」、「自然学」の相互関係についての記述を飛ばしてしまった。その結果、アリストテレスによる「哲学の位置付け」に関して、きちんと整理できず、アリストテレスの思想そのものを貶めてしまった。本来は、自分の言葉で是正すべきだが、この「あとがき」部分にはそうするだけの紙幅がない。次善の策として、ギリシャ哲学に関してのイマヌエル・カントによる見事な説明を紹介しておきたい。依拠したのは、カントの『道徳形而上学原論』である（Kant, Immanuel［1785］, Grundlegung zur Metaphysik der Sitten, Immanuel Kants Gesammelten Werken, Band IV. 篠田英雄訳、岩波文庫）。

ものを考える方法には2種類あると、カントは言う。「形のあるもの」にこだわり続けて考え抜く方法と、形にはこだわらず、考え方そのものの道筋を追う方法である。

「形のあるもの」にこだわり続けるものとして、カントは「物理学」を挙げる。物理学は自然の法則を考える学問である。自然には形があるので、それを研究する物理学は、この部類（形のあるもの）に入る。物理学は、「自然学」そのものである。

ところがカントは、「倫理学」をも、この部類に入れている。倫理を、形のあるものとして理解したのである。

カントは、さらに、「経験」をも、この部類に含めている。経験は、現実世界を生きていく際に出遭うものなので、現実世界の産物と見なすべきだからである。経験から、人の「意志」が生成される。その意味で、意志は形を持つ。意志を研究する倫理学は、形を持つ領域の学問である。ただし、意志は「自然」とは異なる。自然は、物理的な法則に従っているので、自らの意志を持たない。自然は、自分の外に存在する法則によって拘束されている。しかし、人の意志は、自然の法則に拘束されていない「自由な」存在である。

人の意志が自由な存在であるといっても、自由が、あらゆるものから拘束されていない、というわけではない。人の意志には、「そうなるべきもの」（ゾルレン、sollen）という拘束がある。「あるもの」を「なるべきもの」にさせる拘束がある。この拘束とは「道徳」である。道徳に従う人の意志が、「なるべきもの」を創り出す。拘束の法則を研究するという一点において、自然の法則を研究する物理学（自然学）と、道徳哲学は同じである。

カントは、道徳哲学が「そうあらねばならない」といったことのみを研究するのではなく、必ずしも「そうならない」という事態が発生する理由も研究対象にしなければならないと言い切っている。

形のないものを研究するのが「論理学」である。それは、ものの考え方を経験知に拘束されずに、「考え方」全体（思惟一般）を整理するものである。

以上の説明によって、カントは、古代ギリシャ哲学が「物理学」、「倫理学」、「論理学」の3つに分かれていた理由を読者に理解させた。

カントは、古代ギリシャ哲学が3つに分類されることの妥当性を説明した後、「哲学」（フィロソフィ）と「形而上学＝純粋哲学」（メタフィジクス）との区別に進む。

古代ギリシャの哲学は「フィロソフィ」である。しかし、現在の哲学者は、その「フィロソフィ」を「メタフィジクス」にまで高めるべきである。「純粋」という言葉を、カントは、あらゆるものに適用できる、という意味で使用している。経験的な部分だけに留まるのではなく、経験を超え出た「アプリオリ」によって導かれる普遍妥当性を目指すのが、「純粋哲学」＝「形而上学」である。

まさに、現在の私たちが、「決定論」の世界から脱却しようとする日がくることをカントは、予感していたのである。カントのこの一文で、私は、アリストテレスの真摯さを理解できたように思う。

このように書くと、読者諸氏は、「協同労働」論を主題としたはずの本書の末尾で抽象的な哲学の方法論など読みたくもない、と反応してしまいかねない。そうではない。今日の「カオス」を乗り切るには、道徳を「コモンズ」（共通の了解事項）にまで高めなければならない。その意味において、コモンズに裏付けられた協同労働組織を生み出さなければならないのである。

最後に妄言。意訳がタブーである学術書の宿命で、哲学の翻訳書の文章は、例外なく晦渋である。松岡正剛の述懐がある。

「アリストテレスの全著作について（中略）、一般読者には何を書いているのかほとんどわからないものが多い。では、何か適当な解説書があるかというと、これが見当たらない。いろいろ遊んでいるうちに何かを発見するしかないはずである」（松岡正剛の千夜千冊、思構篇、２９１夜、２００１年5月15日付）。

私も、哲学の翻訳文に接する度に、読むことを放棄したくなる。しかし、放棄できないのは、晦渋な文章を理解しないことには、論理思考が身に付かないと信じるからである。カント哲学の邦訳書をパソコンの操作入門書（マニュアル）になぞらえるのは、まことに翻訳者に失礼ではあるが、私はどうしても、初めてパソコンに取り組んだ時のマニュアルの文章の意味不明さに悲鳴を上げたことを思い出す。それでもマニュアルを手放さなかったのは、ただパソコンを使いこなしたかったからである。

文章を、分かりやすく、こなれて書くことは、至難の技である。これが、本書を書き終わった直後の私の偽らざる実感である。このような私事の心情を書いてしまったことに、読者諸氏のご寛恕を願いたい。

形のあるものを作り出すには、「とりかかりやすいこと」、「効果が早期に現れること」、「その効果に多くの人がただちに気付くこと」、等々が大事である。しかし、「とりあつかいにくい」が、「いつかは実現させて見たい」といった類の夢を語ることも重要であると、私は強く訴えたい。

3年ほど前、西南学院大学の尾上修悟名誉教授が、私を文眞堂に紹介して下さった。しかし、本書を執筆するに当たって、私はあまりにも長い時間を掛けてしまった。本日、ようやく脱稿した。前野隆社長は、じっと待っていて下さっただけでなく、お送りした拙稿にコメントを付け、さらに社外の方の感想をもお寄せ頂いた。本当に申し訳ない思いである。編集部の山崎勝徳氏も、私のわがままな申し出を我慢強く聴いた上で、適切なアドバイスをタイミング良く出して下さった。この御三方のお陰で、苦しくても幸せな執筆時間を持てたことに、ありがたく感謝している。

今回も、妻・初穂の校閲を受けた。

2022年8月17日

本山　美彦　記

索　引

事　項

【オ】

【カ】

【キ】

【ク】

【ケ】

【コ】

【サ】

【し】

【ス】

【セ】

【ソ】

【タ】

【ト】

【ナ】

【ニ】

【ヒ】

【フ】

【モ】

【ヤ】

【ユ】

【ヨ】

【ラ】

【リ】

【ル】

【レ】

【ロ】

【ワ】

人　名

【ア】

【イ】

【ウ】

【エ】

【オ】

【カ】

【キ】

【ク】

【ケ】

【コ】

【サ】

著者紹介

本山 美彦（もとやま・よしひこ）

専攻　世界経済論

1943 年　神戸市に生まれる
1965 年　京都大学経済学部卒業
1967 年　京都大学大学院経済学研究科修士課程修了
1969 年　京都大学大学院経済学研究科博士課程中退
1984 年　京都大学より経済学博士
1969 年　甲南大学経済学部助手
1977 年　京都大学経済学部助教授
1986 年　同教授
2000 年　京都大学大学院経済学研究科教授・同研究科長・経済学部長，日本国際経済学会会長，日本学術会議第 3 部会員
2006 年　京都大学停年退職（京都大学名誉教授），福井県立大学大学院経済・経営学研究科教授
2008 年　大阪産業大学経済学部教授
2010 年　大阪産業大学学長
2013 年　大阪産業大学学長を退任，同大学を退職，（公益社団法人）国際経済労働研究所所長（現在も在任中）

主要著書
『世界経済論』（同文舘出版，1976 年）
『貿易論序説』（有斐閣，1982 年）
『貨幣と世界システム―周辺部の貨幣史』（三嶺書房，1986 年）
『ノミスマ―社会制御の思想』（三嶺書房，1993 年）
『倫理なき資本主義の時代―迷走する貨幣欲』（三嶺書房，1996 年）
『ESOP―株価資本主義の克服』（シュプリンガー・フェアラーク東京，2003 年）
『民営化される戦争―21 世紀の民族紛争と企業』（ナカニシヤ出版，2004 年）
『金融権力―グローバル経済とリスク・ビジネス』（岩波新書，2008 年）
『韓国併合―神々の争いに敗れた「日本的精神」』（御茶の水書房，2011 年）
『アソシエの経済学―共生社会を目指す日本の強みと弱み』（社会評論社，2014 年）
『オバマ現象を解読する―金融人脈と米中融合』（ナカニシヤ出版，2010 年）
『人工知能と 21 世紀の資本主義―サイバー空間と新自由主義』（明石書店，2015 年）
『人工知能と株価資本主義―AI 投機は何をもたらすのか』（明石書店，2018 年）

翻訳書
『古典派政治経済学と植民地』（ドナルド・ウインチ著，未來社，1975 年）

編著書
『グローバリズムの衝撃』（東洋経済新報社，2001 年）

「協同労働」が拓く社会
――サステナブルな平和を目指して――

2022年12月28日第1版第1刷発行　　検印省略

著　者――本山 美彦

発行者――前野　隆
発行所――株式会社 文眞堂
〒162-0041 東京都新宿区早稲田鶴巻町533
TEL：03（3202）8480 / FAX：03（3203）2638
URL：http://www.bunshin-do.co.jp/
振替 00120-2-96437
製作……モリモト印刷

ISBN978-4-8309-5197-8　C0033
定価はカバー裏に表示してあります